V+J!

Vivat Jesus!

Chronik der Salesianerinnen in Bayern – die Jahre von 1667 bis 1847

„Ihr werdet geliebte Töchter
an verschiedene Orte gesendet,
damit durch euch die Seelen
leben, überflüssig, ja ewiglich
mit dem Ursprung des Le-
bens leben; Machet, dass ihr
aller Orten den unvergleich-
lichen Geruch einer aufrich-
tigen Demut, Sanftmut u. Liebe ausgiesset, damit viele junge Mägdlein durch solchen lieblichen
Geruch angezogen, euch in Erwählung eures
heiligen Ordens nachfolgen."
S. Frz. v. Sales.

Vorwort
von Christoph Kürzeder

Blühe, wo du gepflanzt bist! Dieser Leitgedanke des heiligen Franz von Sales, dem Gründer des Ordens der Heimsuchung Mariens, begleitete die vier Schwestern, die sich Ende Juni 1667 aus dem piemontesischen Vercelli aufmachten, um in München das erste Kloster des Ordens nördlich der Alpen zu gründen. Am Abend des 23. Juli 1667 betraten die Schwestern und ihr Gefolge vor Mittenwald erstmals bayerischen Boden, wo sie am nächsten Morgen ein Isarfloß besteigen sollten, das sie schließlich nach einmonatiger Reise sicher in die kurfürstliche Residenzstadt brachte. Die Chronistin schildert diese ersten Schritte in der neuen Heimat Bayern als einen wehmütigen Abschied von der alten Heimat Italien, denn *obschon ihre Barke durch Bretterwerk gut beschützt war, kam ihnen doch der sich erhebende Wind so eisig kalt vor, dass sie schon die Strenge des bayrischen Winters zu empfinden glaubten und nach der Sonne Italiens seufzten.*

Den Seufzern des Heimwehs und den Widrigkeiten der ersten Jahre trotzend, haben die Gründerinnen den Auftrag ihres Stifters ernst genommen und bereits nach wenigen Jahren im Herzen Münchens eine blühende Gemeinschaft aufbauen können. Einen unmittelbaren Einblick in das Innere der Klostergemeinschaft, das Leben der Schwestern und ihre Beziehungen zur Welt, bietet die seit 1667 durchgängig geführte Chronik der Salesianerinnen. Diese Aufzeichnungen werden nun erstmals in ausgewählten Teilen von der Gründung des Klosters in München 1667, bis zur Gründung in Beuerberg im Jahr 1846 publiziert und damit einer breiten Öffentlichkeit zugänglich gemacht. Der Entschluss dazu reifte im Kontext der 2016 und 2017 vom Diözesanmuseum Freising im Kloster Beuerberg durchgeführten Ausstellungen, *Klausur – Vom Leben im Kloster* und *Klausur – Sehnsuchtsort Kloster.* Im Zuge der Vorbereitungen dieser Ausstellungen wurden die Chroniken der Salesianerinnen aus Zangberg und Beuerberg als äußerst wertvolle historische Quelle erkannt. Das nicht nur, weil sie eine Chronologie von bedeutsamen Ereignissen der Ordensgeschichte bieten, sondern vor allem, weil diese Texte den ganz eigenen Blick einer geschlossenen monastischen Gemeinschaft auf sich selbst und die sie umgebenden Zeitläufe offenbaren. Von der großen lauten Geschichte, bis zum leisen, bescheidenen Leben und Sterben einer Hausschwester – dies alles wird nicht einfach nur in historiografischer Objektivität berichtet, sondern im Licht des Ordensgeistes und damit im Horizont einer gottgefälligen und nach Vollendung strebenden Lebensform gedeutet. Dies beginnt bereits mit den ersten Seiten der Chronik, in denen ausführlich die Reise der Schwestern von Vercelli nach München berichtet wird. Der Reisebericht ist alles andere als ein kalendarisch-nüchterner Bericht, wie bereits die oben zitierten Zeilen zeigen, sondern eine emotionale und manchmal fast poetische Form von Geschichtsreflexion und -aneignung. Die Gründung des Münchner Klosters wird Teil des großen Heilsplanes Gottes, alle Vorkommnisse, Widrigkeiten und Gefahren der Reise sind daher in den Augen der Chronistin bedeutungsgeladen und werden quasi exegetisch behandelt. Dieser Grundton der Aufzeichnungen ermöglicht das Eintauchen in eine historisch ferne Zeit, die uns in ihrer emotionalen Schilderung und zeichenhaften Deutung ganz unmittelbar erreicht.

Dass wir an diesem Blick der Schwestern auf die Welt teilhaben dürfen, ist ein Privileg, denn eine Ordenschronik ist eigentlich kein Allgemeingut, sondern ein streng gehüteter Schatz, der neben der Archivarin und der Oberin auch nur wenigen Ordensmitgliedern zugänglich ist und nur zu besonderen Jahrestagen in Auszügen im Refektorium als Tischlesung vorgelesen wird. Der Dank gilt daher den Salesianerinnen von Zangberg und Beuerberg, die uns ihre Chroniken zur Bearbeitung anvertraut und damit auch die hier vorliegende Veröffentlichung ermöglicht haben. Die reiche Bebilderung der einzelnen Kapitel zeigt, wie eng geistiges und materielles Erbe in Ordensgemeinschaften oft aufeinander bezogen sind, denn traditionelle Ordensgemeinschaften waren die längste Zeit in der Geschichte nicht nur die Bewahrer und Vermittler ihres kulturellen und spirituellen Gedächtnisses, sondern auch ihres materiellen. Diese innere Bezogenheit von Geist und Materie ist bei den bayerischen Salesianerinnen besonders ausgeprägt. Über Kriege, Vertreibung, Zwangsumsiedelung und Neubeginn hinweg haben die Schwestern ihr Erbe bewahrt und von Generation zu Generation weitergegeben. Heute ist dieses Erbe wieder bedroht, nicht von politischen Repressalien und Begehrlichkeiten, sondern von der unaufhaltsam scheinenden Erosion des Ordenslebens in Westeuropa. Im Horizont der Geschichte der bayerischen Salesianerinnen erscheint auch diese Situation weitaus weniger bedrohlich, als dies Statistiken und Prognosen prophezeien. So haben sich die Schwestern im Laufe ihrer Geschichte immer wieder eigensinnig und erfolgreich gegen den Zeitgeist und übermächtig scheinende äußere und innere Widerstände durchgesetzt. Den bedrohlichen Zeiten der Krise und des Niedergangs folgten deshalb immer wieder Phasen des erfolgreichen Neubeginns und der Blüte. Die dafür nötige Kraft haben die Frauen immer wieder aus ihrer Christusbeziehung geschöpft. Das wohl sichtbarste Zeichen dieser engen Verbundenheit ist das Kürzel *V+J!*, das für den lateinischen Lobpreis *Vivat Jesus* (Es lebe Jesus!) steht und das seit der Gründung des Ordens 1610 am Anfang eines jeden, von einer Salesianerin verfassten Schriftstücks steht. In dankbarer Erinnerung an die Verfasserinnen und Protagonistinnen der salesianischen Geschichte haben daher auch wir den Vivat-Ruf diesem Band vorangestellt.

Erstes Kapitel

Der Weg über die Alpen – Die Gründung des Münchner Heimsuchungsklosters 1667

Ein Kloster zu gründen ist eine komplizierte und kostspielige Angelegenheit. Dies musste selbst die Kurfürstin von Bayern, Henriette Adelaide von Savoyen (1636–1676) erfahren, als sie sich einen lang gehegten Wunsch erfüllen wollte, nämlich die von ihr so geschätzte Schwesterngemeinschaft der Salesianerinnen in ihre Haupt- und Residenzstadt München zu berufen.

Dabei hatte die italienische Gattin von Kurfürst Ferdinand Maria in puncto Klostergründung bereits einschlägige Erfahrungen gesammelt: Bereits im Sommer 1662 konnten – wenn auch erst nach zähen Verhandlungen mit dem Freisinger Fürstbischof Albrecht Sigismund und Vertretern der männlichen Ordensgemeinschaften – die ersten Patres des italienischen Theatinerordens in München installiert werden. Die Ressentiments gegenüber den Ordensmännern aus dem Süden waren in Bevölkerung und Klerus zunächst sehr groß gewesen, da man einen wachsenden Einfluss der „Welschen" am Wittelsbacher Hof fürchtete. Das kurfürstliche Paar setzte sich jedoch durch und löste damit den ersten und entscheidenden Teil eines Gelübdes ein, das sie im Vorfeld der Geburt des Thronfolgers Max Emanuel am 11. Juli 1662 gemacht hatten: Im Falle der glücklichen Geburt, die sie der himmlischen Fürsprache des Ordensgründers, Kajetan von Thiene, zuschrieben, versprachen sie zu seinen Ehren ein Kloster samt Kirche, die bis heute sogenannte Theatinerkirche, erbauen zu lassen. Nun war es wiederum ein Gelübde, das die Kurfürstin dazu bewog, die bisher im deutschsprachigen Raum noch nicht vertretenen Salesianerinnen in ihrer unmittelbaren Nähe anzusiedeln. Die 1610 im französischen Annecy von Franz von Sales (1567–1622) und Johanna Franziska von Chantal (1572–1641) gegründete Gemeinschaft kannte Henriette Adelaide aus ihrer Heimat Turin. Sie war vertraut mit der menschenfreundlichen Frömmigkeit der Schwestern, die ganz vom Geist der Gottes- und Nächstenliebe erfüllt waren und die – anders als die meisten Ordensgemeinschaften jener Zeit – auf harte Bußübungen und auf Selbstkasteiung verzichteten. Auch das Streben nach einem ausgewogenen Verhältnis von Herzens- und Geistesbildung sowie die von der Kultur des französischen Adels geprägte Lebensweise der Salesianerinnen entsprachen ganz dem sensiblen Charakter der von ständigem Heimweh geplagten „la Tenerina", der kleinen Zarten, wie die Fürstin seit ihrer Kindheit in ihrer Familie genannt wurde. Sie selbst hatte bereits als Achtjährige den kindlichen Plan gefasst, in ein Kloster einzutreten und ihr Leben Gott zu weihen, was jedoch aus Gründen der Staatsraison und der damit verbundenen Heiratspolitik ihrer Familie nicht zu verwirklichen war. Was blieb, war eine tiefe Glaubensprägung, die der feinnervigen Fürstin die zahlreichen Schicksalsschläge ihres Lebens zu meistern half – allein vier ihrer acht Kinder starben gleich nach der Geburt oder im Säuglingsalter.

Mit der Gründung des Salesianerinnenklosters im Jahr 1667 holte sie sich schließlich auch ein Stück Heimat nach München, denn die ersten Schwestern kamen aus dem heimatlichen Savoyen, aus dem Städtchen Vercelli im Piemont, das zu dieser Zeit eine der größten Niederlassungen des Salesianerinnenordens beherbergte.

Die Kurfürstin hatte bereits seit 1663 in regelmäßigem Briefkontakt mit den dortigen Schwestern gestanden, um die Gründung von Klöstern in den Städten München und Amberg anzuregen. Da es sich um die ersten Klöster des Ordens im deutschsprachigen Raum handelte, zeigten die italienischen Schwestern an diesem Vorhaben größtes Interesse und erklärten sich schnell bereit, eine kleine Schwesterngemeinschaft nach Bayern zu entsenden. Unabdingbare Voraussetzung für all diese Planungen war jedoch die gesicherte Finanzierung der beiden Klostergründungen und deren langfristiger Unterhalt. Hier erwies sich eine andere charakterliche Eigenschaft der Kurfürstin als hilfreich, nämlich ihre hohe politische Ambition, verbunden mit konsequenter Zielstrebigkeit und Durchsetzungskraft. Ihr Ehemann Ferdinand Maria, den sie für das Unternehmen gewinnen konnte, hatte sich bereit erklärt, die Einkünfte aus den Ländereien zweier in der Reformation aufgelöster Klöster in der Oberpfalz, Gnadenberg und Seligenporten, für die beiden Neugründungen zur Verfügung zu stellen. Damit waren Bau und Unterhalt der Klöster in München und Amberg finanziell abgesichert.

Im Sommer 1667 sollte nun die geplante Gründung verwirklicht werden, weshalb vier Schwestern (Maria Margaretha di Nus als Oberin, Maria Magdalena Olgiati, Marie Adelheid Grusè und Maria Hyacintha Olgiati) am 29. Juni von Vercelli zunächst Richtung Padua aufbrachen. Während der vierwöchigen Reise führten die Schwestern ein ausführliches Reisetagebuch, das bereits im Dezember desselben Jahres als gedruckter Jahresbrief (Circulaire) an alle Klöster des Ordens verschickt wurde. Die Chronik der Münchner Salesianerinnen, die im 19. Jahrhundert im Kloster Zangberg aus überlieferten Quellen verfasst wurde, übernimmt diesen Bericht wörtlich. Die Reise, auf der die Schwestern auch viele Heiltümer und Gnadenorte besuchen, wird dort als ein von Gott gesegnetes Unternehmen geschildert, das trotz Gefahren während der Reise und Widrigkeiten am Zielort schließlich mit der feierlichen Kirchenweihe und der Einkleidung der ersten Novizin zu einem guten Ende kommt. Damit wird der Gründung des ersten Klosters auf deutschem Boden in der Ordensgeschichte eine quasi heilsgeschichtliche Bedeutung zugewiesen.

Erstes Kapitel.
Ursprüngl: Gründung dieses Klosters in München
Berufung. Reise. Ankunft.
Schwierigkeiten. Feierl. Installirung.

Die Gründung des Münchner Heimsuchungsklosters

Von dem Entstehen und Gedeihen dieses ersten Klosters der Heimsuchung Mariä in Deutschland wollen wir nun erzählen, von diesem unserem geliebten Mutterhause sprechen, das, wie wir in der Folge sehen werden, als fruchtbarer Bienenstock, bald da- bald dorthin einen Schwarm entsandte, um überall in stillverborgener Zelle den süßen Honig der Gottes- und Nächstenliebe nach Art des hl. Franz von Sales zu bereiten, während es selbst, durch die obwaltenden Verhältnisse genötigt, mehrmals seinen Wohnort verändern musste.

Die Gründung des ersten deutschen Salesianerinnen-Klosters geschah von Italien aus und zwar in München der Hauptstadt Bayerns 1667, auf Veranlassung der Churfürstin Henriette I
Adelheid, der Gemahlin Ferdinand's Maria. Diese tugendhafte II
Fürstin, eine Tochter des königlichen Hauses von Savoyen,
trug eine besonders innige Verehrung zu dem hl. Franz von
Sales, der in ihrer Heimat seine segensvolle Wirksamkeit in
ihrem höchsten Glanze entfaltet hatte, und längst schon war es
ihr Herzenswunsch, Töchter des von ihm gestifteten Ordens
in ihre neue Heimat zu berufen und ihren sorgsamen Händen
die Erziehung ihrer Landestöchter anzuvertrauen. Und sicher,
sie konnte keine bessere Wahl treffen, denn wenn anders der
Geist unseres hl. Stifters in seinem Institute sich forterbt, so
müssen dort lauter liebenswürdige Philotheen gebildet werden: starke, christliche Frauen, die durch den Geist des Opfers V
und der inneren Selbstverleugnung im Umgange anziehend
und liebreich, im Äußeren einfach und anspruchslos erscheinen.

Im Jahre 1663, als ihr der Churfürst die Einkünfte der zur
Reformationszeit aufgelösten Stifter Gnadenberg[1] und Seligenpforten[2] überwies, ward es ihr möglich, ernstlich an Ausführung ihres frommen Vorhabens zu denken, nämlich Errichtung IX
zweier Klöster unseres hl. Ordens, des einen in München
und des anderen im Amberg. Zu diesem Ende knüpfte sie im

1 Das ehemalige Kloster Gnadenberg, nahe Neumarkt in der Oberpfalz, wurde 1422 als erstes Birgittenkloster in Deutschland von Pfalzgraf Johann I. von Neumarkt gegründet. Die gotische Klosterkirche wurde 1483 geweiht. Nach Einführung der Reformation wurde das Kloster 1563 säkularisiert. Seit Zerstörungen durch die Schweden im Dreißigjährigen Krieg 1635 ist das Kloster eine Ruine, lediglich die Wirtschaftsgebäude wurden wieder in Betrieb genommen.

2 Das Zisterzienserinnenkloster Seligenporten bei Markt Pyrbaum (Lkr. Neumarkt in der Oberpfalz) wurde 1242 gegründet und verfügte über sehr großen Grundbesitz. Mit der Einführung der Reformation konnte das Kloster nach Anerkennung des protestantischen Bekenntnisses 1550 noch einige Jahre weiterbestehen; mit dem Tod der letzten Äbtissin 1576 fiel es als letztes Kloster der Oberpfalz an den Landesherren. Von der älteren Ausstattung der frühgotischen Klosterkirche (heute Pfarrkirche) ist seit dem Bildersturm der Reformation nur das bedeutende mittelalterliche Chorgestühl erhalten.

IV Jahre 1665 die ersten Unterhandlungen mit unserm Kloster
III in Vercelli an, dessen Oberin Maria Catharina Palettis mit Bewilligung des Bischofs die Stiftung der beiden Klöster übernahm und zu diesem apostolischen Liebeswerke die Schwester Maria Margaretha di Nus als Oberin von München, die Schwester Maria Magdalena Olgiati als Assistentin, die Schwester Marie Adelheid Grusè (von der Churfürstin persönlich gekannt und zärtlich geliebt) als *coadjutrice* und die Schwester Maria Hyacintha Olgiati als Oberin von Amberg ausersah. (Es war nämlich beschlossen worden, dass von München aus die Stiftung nach Amberg, so bald als thunlich, geschehen solle.)

Die Reise der Gründungsschwestern von Vercelli nach München

Die Churfürstin, die sich im Jahre 1667 zur Lösung eines des
VII hl. Antonius gemachten Gelübdes[3] mit ihrem ganzen Hofe nach Padua sich begab, wollte auf ihrer Rückreise die zur Stiftung nach München bestimmten Schwestern mit sich nehmen, und diese mussten demnach am 29. Juni desselben Jahres, den Feste des hl. Petrus und Paulus, ihre lange und
VI beschwerliche Reise antreten. Der piemontesische Graf von Zesaletti, der von der Churfürstin eigens hiezu gesandt worden, ihr Beichtvater Dom Giovanni Paolo Avagadro, Herr von Valdenego und Avigliano, und eine Dame von Vercelli begleiteten sie, und ein berittener Soldat der churfürstlichen Leibwache eskortierte den kleinen Zug. Ehe unsere Schwestern die Stadt Vercelli verließen, besuchten sie vier der dortigen Frauenklöster in Begleitung des Marquis von Senantus, Stadthalter der Provinz, und vieler adeligen Damen, welche ihnen zu Wagen folgten. An den Ufern des Servio[4] verabschiedeten sie sich von diesen ihren Freunden und Gönnern und schlugen den Weg nach Novara ein. Des Abends kamen sie dortselbst an und wurden von den Frauen Ursulinerinnen auf's Freundlichste empfangen und bewirtet. [...] — Die lieben Reisenden setzten ihren Weg über Buffalora, im Mailändischen, fort und schifften nicht ohne Lebensgefahr über den Tessino, der gerade sehr reißend und weit über sein Bett ausgetreten war. In Buffalora machten sie Mittag und fuhren dann in einem bequemen, eigens für sie zubereiteten Nachen[5] nach Mailand

3 Über die genaue Art dieses Gelübdes und seine Einlösung ist in den historischen Quellen nichts überliefert.
4 Sesia
5 Boot, kleines Schiff

über den Naviglio[6]. Schwierigkeiten, die ihnen die geistliche Behörde, vermutlich wegen der Einkehr in einem Kloster, hier machte, nöthigten sie, im Gasthofe del Capello Unterkunft zu suchen, wo sie, wie begreiflich eine ziemlich unruhige Nacht zubrachten. Beim Anbruch des Tages wohnten sie in der Domkirche der heiligen Messe bei und empfingen die hl. Kommunion. Die Kanoniker der herrlichen Kathedrale zeigten ihnen hierauf den Leib des großen Erzbischofs Carolus Borromäus[7], der sich in einem mit Gold eingefassten Sarge noch ganz unversehrt befindet. Nachdem sie auch die durch ihre Größe und Reichthümer berühmte Kirche des hl. Ambrosius[8] besichtigt hatten, setzten sie ihre Reise über Marignano und Lodi fort und erreichten gegen Abend Crema, wo sie in einem bequemen Gasthause die Ruhe einer Privatwohnung fanden. Den folgenden Morgen beichteten und kommunizierten sie, hörten die hl. Messe bei den Vätern Barnabiten – ihr Beichtvater konnte die Erlaubnis Messe zu lesen nicht erhalten – und begannen ihre dritte Tagreise. Sie gelangten zuerst nach Popiano[9] im Venetianischen, von da nach Bressa[10]. Unterwegs kamen sie durch die Festung Soncino und betrachteten von außen die herrlichen Festungswerke von Orse nove und Orse vechie[11], die ganz aus gehauenen Steinen und Marmor aufgeführt sind. Auf ihrer ersten Station Popiano hatten sie das Mittagessen eingenommen, das jedoch der großen Armuth des Ortes wegen, eher einem Fasttag entsprochen hätte als ihrem Titular- und Ordensfeste der Heimsuchung Mariä, das sie hier feiern mussten. In Bressa, einer durch Anzahl ihrer Bewohner und Schönheit ihrer Paläste und vielen Wasserwerke beträchtlichen Stadt, empfingen sie am 3. Juli die hl. Kommunion und setzten dann ihre Reise fort, die sehr beschwerlich war, da ihrer sieben Personen in einem sehr kleinen Wagen beisammen saßen. Der Graf Zesaletti verschaffte ihnen zur Erleichterung zwei Sänften, welche die meist Belästigten aufnahmen. Also kamen sie wohlbehalten des Mittags auf dem Berge San Marco[12] und des Abends in Desenzano an, wo sie ihr viertes Nachtlager hielten und ob der Schönheit des großen Sees, der die Mauern ihrer Herberge bespülte, aller Reisestrapazen vergaßen.

6 Navigli: System von Kanälen zur Warenversorgung von Mailand, die größtenteils aus dem Mittelalter stammen, zum Teil aber bis in römische Zeit zurück reichen.

7 Karl Borromäus (1538–1584), Kardinal, Erzbischof von Mailand und bedeutender Vertreter der Gegenreformation; 1610 heilig gesprochen. Er ruht in einem gläsernen Reliquienschrein in dem von ihm nach langer Bauzeit 1572 geweihten Mailänder Dom in einer Kapelle in der Krypta.

8 Die frühchristliche Basilika Sant'Ambrogio, eine der ältesten Kirchen von Mailand.

9 Pompiano, Provinz Brescia (Lombardei/Italien)

10 Brescia

11 Orzinuovi, gegründet als Festung Orci novi 1193, heute wie das benachbarte Orzivecchi in der Provinz Brescia (Lombardei, Italien); gehörten bis 1797 zur Republik Venedig.

12 Wohl Ponte San Marco (heute Ortsteil von Calcinato/Provinz Brescia, Italien)

Des anderen Tages kamen sie nach Castelnovo[13] und Verona. Hier blieben sie über Nacht und besuchten frühmorgens die Festung Torre de Confini[14], in deren Kirche sie eine hl. Messe hörten und kommunizierten. Derselbe Tag brachte sie noch nach Vicenza und endlich am anderen Morgen, den 6. Juli, hatten sie Padua, das vorläufige Ziel ihrer Reise erreicht.

Sie begaben sich sogleich zum Palaste, wo die churfürstlichen Hoheiten und ihr Gefolge sich aufhielten, doch mussten sie deren Rückkehr aus der hl. Messe erwarten, ehe sie dem Churfürsten und seiner Gemahlin ihre Aufwartung machen konnten und die huldvolle Weise womit Beide sie aufnahmen, bestärkte sie in ihrer frohen Erwartung. Es wurden ihnen eigene Gemächer angewiesen und nach einem wahrhaft fürstlichen Mahle beehrten beide Hoheiten sie mit ihrem Besuche. Während ihres Aufenthaltes in Padua wurden unsere Schwestern öfters zu der Churfürstin berufen und sprechen von diesen Audienzen also: „Wir hatten hinreichende Gelegenheit uns von den vortrefflichen Eigenschaften zu überzeugen, welche die Churfürstin Henriette Adelheid in der ganzen Welt bekannt und berühmt machen, und deren Wirkungen wir täglich erfahren."

Den 7. Juli begaben sie sich in die dem Patron von Padua, dem großen hl. Antonius, geweihte Kirche der Minoriten[15], die wegen ihrer Größe und außerordentlichen Pracht in ganz Europa berühmt ist. Sie ist ganz aus Marmor erbaut, mit herrlichen Statuen geziert und ungemein reich an Silbergeräth, worunter sich auch das zu dieser Zeit dargebrachte Weihegeschenk der Churfürstin, eine silberne Lampe von vier Fuß im Durchmesser[16] auszeichnet. Doch alle diese Herrlichkeit schwindet vor dem Schatze an kostbaren Reliquien, welche diese Kirche in ihren Mauern birgt. Alle sind in Gold und Silber gefasst und in hohen Ehren gehalten, vorzüglich aber der Leib des hl. Antonius und dessen ganz unverweste Zunge. Man erwies unseren Schwestern die große Aufmerksamkeit ihnen diese Reliquien alle zu zeigen, die sämtlich in einem großen Schreine in der Sakristei aufbewahrt werden, mit Ausnahme des Leibes des hl. Antonius, welcher in dem ihm geweihten Altare ruht. Hier hatte der Beichtvater unserer Schwestern das seltene Glück das hl. Opfer zu feiern und den Schwestern an diesem und dem folgenden Tag die hl. Kommunion zu reichen.

13 Castelnuovo del Garda (Provinz Verona/Italien), Ortschaft am Gardasee

14 Torri di Confine (in der Gemeinde Gambellara, Provinz Vicenza/Italien); bildet die Grenze zwischen den Provinzen Verona und Vicenza

15 Basilika des heiligen Antonius, Klosterkirche der Franziskaner und Grabkirche des hl. Antonius von Padua (gest. 1231). Die unverweste Zunge und weitere Reliquien des Heiligen wurden bei der Öffnung seines Grabes 1263 aufgefunden.

16 Die prächtige Silberampel ging mit vielen anderen kostbaren Ausstattungsstücken der Antoniusbasilika in den französischen Kriegszügen 1797 verloren.

Der 9. Juli war zur Weiterreise bestimmt. Unter herzlichen Dankesbezeugungen verabschiedeten sie sich von dem Grafen von Zesaletti, der mit so vieler Güte für sie gesorgt hatte und nun mit seiner Gemahlin nach Turin zurückkehrte, und von jener Dame aus Vercelli, die ihnen bis hieher das Geleit gegeben. Zur Anerkennung dieses freundlichen Dienstes beschenkte die Churfürstin besagte Dame mit einem kostbaren Dessert-Aufsatz.

Nach Anhörung der hl. Messe bestiegen unsere Schwestern den für sie bestimmten sechsspännigen Hofwagen und fuhren im Gefolge der Churfürstin nach der venezianischen Festung Castelfranco und von dort nach Bassano. In diesem durch seine Lage und Fruchtbarkeit ausgezeichneten Städtchen übernachteten sie, wohnten am folgenden Morgen der hl. Messe in einer nahe gelegenen Kapelle bei, kommunizierten und setzten dann ihre Reise fort. Nun ging der Weg bergauf und bergab, an Felsen und Abgründen vorüber, und unsere Schwestern riefen öfter ihre hl. Beschützer an beim Anblick dieser schauerlichen Abhänge, zu deren Füßen die Brenta in reißendem Laufe entlang strömte. — Sonntags Morgen kamen sie nach Primolano und setzten nach kurzer Rast ihre Reise nach Valsulgano fort. Der Weg war fast unfahrbar, und als sie des Nachts über einen Fluss setzen mussten, stürzte ein Pfeiler der hölzernen Brücke unter ihnen zusammen und ohne besonderen Schutz des Himmels wären sie unfehlbar ertrunken, denn die ihnen von der Churfürstin beigegebene Schutzwache von vier Männern hatte sich gerade etwas vom Wagen entfernt. So wunderbar gerettet, gelangten sie, freilich erst nach Mitternacht, in Valsulgano an. Nach kurzer Ruhe und Erquickung wurde die Reise fortgesetzt, jedoch mussten sie an diesem Tage auf die hl. Messe Verzicht leisten, weil auch ihr Beichtvater erst nach Mitternacht zu Abend gespeist hatte. Zu Levico, im Innsbruckerischen, aßen sie in einem, dem Hoflager nahe gelegenen Privathause zu Mittag und erreichten des Abends die bischöfliche Stadt Trient. Hier wohnten sie in einem großen Saale des Palastes, wo die Churfürsten einkehrten, zusammen mit den churfürstlichen Kammerfrauen, wegen Mangel an Raum. Ihr Aufenthalt in dieser Stadt verlängerte sich vom Montag bis Donnerstag Morgens, weil man so lange ohne Nachricht über einige Hofwagen blieb, in denen auch ihre Koffer sich befanden. Während dieser Zeit zeigte man ihnen den unversehrten Leib des hl. Blutzeugen Simonino von Trient, der im Alter von 4–5 Jahren von den Juden gemartert wurde (1475)[17].

17 Der Fall des „heiligen Kindes“ von Trient ist ein prominenter Fall der sog. jüdischen Ritualmordlegenden, in denen Juden mit (durch Folter erpressten) Geständnissen die Ermordung eines christlichen Kindes zugaben, um sein Blut für angebliche Geheimriten zu gewinnen. Ein weiterer bekannter Fall, bei denen es auch zu einem Kult um das ermordete „Märtyrerkind“ kam, ist Andreas („Anderl“) von Rinn (1462). Der Kult um Simon von Trient wurde 1965 durch den Bischof untersagt.

Er ruht hinter dem Altare der ihm geweihten Kirche in einem Krystallgefäße, in welchem auch ein Messer, das Werkzeug seiner Marter, und eine mit seinem ebenfalls unversehrtem Blute angefüllte Urne aufbewahrt wird. Sie besuchten auch zwei Ordenshäuser der Frauen Franziskanerinnen, die sie mit wahrhaft klösterlicher Liebe aufnahmen.

Donnerstag, nachdem das Reisegepäck glücklich angekommen und sie sich nochmals am Anblick des lieblichen Sees erfreut, der die Mauern des Palastes umgab, auch der hl. Messe in der Jesuitenkirche beigewohnt und sich geistig neu gekräftigt hatten, folgten sie dem Hof nach Lavisio, hielten dort Mittag, gelangten des Abends nach Salurno, am folgenden Tage nach Pransolo und Botzen[18], des Samstags Morgen nach Colmano und des Abends nach Brixen, der bischöflichen Residenzstadt, woselbst sie mit dem ganzen Hofe vom Bischofe auf die großartigste Weise empfangen und beherbergt wurden. Den ganzen Sonntag hielten sie sich hier auf und begaben sich mit der Churfürstin und dem Fürstbischof, der sich von Zeit zu Zeit äußerst huldvoll mit ihnen unterhielt, zu den Vätern Kapuzinern, die sie mit klösterlicher Einfalt in ihren hl. Räumen aufnahmen und mit einer kleinen Collation bewirtheten. Von da besuchten sie noch ein Kloster der Franziskanerinnen.

Montag den 20. Juli erreichten unsere Reisenden Mittenwald[19] und Sterzino[20] – Dienstag Griso und Matarai[21] – und endlich Mittwoch Morgens Innsbruck, Sitz eines österreichischen Erzherzogs. Hier mussten sie im erzherzoglichen Palaste einkehren und wurden fürstlich gehalten. Nachmittags machten sie der Erzherzogin[22] und ihren Töchtern ihre Aufwartung und wurden mit ausnehmender Güte empfangen. Nach Besichtigung des erzherzogl. Palastes und Gartens besuchten unsere Schwestern das von der Erzherzogin Juliana gestiftete Kloster der Servitinnen.[23] Diese hohe Fürstin war selbst dort Ordensfrau gewesen, und ihr unversehrter jungfräulicher Leib ruht in der Klostersakristei in einem mit Silber verzierten Krystallschreine.

18 Bozen/Bolzano, Hauptstadt von Südtirol/Italien

19 Mittewald/Mezzaselva, heute ein Ortsteil von Franzensfeste im Eisacktal (Südtirol/Italien)

20 Sterzing/ Vitipeno (Südtirol/Italien)

21 Gries am Brenner und Matrei am Brenner (Österreich), wichtige Stationen beim Weg über den Brennerpass nach Norden.

22 Offenbar Anna de'Medici (1616–1676), Witwe des Erzherzogs Ferdinand Karl von Österreich (1628–1662), die mit ihren beiden Töchtern Claudia Felicitas (1653–1676) und Maria Magdalena (1656–1669) weiterhin in Innsbruck residierte.

23 Anna Caterina Gonzaga (1566–1621) gründete nach dem Tod ihres Ehemanns, Erzherzog Ferdinand II. von Österreich, das Innsbrucker Servitinnenkloster (1606) und trat dort selbst unter dem Ordensnamen Anna Juliana ein. Den Namen wählte sie nach der Gründerin des Servitenordens, die hl. Juliana Falconieri (1270–1341). Ein Seligsprechungsprozess für Erzherzogin Anna Caterina, die auch mehrere mystische Erlebnisse gehabt haben soll, wurde 1693 angestrengt, aber nie zu Ende geführt. Das Kloster wurde 1786 von Kaiser Joseph II. aufgehoben.

Hier sahen sie auch zahlreiche kostbare Reliquien, Gemälde, Ornamente und andere Kirchenschätze; die Frauen führten sie dann auch in ihrem Kloster herum, das sehr reich und geräumig ist, ja in Italien kaum seines Gleichen hat. Nur zwei dieser Servitinnen verstanden italienisch und konnten sich mit ihnen unterhalten, den übrigen bewiesen unsere Schwestern durch Zeichen ihren Dank und ihre freundschaftliche Liebe. — In den Palast zurückgekehrt, verehrten sie dort ein Cruzifix, welches mehrmals mit der seligen Erzherzogin Juliana gesprochen haben soll. Es wird in der Schlosskapelle aufbewahrt, wie auch eine Muttergottes-Statue, die mit der Seligen geredet hat.

Donnerstags Morgens verabschiedeten sich unsere Schwestern von der gesammten erzherzoglichen und churfürstlichen Familie, welche letztere noch in Innsbruck verweilte, um das Vergnügen einer Jagdpartie mitzumachen, und reisten in Begleitung der Frau Indormiglia, Amme der Churfürstin, und des churfürstlichen Kammerherrn Martino nach Seefeld. In der dortigen Augustinerkirche hatten sie die Gnade eine hl. Hostie zu verehren, welche in wunderbarer Weise blutend gesehen wurde und sich seit dreihundert Jahren unversehrt erhalten hatte.[24]

[Es folgt eine lange Nacherzählung des Hostienwunders.]

Der Wagen holte sie an dieser Kirche ab und brachte sie nach dem bayrischen Mittenwald, wo sie ziemlich gute Nachtherberge fanden. Ganz frühe bei Morgendämmerung hörten sie die hl. Messe und nach verrichteter Andacht schifften sie sich auf der Isar ein, versehen mit einem kleinen Mundvorrath; denn sie sollten erst des Abends landen. Obschon ihre Barke durch Bretterwerk gut beschützt war, kam ihnen doch der sich erhebende Wind so eisig kalt vor, dass sie schon die Strenge des bayrischen Winters zu empfinden glaubten und nach der Sonne Italiens seufzten – die sich jedoch auch in Bayern noch im Löwen[25] befand. Am Ufer erwartete sie ein kleiner Wagen, der nur drei aufnehmen konnte; die übrigen gingen zu Fuß nach Wolfratshausen und erwärmten ihre vor Frost erstarrten Glieder durch diesen angenehmen Spaziergang. In Wolfratshausen sollten sie sich bis zur Ankunft der Churfürstin in München aufhalten. Während dieser Zeit, vom Freitag bis Dienstag, ruhten unsere lieben Schwestern von der anstrengenden Reise aus, die ihre Kräfte fast erschöpft hatte. Obwohl

24 Seefeld in Tirol (Österreich), an der Alpenstraße Mittenwald-Innsbruck gelegen, wurde im 15. Jahrhundert zu einem viel besuchten Wallfahrtsort, als sich an Gründonnerstag 1384 ein Hostienwunder ereignet haben soll: Der Burgpfleger Oswald, der aus Hochmut die große Priesterhostie begehrte, versank bis zu den Knien in der Erde. 1431 wurde eine große Wallfahrtskirche errichtet, die blutige Hostie noch bis ins 20. Jahrhundert gezeigt.

25 Tierkreiszeichen (23. Juli bis 22. August); d.h. trotz der Kälte ist es tatsächlich Sommer.

in einem Gasthaus, konnten sie ganz zurückgezogen und unbelästigt leben, wozu die Ruhe und Stille des Städtleins nicht wenig beitrugen. Alle Tage besuchten sie die drei Kirchen des Ortes und verweilten besonders gern in der Pfarrkirche, wo sie sich der hl. Reliquien erfreuten und aus einem gar seltenen Gefäße, dem in Gold und Silber gefassten Schädel eines Heiligen[26] tranken. Auch machten sie eine kleine Wallfahrt zu einer allgemein verehrten Muttergotteskapelle[27] auf einem nahegelegenen Berge.

Die Ankunft in München

Den 25. Juli stand mit Tagesanbruch ein Wagen bereit unsere Schwestern nach Sendling zu bringen. — Die Wohnung dortselbst war erbärmlich, da dieser Ort damals wenig besucht wurde. Ihr Mittagessen nach Kapuzinerart[28] war bald eingenommen, und ein Blick durch's Fenster ließ sie ihre neue
VIII Heimat, die Stadt München sehen. Dieser Anblick erweckte lebhaft in ihnen die Erinnerung an ihr geliebtes Vaterland und entlockte ihnen manche Thränen und Seufzer.

Der päpstliche Nuntius brachte ihnen in Sendling den Befehl der Churfürstin, sich in die der Stadt nahegelegene Kapuzinerkirche[29] zu verfügen. — Nicht lange so erschien die Churfürstin mit ihrer Tochter, der Prinzessin Maria Anna Viktoria[30], nachmalige *dauphine* von Frankreich, sämmtlichen Hofdamen und Hofherren und der Garde zu Pferd. Nach einem kurzen innigen Gebet bestiegen zwei von unseren Schwestern den Wagen der Churfürstin, die beiden anderen jenen der Prinzessin, während ihr Beichtvater Don Paolo Avagadro im Wagen des Haushofmeisters der churfürstlichen

26 Der Pilger Nantovinus (Nantwein), der 1286 in Wolfratshausen unschuldig verurteilt und auf dem Scheiterhaufen hingerichtet worden war, wirkte nach seinem Tod mehrere Wunder und wird seitdem als Heiliger verehrt. Die barocke Wallfahrtskirche in dem nach ihm benannten Ortsteil wurde 1624 errichtet. Der Brauch, Pilgern aus seiner als Reliquie erhaltenen Hirnschale Wein zu reichen, ist bis zur Säkularisation 1802 belegt.

27 Die Frauenkapelle am westlichen Loisach-Hochufer, errichtet aufgrund eines Gelöbnisses nach dem Schwedeneinfall in Wolfratshausen 1632.

28 D.h. ärmlich und dürftig (humorvolle Anspielung auf die strengen Fastenregeln des Kapuzinerordens)

29 Das erste Münchner Kapuzinerkloster, 1600 von Kurfürst Maximilian I. gegründet, lag unmittelbar vor dem städtischen Festungsring in der Nähe des heutigen Lenbachplatzes. In der Säkularisation wurde das Kloster 1803 aufgelöst und zusammen mit der alten Bastion restlos abgetragen.

30 Maria Anna Victoria (1660–1690), Prinzessin von Bayern, war die älteste Tochter des Kurfürstenpaares. 1680 heiratete sie den französischen *dauphin* (Thronfolger) Ludwig, den ältesten Sohn des Sonnenkönigs Ludwig XIV.

Hoheit, Herrn Grafen Porsia[31], Platz nahm. So fuhren sie inmitten der berittenen Leibwache beim Schalle der Trompeten in die Stadt zur Theatinerkirche, welche die Churfürstin sechs Jahre früher erbaut hatte. Ihr heißes Dankgebet für den glücklichen Erfolg ihrer Reise wurde durch den Ausbruch eines schrecklichen Gewittersturmes gestört. Der Regen ergoss sich in Strömen, der Donner rollte fürchterlich und ein Blitzstrahl zündete und verbrannte die Hälfte eines nahe stehenden Hauses. Manche wollten in diesem furchtbaren Wetter die Wuth des höllischen Feindes erkennen, der als Gegner alles Guten ohne Zweifel auch diese heilige Stiftung zu verhindern suchte. Nachdem der Regen aufgehört und der Sturm sich gelegt hatte, setzte sich der feierliche Zug wieder in derselben Ordnung in Bewegung und erreichte nach kurzer Zeit das neue Kloster[32] der Salesianerinnen. Die über sechshundert italienische Meilen lange Reise war nun beendet und nachdem die Churfürstin selbst die Schwestern durch alle Zimmer und Räume ihrer stillen Wohnung geführt und Ihnen Alles auf's Genaueste gezeigt hatte, blieben sie allein mit den ihnen zur Bedienung beigegebenen Jungfrauen, um gemäß ihres Berufes in stiller Verborgenheit nur mehr ihrem Gotte zu leben.

Die Einweihung des ersten Klosters und der Kirche

Am Tage ihrer Ankunft in München begaben sich die Schwestern recht bald zum Nachtessen und zur Ruhe, deren sie gar sehr bedürftig waren; am folgenden Tage hörten sie die heilige Messe bei den ehrwürdigen Vätern Theatinern und des Mittags speisten die ganze churfürstliche Familie und nahe an vierzig Hofdamen bei ihnen, und weil die Bevollmächtigung des Bischofs zur Errichtung der Clausur, wie auch seine Erlaubniß zur Feier des Gottesdienstes in der Klosterkirche noch nicht gekommen war, fuhren sie täglich in eine der Hauptkirchen von München die heilige Messe anzuhören und machten sich dann gründlich mit denselben bekannt. — So besahen sie

31 Porcia. Das friaulische Adelsgeschlecht der Porzia/ Portia/ Porcia brachte im 17. und 18. Jahrhundert verschiedene adelige Persönlichkeiten hervor, die in Wien, München und anderen Fürstenhöfen wichtige Ämter ausübten. Maximilian Graf Portia war seit 1652 Oberhofmeister der Kurfürstin Henriette Adelaide.

32 Der erste, provisorische Wohnsitz der Salesianerinnen, ein Garten und zwei umgebaute Wohnhäuser, befand sich im Bereich der heutigen „Fünf Höfe" an der Schwabinger Gasse (jetzt Theatinerstraße). Die Schwestern lebten dort mehrere Jahre, bis ihr eigentliches Kloster am Altheimer Eck 1675 bezugsfertig war. Nach dem Auszug der Schwestern am 5. Juli 1675 gehörten die Häuser zeitweilig den Theatinern, später der Familie Fugger, die Umbauten vornahm. Seit 1759 hatte dort die neue Akademie der Wissenschaften ihren Sitz. Nach Veränderungen im 19. und 20. Jahrhundert ist die alte Bausubstanz heute nicht mehr erhalten.

die Kirche der Pater Jesuiten[33] – gewöhnlich Skt. Michaelskirche genannt – eine der berühmtesten der Stadt und wohl die schönste aller Jesuitenkirchen, sowohl was die Bauart als die Größe betrifft; jene der unbeschuhten Karmeliten[34], vom Churfürsten Ferdinand Maria neu erbaut; die der Väter Hieronymiten[35], die Pfarrkirche U. L. Frau und jene der heiligen Apostelfürsten Petrus und Paulus[36], die heilige Geistkirche, die der unbeschuhten reformierten Franziskaner[37] und eine dem heiligen Paulinus geweihte[38], außerhalb der Stadt. Sie besuchten auch während dieser Zeit die Kirchen dreier Frauenklöster des heiligen Franziskus Seraphicus und hatten Eintritt in zweien dieser Klöster und erbauten sich höchlich an der darinnen herrschenden Frömmigkeit und Regularität. Besonders herzlich erwiesen sich ihnen die ehrwürdigen Frauen des Klosters Skt. Cristoph im Bittrich[39], die nach der dritten Ordensregel des heiligen Franziskus leben; sie blieben unseren Schwestern auch in der Folge immer freundschaftlich gestimmt und leisteten ihnen gute Dienste durch zweckmäßige Geschenke: Statuen, von den Frauen selbst verfertigte Bilder und dgl., die sie ihnen von Zeit zu Zeit zukommen ließen. Die Churfürstin, welche in ihrer unveränderlichen mütterlichen Sorgfalt unsere Schwestern mit den größten Heiligthümern der Stadt und Umgegend bekannt machen wollte, sandte ihnen eines Morgens einen sechsspännigen Hofwagen, der sie nach Forstenried zu einer drei Meilen von München gelegenen Kirche bringen sollte, die wegen eines wunderbaren Kreuzes

33 Der Jesuitenorden, 1559 als wichtigste Stütze der katholischen Reform nach München berufen, begann 1583 mit dem Bau seiner Klosterkirche St. Michael, der erste Bau im Stil der Renaissance nördlich der Alpen. Der Besuch der Schwestern fand noch vor der Renovierung der Seitenkapellen zur 100-Jahr-Feier der Kirchweihe 1697 statt.

34 Der Reformorden der Unbeschuhten Karmeliten wurde von Kurfürst Maximilian I. 1629 als Erfüllung eines Dankgelübdes in der siegreichen Schlacht am Weißen Berg (1620) nach München berufen. Ab 1654 konnten Kloster und Kirche in unmittelbarer Nähe zur Maxburg neu erbaut werden. Die Gebäude des 1802 aufgelösten Konvents wurden im Zweiten Weltkrieg größtenteils zerstört; die teilweise erhaltene, profanierte Kirche dient heute dem Diözesanarchiv.

35 Es ist unklar, welches Kloster hier gemeint ist, da das Hieronymitenkloster St. Anna erst 1727 von Kurfürst Max Emanuel in der Vorstadt Lehel gegründet worden war.

36 D.h. die Peterskirche.

37 Das Münchner Franziskanerkloster St. Antonius mit seiner bedeutenden gotischen Klosterkirche lag im Bereich des heutigen Max Joseph-Platzes und dem Nationaltheater, denen es nach der Säkularisierung weichen musste. 1480 hatte der Konvent die strenge Besitzlosigkeit (Observanz) eingeführt, nach der dieser franziskanische Ordenszweig auch als „Barfüßer" bezeichnet wurde.

38 Es handelt sich wohl um das Paulanerkloster im damals noch außerhalb der Stadt gelegenen Viertel Neudeck ob der Au, das 1660 mit Unterstützung des Kurfürsten neu errichtet werden konnte (auch wenn deren Klosterkirche dem hl. Karl Borromäus geweiht war).

39 Das mit Hilfe der Münchner Patrizierfamilie Püttrich (Bittrich) gegründete Franziskanerinnen- oder Klarissenkloster geht auf ein Seelhaus des 13. Jahrhunderts zurück. 1484 wurde es mit Chorfrauen neu besetzt, 1627 die strenge Klausur eingeführt. Das in der Säkularisation aufgelöste Kloster lag am heutigen Max Joseph-Platz. Bei den beiden anderen, namentlich nicht genannten franziskanischen Frauenklöstern muss es sich um das Ridler-Kloster (gegründet 1295, ebenfalls am Max Joseph-Platz gelegen; aufgelöst 1783) und das Klarissen-Kloster St. Jakob am Anger handeln.

beim Volke in hoher Verehrung steht.[40] Sie wohnten hier einer heiligen Messe bei und empfingen die heilige Kommunion.

[Es folgt ausführlich die Wunderlegende des Kreuzes von Forstenried.]

Die Churfürstin ließ unsere Schwestern auch öfters zu sich berufen und ihnen bei einer solchen Gelegenheit den prächtigen Garten und den ganzen churfürstlichen Palast zeigen, welcher letztere so geräumig, dass drei fürstliche Familien mit ihrem Gefolge bequem darin beherbergt werden könnten. Unter den Schätzen des Palastes betrachteten sie mit besonderem Vergnügen die dort aufbewahrten kostbaren Reliquien, alle in Krystall und Gold gefasst. Unter ihnen befanden sich die Leiber von zwei unschuldigen Kindlein, die rechte Hand des heiligen Johannes des Täufers, zwei Dornen aus der Schmerzenskrone unseres Erlösers, ein aus dem hl. Kreuz gebildetes kleineres Kreuz, das Haupt des hl. Chrisostomus, Dionysius und der hl. Ursula und zahlreiche andere Reliquien auch der Apostel und selbst der seligsten Jungfrau. Die Besichtigung all dieser Schätze und Heiligthümer war eine besondere Auszeichnung für unsere lieben Schwestern, deren selbst viele auswärtige Fürsten nicht theilhaftig wurden.

[Es folgt eine längere Auseinandersetzung mit dem Generalvikar um Details der salesianischen Ordensregel, wie die selbständige Wahl eines Beichtvaters.]

Seit des 2. Besuches des Generalvicars hatten unsere Schwestern zwar die Erlaubnis, die hl. Messe in ihrem Kirchlein auf einem tragbaren Altar lesen zu lassen, den ihnen der Bischof zu diesem Zwecke gesandt hatte, aber ihre eigentliche Installierung hatte noch nicht stattgefunden. Die Churfürstin, welche seit ihrer italienischen Reise immer kränkelte und fürchtete, später dieser feierlichen Handlung vielleicht nicht mehr beiwohnen zu können, schrieb in diesem Anliegen an den Bischof und der Tag der Opferung Mariens wurde zur Installierung festgesetzt. Die Churfürstin versorgte die Kirche und das Kloster mit allem Nöthigen, unter andern mit zwei Glocken d. i. einer Chor- und einer Hausglocke. Die Kirche wurde für den Tag der Opferung mit Samtdamast tapezirt und mit herrlichen Gemälden aus den Gemächern der Churfürstin geschmückt, der Altar mit zwölf weißen Wachskerzen und den prachtvollsten Ornamenten der churfürstlichen Kapelle X, XI
ausgestattet, die theils von gediegenem Gold, theils Silbervergoldet waren.

40 Das große romanische Kruzifix, das in Forstenried verehrt wird, soll 1229 bei seinem Transport von Andechs nach Seeon an dieser Stelle nicht mehr fortzubewegen gewesen sein, was die Wallfahrt begründete. Der Besuch der Schwestern erfolgte kurz vor der Barockisierung der Wallfahrtskirche 1672.

Den 21. November 7 Uhr morgens begann der Weihbischof, der zu diesem Zwecke von Freising gekommen, die Einweihung des Klosters und der Kirche, welche unserem hl. Stifter Franz von Sales gewidmet wurde. Nach dieser kirchlichen Ceremonie begaben sich der Churfürst und sein Bruder, der Herzog Maximilian[41], mit ihrem Gefolge in die äußere Kirche, während die Churfürstin mit ihrem Sohne[42], der Prinzessin und ihren Damen sich in den Chor verfügten, dem feierlichen Hochamte beizuwohnen, welches unter dem Gesange von vier Musikchören der Hofcapelle vom Weihbischof celebrirt wurde. Nach dem Amte hielt Pater Bosomo, als Prediger berühmt, eine der Feier ganz entsprechende Rede und schließlich empfing Frl. Avogadro v. Valdengo, die mit den Schwestern aus Italien gekommen, den Habit unseres hl. Ordens. Den Namen hatte ihr die Churfürstin gegeben und dieß ihren eigenen, so dass sie fortan Marie Henriette Adelheid hieß. — Als die junge Novizin das geistl. Kleid empfangen, stimmte der Musikchor das „Te Deum" an und die Feierlichkeit war beendet. Der Churfürst wollte selbst der neuen Salesianerin gratulieren und die Churfürstin, welche an diesem Tage mit ihren Kindern bei unseren Schwestern speiste, sie immer bei sich haben. Die Hoheit nannte sie nicht anders als ihre erste Tochter und hat sich sogar herabgelassen, ihr bei der Ceremonie eigenhändig die Haare abzuschneiden.

41 Maximilian Philipp Hieronymus, Prinz von Bayern (1638–1705), Herzog von Bayern-Leuchtenberg. Der jüngere Bruder von Kurfürst Ferdinand Maria war später zeitweilig (1679/80) Regent für seinen minderjährigen Neffen Max Emanuel.

42 Maximilian II. Emanuel, Kurfürst von Bayern (1662–1726). Der lang ersehnte Thronfolger kam erst im zwölften Ehejahr des Kurfürstenpaars zur Welt.

Abbildungen — Erstes Kapitel

I Kurfürstin Henriette Adelaide von Savoyen (1636–1676), die Stifterin des Münchner Heimsuchungsklosters

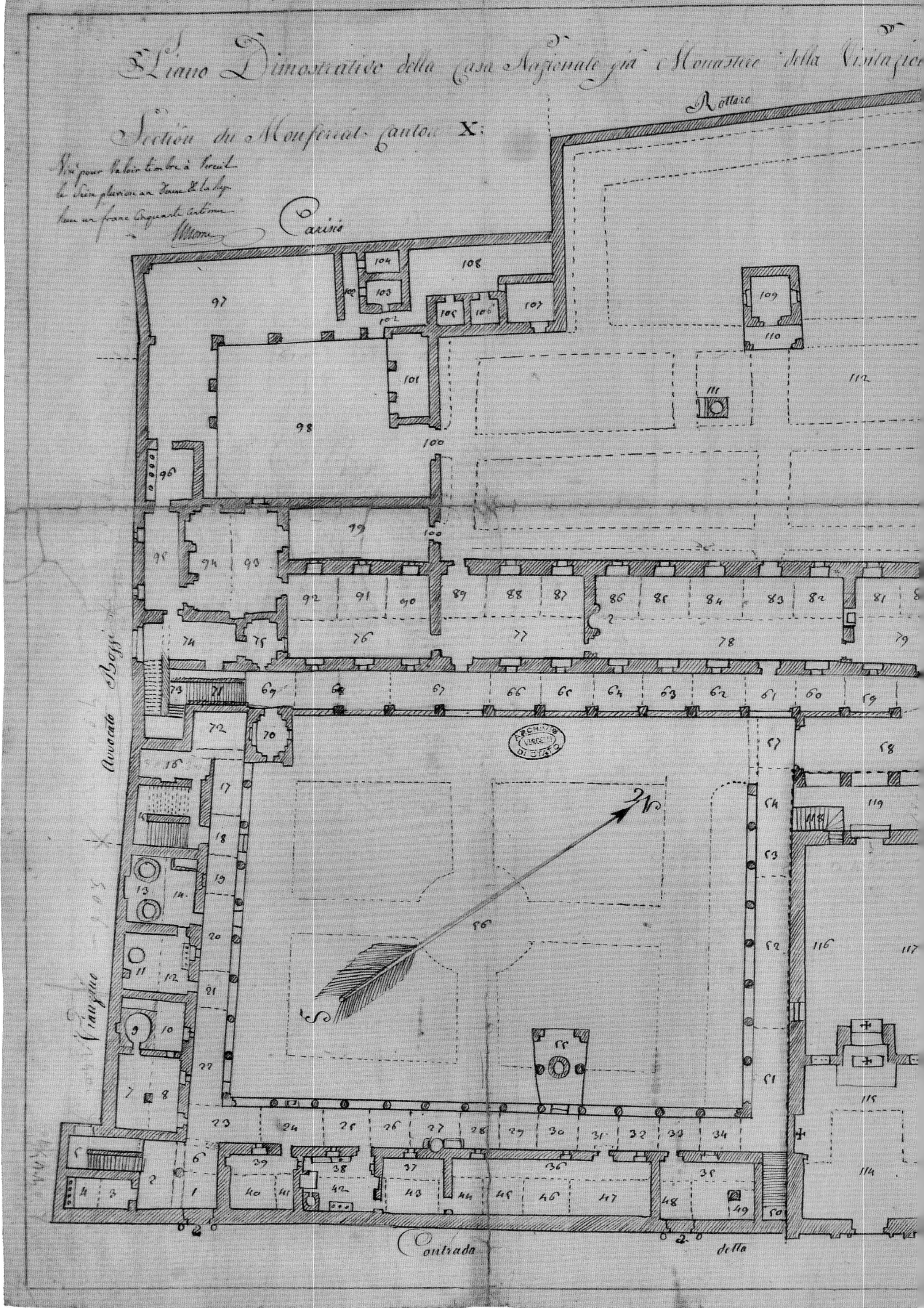
Piano Dimostrativo della Casa Nazionale già Monastero della Visitazione
Section du Montferrat Canton X:
Rottaro
Carisio
Contrada
detta
Avvocato Bazzi
Vicolo

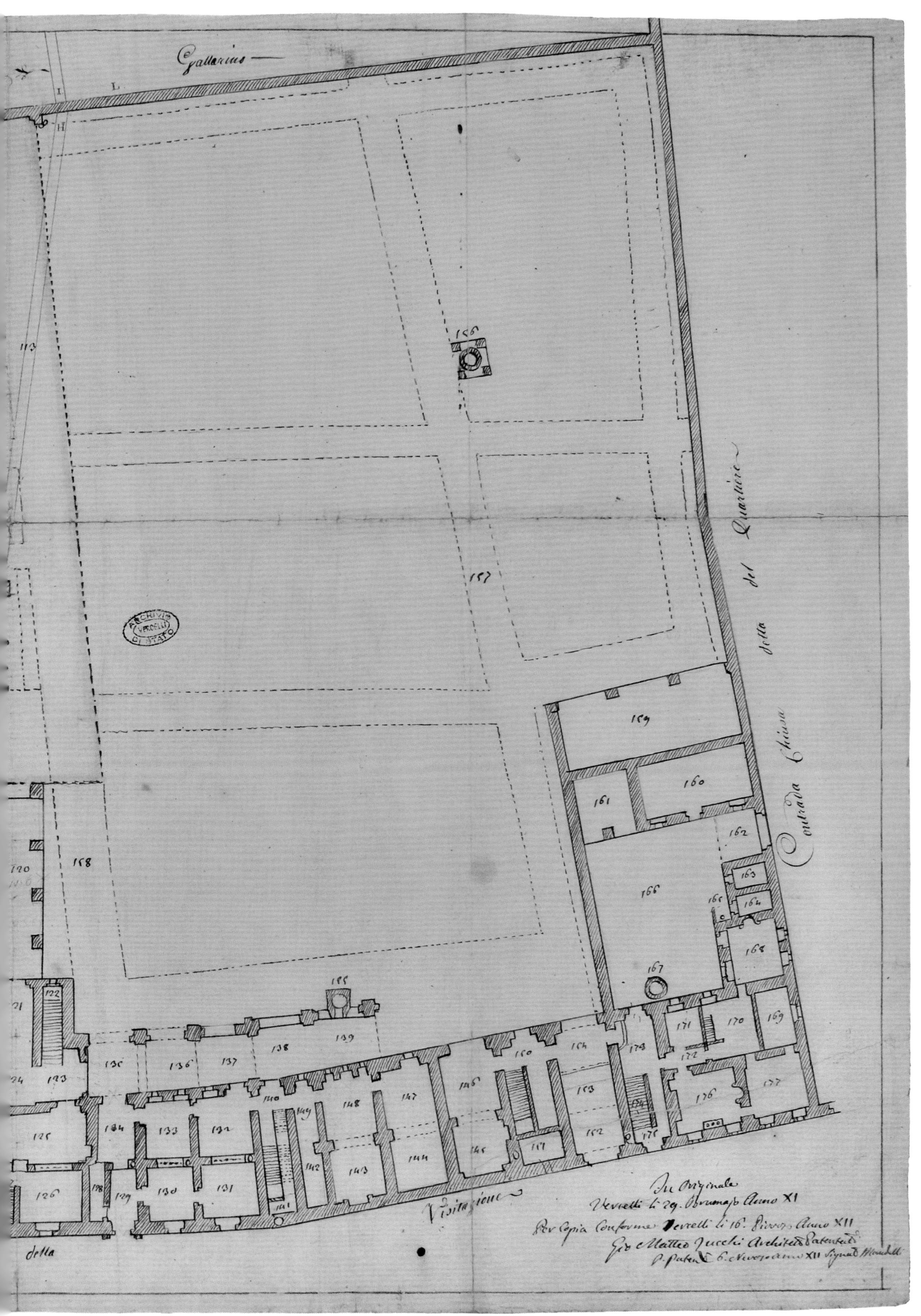

III Plan des ehemaligen Heimsuchungsklosters von Vercelli im Piemont, dem Mutterkloster der Münchner Salesianerinnen

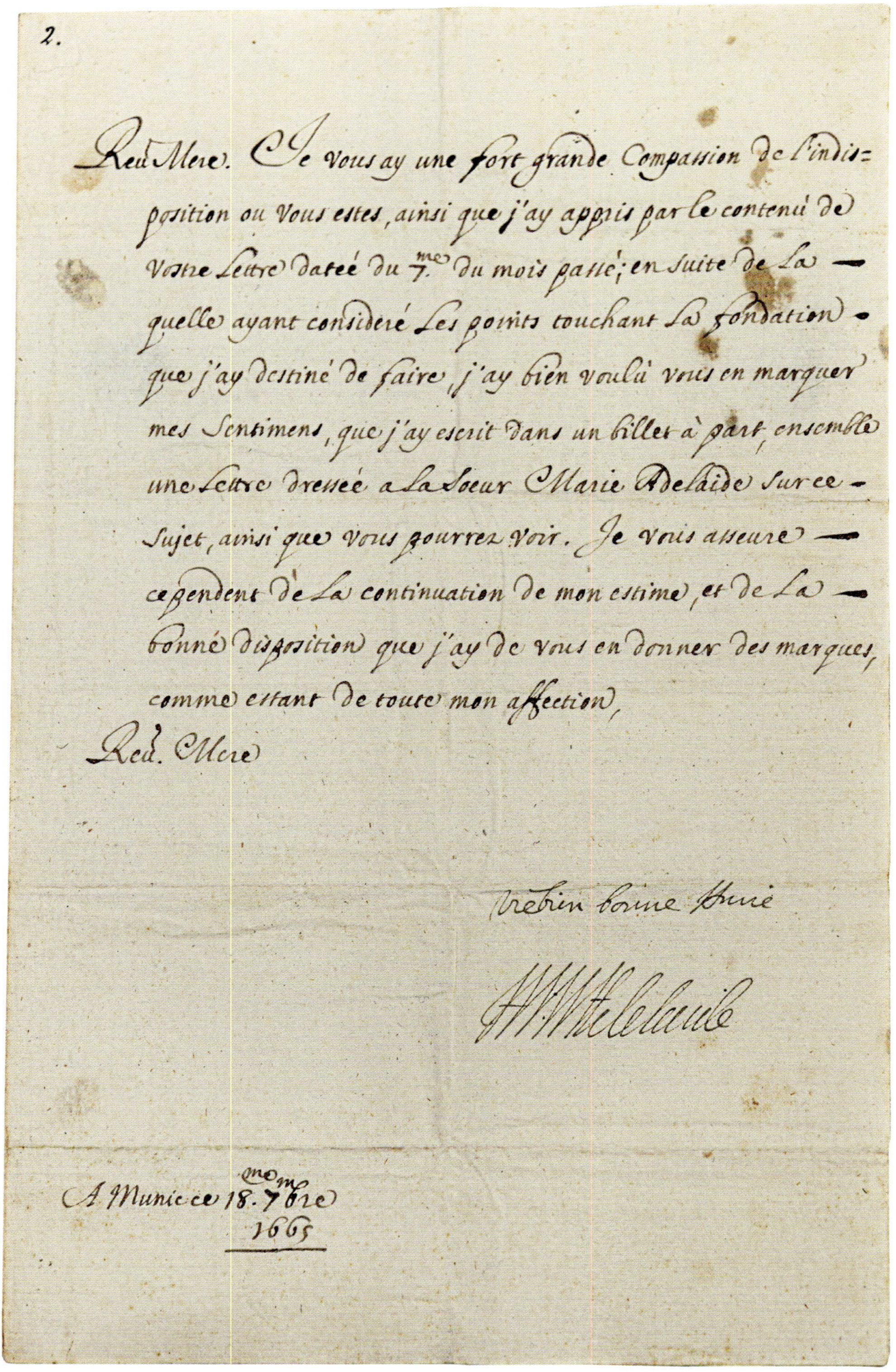

2.

Red. Mere. Je vous ay une fort grande Compassion de l'indisposition ou Vous estes, ainsi que j'ay appris par le contenu de Vostre Lettre datée du 7.me du mois passé; en suite de laquelle ayant consideré les points touchant la fondation que j'ay destiné de faire, j'ay bien voulu vous en marquer mes Sentimens, que j'ay escrit dans un billet à part, ensemble une lettre dressée a la Soeur Marie Adelaide sur ce sujet, ainsi que vous pourrez voir. Je vous asseure cependent de la continuation de mon estime, et de la bonné disposition que j'ay de vous en donner des marques, comme estant de toute mon affection,

Red. Mere

trebien bonne Amie

HAdelaide

A Munic ce 18.me 7bre 1665

IV Brief der Kurfürstin Henriette Adelaide an die Oberin der Salesianerinnen von Vercelli, 1665

V Allegorie der salesianischen Spiritualität, Italien, Ende des 17. Jahrhunderts

Kloster Dietramszell von Eberhard Fugger S. 63.

Die fromme Kurfürstin Adelheid, geborne Prinzessin von Savoyen und Piemont war von der göttlichen Vorsehung auserkoren, dies heilige Werk zu vollbringen. Sie hatte eine große Andacht zum heiligen Franz von Sales und beschloß daher, zwei Klöster des von ihm gestifteten Ordens in Bayern zu errichten, pflog diesbezüglich die nötigen Unterhandlungen mit Papst Alexander VII. (: welcher Papst den heiligen Franz von Sales heilig gesprochen hatte :) und mit dem Bischof von Vercelli und erwirkte die Bestätigung der Einführung des Ordens in Bayern durch die Bulle von Papst Alexander VII., datiert vom 24. Mai 1667.

Die Kurfürstin hatte angeordnet, daß die Einführung des Ordens in Bayern auf ihre Kosten zu geschehen habe, und die Unterhandlungen fanden ihren Abschluß in den Briefen des Bischofs von Vercelli, Michael Angelus Broglia, gerichtet an die nach Bayern abreisenden Ordensschwestern. Der eine ist adressiert an die für das Kloster Amberg bestimmte Oberin, Hyazintha di Olgiata, der andere an die für das Kloster zu München ernannte Oberin, Maria Margarita di Nus. Beide sind gleichen Inhalts und lauten also:

Kloster Dietramszell von Eberhard Fugger S. 66.

„Nachdem es uns zur Kenntnis kam, daß Ihr verlangt und berufen wurdet, den von der Frau Kurfürstin Adelheid von Bayern gestifteten Klöstern zu Amberg und München vorzustehen, wozu auch bereits der dortige Diözesan-Bischof seine Genehmigung und sein Wohlgefallen ausgesprochen hat, tragen wir Euch hiemit auf: daß Ihr Euch auf den Weg macht, um mit den andern Schwestern und denen von Arona hinreisen zu können zu einem so heiligen Werke, das zur größeren Ehre Gottes und zum Heil so vieler Seelen dient. Desgleichen ermahnen und weisen wir Euch, zu leben in vollständiger Beobachtung der Ordensregeln, gemäß den Einrichtungen und Gebräuchen Eures Ordens und dem Geiste Eurer Einführung, im Gehorsam gegen den vorgenannten Bischof und die, welche in seinem Namen Euch werden zu befehlen haben, so lange, bis Ihr, wenn es nach Umständen sollte beschlossen werden, wieder zurückgerufen werdet. Indem ich Gott bitte, daß Er Euch begleite, unter den Schutz Seiner Erbarmung nehmen wolle, segnen wir Euch."

Michael Angelus,
Bischof von Vercelli.

Die vier ersten Schwestern:

Maria Hyazintha di Olgiata, Maria Margarita di Nus, Maria Maddalena di Olgiata und Maria Adelaida Ruse kamen am Tage Mariä Opferung 1667[x] in München an, wo sie das dem regulierten Chorherrnstift St. Augustini zu Indersdorf gehörige Haus und die Kirche zu St. Anna am Kreuz bezogen. Es lag in der Intention der Stifterin, daß, wie bereits gesagt, zwei Klöster der

x) nach „Kurze Geschichte des Ordens v. d. H. M. in Bayern" v. 1910 kamen die Schw. am 26. 7. 1667 in Mchn an u. bezogen zuerst das v. der Kurfürstin erworbene u. eingerichtete Kloster in der Schwabinger Str., b/ Theatinergebäude. Die Installation fand am 21. Nov. 1671 mit gr. Feierlichkeiten u. 1. Einkleidung (Name: Henriette Adelheid) statt.

No ✱ 5 a 5

VIVA GIESV.

RELATIONE MINVTA DEL NOSTRO VIAGGIO FATTO DA' VERCELLI A' MONACO PER LA FVNDATIONE DEL PRESENTE MONASTIERO ASSIEME CON QVELLA DELLA MEDEMA FVNDATIONE.

Carissime Sorelle.

DOppo molte instanze per Lettere missiue fatte dalla Pietà religgiosissima della Serenissima Elettrice Adelaide Duchessa di Bauiera, Nata Real Principessa di Sauoia, al Monastiero nostro di Professione della Visitatione di S. Maria di Vercelli, per stabilire la fundatione presente, & vn altra in Amberga; Mossa, e risolta dalla propria Charità verso la nostra Religgione, e dalla deuotione singolarissima, che ha' verso il Nostro Santo Fundatore Francesco di Sales, d'indrizzare alla gloria di Dio, & honor' dello stesso duoi Monastieri a' sue spese nella Bauiera, & Pallatinato, stati di S.A. Elettorale; Trouandosi la Medema con tutta la Corte à Padoua, per esequir vn vuoto da' Essa fatto a' S. Antonio ci mando' lettere di commando di douer partire, al cui effetto inuió l'Illmo Sig. Conte Zesaletti Piemontese; A questi Precetti della medema Elettrice fussimo elette di propria volontà, col beneplacito di Monsig: Ill:^mo di Vercelli Michel' Angelo Broglia, e della M. R.^a Madre, e Sorella nostra suor Maria Chaterina Palletis Superiora di quel Monastiero, conforme alla dispositione del Breue Pontificio d'Allessandro VII. di felice memoria, Cioè Io Suor Maria Margaritta di Nus per superiora di questo Monastiero, Io suor Maria Madalena Olgiata per Assistente nel medemo, Io Suor Maria Adelaide Grusé, per Coadiutrice, & Io Suor Maria Giacinta Olgiata per superiora del Monastiero d'Amberga. Fatta la presente Eletione di Noi quatro, doppo il Pranso della festa di S. Pietro nell' Anno corrente 1667. sotto la condotta del medemo Sig: Conte, & la diretione spirituale dell' Illmo & M. R.^o Sig. D. Giò Paulo Auogadro de SS.^ri di Valdengo, & Auigliano, per nostro Confessore, con la

A scor-

VII Kronprinz Max Emanuel von Bayern, um 1670

MÜNCHEN,
die weitberühmt, præchtig und wohl fortificirte Chur-Fürstl. Haupt u: Residenz Stadt des Herzogthums Bayern.
verlegts MATTH. SEUTTER KAYS. GEOGR. in AUGSPURG.
Erklärung der Buchstaben und Ziffern des Grund Riß.
A. Chur Fürstl. Residenz.
B. Chur Fürstl. Hofgarten.
C. Chur Fürstl. Zeughaus.
D. Chur Fürstl. Turnier h.
E. Der alte Chur F. Hofstall.
F. Der neue Chur F. Hofst.
G. Uns. Lieb Frauen Stifft und Pfarr Kirch.
H. S. Peters Pfarr Kirch.
I. H. Geist Pfarr K. u. Spital.
K. Die Theatiner Kirch.
L. Der . . . Garten.
M. Die Jesuiter Kirch u. Colleg.
N. Die Augustiner Kirch und Neu Bau.
O. Das Franciscaner Closter.
P. Die Carmelder Kirch.
Q. Die H. Dreifaltigk. Kirch u. Clost. der Carmeliterin.
R. Die Englische Fräulen
S. Das Ridlerisch oder Clost. auf der stiegen.
T. Das Closter Bitterich.
U. S. Jacobs Kirch samt dem Clarischen Clost.
W. S. Anna Kirch u: Salesianerin Closter.
X. Das Closter d. Servitinē.
Y. Das Capuciner Closter.
Z. Der Burger Saal.
1. Die Herz. Maxische Resid.
2. Herzog Ferdin. Seel. Capelln.
3. Das Herzogs Spital.
4. Das Ioseph Spital.
5. Das Bruderhaus und S. Peters Gottsacker.
6. Uns. L. Frauen Gottsacker
7. Das Chur Fürstl. Operahaus
8. Alten hof. 9. Die Grufft.
10. S. Rochus Kirch.
11. S. Lorenz Kirch.
12. Das Rath haus.
13. Die Fabrica.
14. Das Stadt Waisen haus.
15. Das Chur Fürstl. Waisen h.
16. Die Chur Fürstl. Müntz.
17. Das Chur Fürstl. Weiße Breÿ haus.
18. Das Chur Fürstl. Braune Breÿ haus.
19. Das Zucht haus.
20. Das Kost haus.
21. Der Blaue Endten Thurn.
22. Der Schöne Thurn.
23. Das Hieronÿmitaner Cl.
24. Uns. Lieben Frauen Hilff.
25. Die Heil. Creuz Capelln.
26. Das Paulaner Closter.
Prospect des Weitberühmten Chur Fürstl. Bayrischen Lust Schlosses Nÿmphenburg unweit München samt dem Vortrefflichen Lust Garten.
Der Weg nach Nürnberg
Schwäbinger Thor
Neuhauser Thor
Der Weg nach Augspurg
Cum Grati
A. Die Churfürstliche Residentz.
B. Der Churfürstl. Hof Garten.
C. Die Churfürstl. Zeug Häuser.
D. Das Churfürstl. Turnier Haus.
E. Die Residentz, alwo Ihro Hochf. Drl. Herz. Max. Philip. residier. hat.
F. Unser L. Frauen Pfarr kirchen.
G. St. Peters Pfarr kirchen.
H. Die Theatiner kirchen.
I. Der Theatiner Garten.
K. Jesuiter Kirch u. Collegium.
L. Augustiner Kirchen.
M. Carmeliter Kirchen.
N. Das Rathhaus.
O. Das Hertzogs Spital.
P. St. Ioseph Spital.
Q. Heil: Geist Spital.
R. Die Englischen Fräul.
S. Die Grufft
T. Alten Hof.
V. St. Lorentz Kirchen.
W. Uns. L. Frauen Gottsacker.
X. Franciscaner Closter.
Z. Cappuciner Closter.
Die Churfürstl

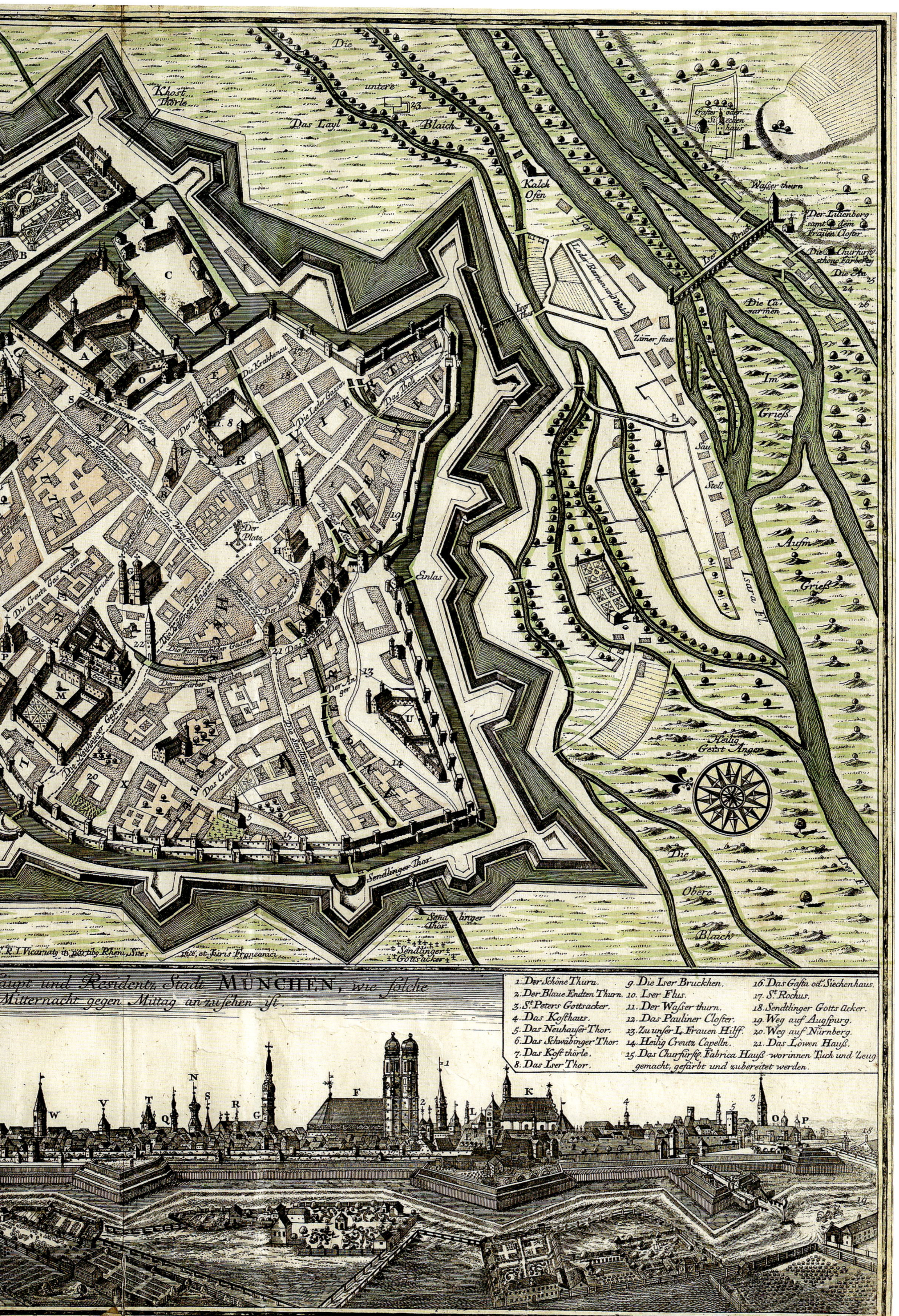
Die untere Blaich
Das Layl
Khost thörle
Kalck Ofen
Wasser thurn
Der Lilienberg samt dem Frauen Closter
Die Churfürstl. Färberey
Die Lazarmen
Im Grieß
Zaimer statt
Auf'm Grieß
Der Platz
Einlas
Sendlinger Thor
Heilig Geist Anger
Die Obere Blaich
Sendlinger Gottsacker
Häupt und Residentz Stadt MÜNCHEN, wie solche
Mitternacht gegen Mittag an zu sehen ist.
1. Der Schöne Thurn.
2. Der Blaue Endten Thurn.
3. St. Peters Gottsacker.
4. Das Kosthaus.
5. Das Neuhauser Thor.
6. Das Schwäbinger Thor.
7. Das Kost thörle.
8. Das Iser Thor.
9. Die Iser Bruckhen.
10. Iser Flus.
11. Der Wasser thurn.
12. Das Pauliner Closter.
13. Zu unser L. Frauen Hilff.
14. Heilig Creutz Capelln.
15. Das Churfürstl. Fabrica Hauß worinnen Tuch und Zeug gemacht, gefärbt und zubereitet werden.
16. Das Gasta od. Siechenhaus.
17. St. Rochus.
18. Sendtlinger Gotts Acker.
19. Weg auf Augspurg.
20. Weg auf Nürnberg.
21. Das Löwen Hauß.

IX Stiftungsbrief des Kurfürstenpaares für das Münchner Heimsuchungskloster vom 16. Mai 1671

X Kasel aus dem Münchner Salesianerinnenkloster mit dem Wappen der Prinzessin Anna Maria Victoria von Bayern, um 1680

XI Kelch aus dem Münchner Salesianerinnenkloster, um 1680

I

Kurfürstin Henriette Adelaide von Savoyen (1636–1676)
nach Paul Mignard, um 1670
Öl auf Leinwand, 136 × 121 cm
Kloster der Salesianerinnen, Dietramszell

Das Gemälde beruht auf einem Staatsporträt des französischen Künstlers Paul Mignard. Mit vielen anderen ausländischen Künstlern wurde er auf den persönlichen Wunsch der Kurfürstin ins Land geholt und arbeitete 1670 bis 1674 ausschließlich am Münchner Hof. Diese qualitätvolle zeitgenössische Kopie war wohl ein Geschenk der Fürstin an das von ihr gegründete Münchner Salesianerinnenkloster und befindet sich bis heute im Besitz des Ordens.

II

Kurfürst Ferdinand Maria von Bayern
Paul Mignard, 2. Hälfte des 17. Jahrhunderts
Öl auf Leinwand, 220 × 130 cm
München, Bayerische Staatsgemäldesammlungen

Kurfürst Ferdinand Maria (1636–1679, reg. ab 1651) verfügte 1667 gemeinsam mit seiner Gemahlin Henriette Adelaide die Gründung des ersten Heimsuchungsklosters in Bayern und stiftete hierfür zum Unterhalt des Klosters die Einkünfte zweier aufgelöster Klöster in der Oberpfalz.
[Foto: bpk / Bayerische Staatsgemäldesammlungen]

III

Plan des ehemaligen Heimsuchungsklosters von Vercelli im Piemont
Matteo Zucchi, 1804
(Kopie des Originals von 1802)
Tintenzeichnung auf Papier
Vercelli, Archivio di Stato di Vercelli

Das 1642 gegründete Salesianerinnenkloster von Vercelli im Piemont, aus dem die ersten Münchner Schwestern kamen, war eine der größten Niederlassungen des Ordens in Italien. Der Plan, entstanden anlässlich der staatlichen Umnutzung des Gebäudes nach der Klosterauflösung 1802, vermittelt noch eine Vorstellung von der Bedeutung dieses Klosters. Nach verschiedenen Nutzungen und dem Abriss von Teilen des Gebäudes dient es heute als Staatsarchiv; in der profanierten Klosterkirche aus dem 18. Jahrhundert ist der Lesesaal eingerichtet.
[Foto: Archivio di Stato di Vercelli, Dipartimento della Sesia, Disegni, n. 21]

IV

Brief der Kurfürstin Henriette Adelaide an die Oberin der Salesianerinnen von Vercelli
Handschrift auf Papier, 30 × 20 cm
Kloster der Salesianerinnen, Zangberg

Fünfzehn Briefe der Kurfürstin an das Kloster der Salesianerinnen in Vercelli aus den Jahren 1663 bis 1667 – teils auf italienisch, teils auf französisch verfasst – sind im Besitz der bayerischen Salesianerinnen erhalten. Sie betreffen die Gründung des neuen Klosters in München und die Entsendung von Schwestern aus Vercelli.
[Foto: Christoph Schalasky]

V

Allegorie der salesianischen Spiritualität
Italien, 2. Hälfte des 17. Jahrhunderts
Öl auf Leinwand, 300 × 250 cm
Kloster Beuerberg

Das Bild, auf dem eine Salesianerin – abgewandt von einem barocken Lustgarten mit heidnischen Statuen, an dessen Eingang der Teufel lauert – vor einem Altar mit mehreren Kreuzen kniet, verdeutlicht einen wichtigen Aspekt der salesianischen Spiritualität: Es führen verschiedene Wege zur Vollkommenheit. Die italienischen Inschriften besagen „Dieses Kreuz ist für dich" und „Dieses Kreuz ist nicht für dich". Das Gemälde gehört zu einem großen Zyklus mit allegorischen Darstellungen exemplarischer Ordensfrauen, von denen noch drei Bilder in Beuerberg und Dietramszell erhalten sind. Möglicherweise wurden die italienischen Gemälde bereits von den ersten Schwestern 1667 im Gepäck aus Italien mitgeführt, oder es handelt sich um Teile der ersten Klosterausstattung, die Kurfürstin Henriette Adelaide den Salesianerinnen stiftete.

VI

Zirkularschreiben
München, 1667
Papier, bedruckt, 32 × 20 cm
Kloster der Salesianerinnen, Zangberg

Seit der Gründung der Salesianerinnen im frühen 17. Jahrhundert halten die einzelnen Klöster – zumindest innerhalb des jeweiligen Sprachgebietes – untereinander Kontakt durch regelmäßige *Circulaires* (Zirkularschreiben). Auch von den Münchner Gründungsschwestern ging ein ausführlicher italienischer Bericht über ihre abenteuerliche Reise, sorgfältig gedruckt und gebunden, an alle italienischsprachigen Salesianerinnenklöster. Er wurde in den Archiven aufbewahrt oder als Abschrift in die Klosterchronik übernommen.

VII

Kronprinz Max Emanuel im Kapuzinerhabit, um 1670
Öl auf Leinwand, 73 × 62 cm
Kapuzinerkloster St. Anton, München

Der Anlass für die Italienreise des Kurfürstenpaares 1667, bei dem die Münchner Gründungsschwestern im Gefolge mit nach Bayern kamen, war die Einlösung eines Gelübdes am Grab des hl. Antonius in Padua. Wie sehr das Kurfürstenpaar diesem Heiligen des Franziskaner- und Kapuzinerordens verbunden war, zeigt dieses Gemälde: Ihr Sohn Max Emanuel (der zukünftige Kurfürst Maximilian II. Emanuel), bekleidet mit dem Ordenshabit der Kapuziner, kniet an einem Altar und betet vor dem Bild des hl. Antonius. Wahrscheinlich wurde das Gemälde als symbolische Aufopferung in Auftrag gegeben und dem Münchner Kapuzinerkloster gestiftet; der konkrete Anlass – eine überstandene Krankheit oder ein Unfall des kleinen Prinzen? – ist nicht bekannt.

VIII

München die weitberühmt, praechtig und wohl fortificierte Churfürstl. Haupt u: Residenzstadt des Herzogsthums Bayern
Matthias Seutter, Augsburg 1728
Kupferstich auf Papier, 59 × 67 cm
Diözesanmuseum Freising

Der Stadtplan zeigt München mit seinen bedeutendsten Bauwerken und der 1640 vollendeten Wallbefestigung. Anhand der Gesamtansicht der Stadt wird die große Zahl an Kirchen und Klöstern innerhalb der Mauern des „Deutschen Roms" deutlich.

IX

Stiftungsbrief des Kurfürstenpaares für das Münchner Heimsuchungskloster
München, 16. Mai 1671
Handschrift auf Pergament, Wachssiegel in Holzkartuschen
Kloster der Salesianerinnen, Zangberg

Im Stiftsbrief des Kurfürstenpaares für das neu gegründete Münchner Salesianerinnenkloster wurde die finanzielle Grundlage für einen eigenen Kirchen- und Klosterbau gelegt, indem die Einkünfte des aufgehobenen Birgittenklosters Gnadenberg (bei Neumarkt/Oberpfalz) für die Münchner Stiftung bestimmt wurden.

X

Weiße Kasel
München, Ende des 17. Jahrhunderts
Seide, bestickt
Kloster der Salesianerinnen, Zangberg

Die reich bestickte Seide, aus der diese Kasel gefertigt wurde, stammt nach klösterlicher Überlieferung vom Brautkleid der Kurfürstin Henriette Adelaide. Allerdings dürfte es sich nach dem eingestickten Wappen mit den französischen Lilien um dasjenige ihrer Tochter Anna Maria Victoria handeln, die 1680 den französischen Thronfolger heiratete. Das Messgewand gehört somit zu den ältesten erhaltenen Objekten in der reich ausgestatteten Sakristei der Münchner Salesianerinnen.

XI

Kelch
Franz Kessler, München um 1680
Silber, vergoldet, Email, H. 25 cm
Kloster der Salesianerinnen, Dietramszell

Der fein gearbeitete barocke Kelch, der zu den ersten Objekten in der Sakristei des Münchner Heimsuchungsklosters gehörte, wurde mit seiner Ikonografie explizit für das Kloster angefertigt. Er zeigt auf seinem Fuß Darstellungen der Herzen Jesu und Mariens sowie ein emailliertes Porträt der hl. Johanna Franziska von Chantal. Auf der Kuppa (Trinkschale) befinden sich Reliefs des hl. Josef, des hl. Franz von Sales und des burgundischen Königs Sigismund, einer der Freisinger Bistumspatrone.

Zweites Kapitel

Die Anfänge des Münchner Klosters – das späte 17. Jahrhundert

In München können die Schwestern zunächst noch nicht ihr eigentliches Kloster beziehen. Aus nicht näher bekannten Gründen – wohl weil die päpstliche Bestätigung, dass die Einkünfte der ehemaligen Klöster Gnadenberg und Seligenporten dem neuen Salesianerinnenkloster zufallen sollten, bis 1671 auf sich warten ließ – bewohnten sie von 1667 bis 1675 einen provisorischen Wohnsitz, die sogenannten Preyhamschen Häuser an der Schwabinger Gasse nahe dem Theatinerkloster. Der Umzug aus diesem kleinen italienischen Paradies in ihr eigentliches Zuhause am Altheimer Eck konnte 1675 wohl erst nach umfangreichen Baumaßnahmen erfolgen.

Trotz dieser Anfangsschwierigkeiten scheinen die Schwestern sich bereits früh ihrem Stiftungszweck, der Bildung und Erziehung der weiblichen Jugend der Oberschicht, gewidmet zu haben. Über den Beginn dieses Erziehungsinstituts ist wenig bekannt; die wenigen überlieferten Nachrichten legen nahe, dass bei den ersten Pensionärinnen wohl jeweils besondere Umstände vorlagen, wegen der sie nicht in ihren eigenen Familien aufwachsen konnten. So war eine der ersten Zöglinge – eine Italienerin – als zehnjähriges Kind mit den ersten Schwestern aus Vercelli mitgekommen und hatte wohl keine eigene Familie mehr. Ein anderes Mädchen hatte unter dramatischen Umständen bei der Belagerung von Candia auf Kreta seine Eltern verloren und war durch die Obhut der Kurfürstin den Schwestern übergeben worden. Im frühen 18. Jahrhundert haben wir dann mit dem ausführlichen Kostzettel einer Sandizell-Tochter ein geregeltes Pensionatsleben vor uns, mit allen Vorkehrungen für das geistige und leibliche Wohl und die intellektuelle Entwicklung der „Kostfräulein".

Dass die Gemeinschaft in München innerhalb kurzer Zeit Fuß fassen konnte, lag auch an dem raschen – da sicherlich von der Kurfürstin geförderten – Eintritt deutscher Novizinnen: Die erste deutsche Schwester, eine Freiin von Pelkhoven, war die Tochter eines hochrangigen Hofbeamten und Politikers, der der kurfürstlichen Familie nahe stand. Durch diese familiäre Verbindung zum Münchner Hofadel hatten die Münchner Salesianerinnen kaum mit jenen gesellschaftlichen Vorurteilen zu kämpfen, denen sich andere „ausländische" Neugründungen, etwa die französischen Ursulinen in Landshut, zur gleichen Zeit gegenüber sahen. Wie in allen Orden dieser Zeit üblich, wird dabei jedoch eine soziale Zweiteilung innerhalb der Schwestern als selbstverständlich vorausgesetzt: Adelsdamen und reiche Bürgertöchter wurden als Chorschwestern aufgenommen, deren Hauptaufgabe das Chorgebet war. Frauen aus den unteren Gesellschaftsschichten lebten dagegen im Kloster als sogenannte Laienschwestern, denen die körperlich schwere Hausarbeit oblag und die dafür nur geringe Gebetspflichten erfüllen mussten.

Die Lebensbilder von Schwestern, die in den Zangberger Annalen mit dem Tod der ersten Schwester einsetzen, sind wohl den Nekrologen entnommen, die laut Ordensvorschrift nach dem Tod einer jeden Schwester niedergeschrieben werden sollen. Sie enthalten zum großen Teil immer wiederkehrende Topoi: die Herkunft aus entweder vornehmen, bzw. armen aber frommen Verhältnissen, der Klostereintritt erst nach Überwindung äußerer und innerer Widrigkeiten, die Betonung der klösterlichen Tugenden, das duldsame Leiden in Krankheit und Sterben. Dennoch treten uns in diesen Lebensbildern die Schwestern des Münchner Heimsuchungsklosters als lebendige Persönlichkeiten ihrer Zeit entgegen.

II. Capitel.
Tod der Schwester M. Hyacinthe Olgiati.
Die ersten Professschwestern v. München.

Das erste Kloster der Schwestern in München

Das Kloster, welches ihnen als Eigenthum übergeben worden, I, II
war ein sehr ausgedehntes und in jeder Beziehung wohlerhal-
tenes Gebäude: drei Stockwerke hoch, die Zimmer zahlreich
und geräumig, Chor und Kirche zwar klein, aber äußerst bequem und ihrem Zwecke genügend. Im zweiten Stocke befand
sich das Schlafhaus, aus sechzehn Zellen gebildet; zwölf davon
waren ganz vorschriftsmäßig eingerichtet, mit Bett, Tisch und V
Stuhl, und überdieß eine jede derselben mit vierundzwanzig
paar Leintüchern versehen. Herrlich war der hinter dem Kloster gelegene Garten, an dessen beiden Enden gemalte Säulen-
hallen auch für trübe Regentage den Genuß guter freier Luft
zu gewähren versprachen. Wer vermag aber die Freude unserer Schwestern zu schildern, als sie sich beim Eintritt in die
erste Halle für einen Augenblick nach Italien zurückversetzt
glaubten, denn es prangten dortselbst die schönsten ihrer heimatlichen Blumen, ferner über dreihundert Rosmarin- und
Nelkenstöcke, Orangen- und Kastanienbäume, während zu
beiden Seiten dieses Säulenganges schöne Obstbäume Spalier
bildeten und den Kommenden ihre einladenden Früchte entgegen boten. Den Garten selbst zierten drei Springbrunnen;
der eine, fast ganz in der Mitte gelegen, war von Bronze, ein
anderer nahe bei der oberen Säulenhalle mit verschiedenen
Statuen geschmückt, die mit den Wasserstrahlen ihr künstli-
ches Spiel trieben. — Außer diesem großen hatte das Kloster
noch einen kleinen Garten und zwei Höfe.

Die ersten Novizinnen

Nicht ganz ein Jahr war seit der Niederlassung unserer Schwes- III
tern in München verflossen, als der göttliche Bräutigam sie
heimsuchte und eine duftende Blüte im stillen Klostergarten
brach. Es war dies Schw. Maria Hyacintha Olgiati, die in München das Amt einer Novizen- und Hausmeisterin verwaltet
hatte und erst 37 Jahre zählte. Ist sie durch Jugend und Reinheit der Frühlingsblüthe vergleichbar, so kann man sie ihrer
vollendeten Tugend und Selbstverleugnung wegen eine köst-
liche Frucht nennen, die sehnsüchtig der Hand des himmlischen Gärtners entgegensah und die letzte Fessel abzustrei-
fen begehrte. Von vornehmen Geschlechte stammend, ward
sie als Kind schon dem Orden der Heimsuchung anvertraut,
woselbst sie im 12. Jahre ihres Alters die Stimme des Geliebten vernahm. „Höre Tochter und sieh und neige dein Ohr, und

vergiß dein Volk und deines Vaters Haus. Und sehnen wird sich der König nach deiner Schönheit.“ (Psalm 44,12.) Aber nicht ohne Kampf sollte sie eingehen ins Brautgemach! Der arglistige Feind wollte diese Seele der Welt gewinnen; sie aber überwand die Lockungen und Reize der Versuchung durch Thränen und Bußwerke und empfing als siegreiche Heldin mit 15 Jahren das Ordenskleid. Nun leuchtete sie allen vor durch Bußeifer und glühende Gottesliebe, deren reine Flamme keinerlei geistige Beschwerden und innere Verlassenheit zu unterdrücken vermochten. Ihre andauernden Unpässlichkeiten boten ihr unzählbare Gelegenheiten, die Natur heroisch zu überwinden und sie zeigte hierin wie stark die Liebe ist. Die zukünftige Oberin von Amberg war die demüthige Magd der Schwestern in München und ihr Herz der verschlossene Garten, die bräutliche Kammer „wo die Narde dem König ihren Wohlgeruch gibt.“ (Hoh.Lied.) Schw. M. Hyacintha wurde in der Klosterkirche begraben und 1734 in die Gruft versetzt.

IV Gott, der unseren Schwestern diesen Edelstein raubte, sorgte anderseits treu für sie, und bald fanden sich zahlreiche, nach Vollkommenheit dürstende Jungfrauen, an der Klosterpforte demüthig um Einlass bittend. Diese erste Pflanzschule unseres Hauses näher kennen zu lernen, ist unserem Herzen wohl Bedürfnis, und wir wollen deshalb deren Erstlingskinder der Reihe nach anschauen und uns ihrer mannigfachen Schönheit erfreuen.

VI Schw. Maria Henrietta Avogadro, von deren feierl. Aufnahme wir oben gesprochen, war ein einfältiges Kind des hl. Stifters, die bis zum 63. Jahre ihres Lebens (ihr Todesjahr) keinen Abend unterließ, in der sogenannten Viertelstunde[1], vor seinem Bilde hingeworfen, ihm Rechenschaft über den verflossenen Tag abzulegen. Wie leicht mag es ihr dann gefallen sein, das Gericht Gottes zu bestehen! Sie starb eines jähen Todes 1693 den 21. April. — Können wir sie ihrer Liebe zur Verborgenheit wegen ein Veilchen nennen, so vermöchten wir von Schw. Franziska Ferdinanda Braida zufolge ihrer Demuth dasselbe zu sagen. Diese junge Gräfin, die 1668 den Ordenshabit nahm, wußte, ihre hohe Abkunft verleugnend, sich selbst immer zu vernichten; dagegen erhob sich aber ihr Herz in inniger Liebe zu Gott, vor dessen hl. Gegenwart zu wandeln sie das Geheimnis gefunden und ihre Zelle ertönte von den hl. Gesängen ihrer Andacht und Liebe zur Erbauung aller Vorübergehenden.

1 In den Ordensgebräuchen vorgesehene Zeit des kontemplativen Rückblicks auf den Tag am Abend.

Die 3. Profess[2], das erste Münchnerkind, war Schwester Anna Christina Freiin v. Pelkhoven, die von ihrem 17. bis 85. Jahre als Muster hl. Observanz eine Zierde unseres Mutterhauses war. Ihr Vater, Baron Johann Wolfgang v. Pelkhoven, bekleidete eine ansehnliche Stelle am Hofe und war ein ebenso vorzüglicher Christ, als vorzüglicher Staatsmann. Ihre Mutter, Euphemia v. Lerchenfeld, versäumte nichts, ihren sieben Kindern die beste Erziehung zu geben. Das jüngste derselben war unsere Schwester, die im Jahre 1651 zur Welt kam und durch ihre kindliche Liebe und Anmut der Trost ihrer frommen Mutter war. Wenn diese zuweilen an die um sie geschaarten Kinder die Frage richtete: „Wird wohl eines unter euch mir die Freude machen, sich Gott zu weihen?“ antwortete der kleine Liebling sogleich: „Ja, liebe Mama, du wirst diese Freude haben; ich werde Klosterfrau.“ Auch zwei ihrer Brüder erwählten den besseren Teil; der eine wurde Theatiner, der andere Weltgeistlicher, später Domherr. Als sie 15 Jahre zählte, öffnete sich ihr die Klosterpforte. Sie bewies die Echtheit ihres Berufes durch Überwindung aller anfänglichen Schwierigkeiten, die um so größer, als das Kloster neu gegründet und die Gründerinnen der deutschen Sprache unkundig waren. Von ihrem Eintritt an zeichnete sie sich in den unserm Orden eigenen Tugenden aus: Sie war ein Muster der Herzenseinfalt, Demut, Nächstenliebe und treuer Observanz, eine wahre Tochter unseres hl. Stifters. Durch fortgesetzte Abtötung[3] brachte sie es dahin nach dessen Beispiel ihres heftigen Charakters Herr zu werden und für Alle ein Vorbild liebenswürdigster Sanftmut zu sein. Ihren hl. Eifer bestätigte sie segensreich als Ratsschwester, aufsehende Schwester und Assistentin der Gemeinde. Ihre Demut ließ sie aber dabei zur allgemeinen Auferbauung alles vermeiden, was ihr über andere einen Anschein von Autorität oder Überlegenheit hätte geben können. Das zeigte sie insbesondere bei der Bedienung der Kranken, deren Leiden sie durch liebreichste Güte zu lindern wußte und deren volles Vertrauen sie besaß. Nachdem sie das Amt der Gemeinde-Assistentin treulich lange Jahre verwaltet, suchte sie Gott mit 11jhrg. Gliederkrankheit heim. So lange sie's vermochte, fand sie am Stocke den Weg zur Gemeinde und ihre hochgeschwollenen Hände klöppelten unablässig Spitzen für die Sakristei – konnte sie ja nicht müßig sein! — In ihren größten Schmerzen flehte sie: „Erbarme dich meiner, o Gott! Nach deiner unendl. Barmherzigkeit; und nach der Nothdurft[4] meiner Armseligkeit!“ Nachdem der liebe Gott ihr Gesicht, Gehör und den freien Gebrauch der Geisteskräfte genommen, und sie so von Allem entblößt hatte,

2 Tatsächlich trat als dritte Novizin 1669 die Laienschwester Paula Theresia Zächin ein; ganz nach dem Standesdenken des 19. Jahrhunderts wird sie von den Zangberger Chronistinnen jedoch nicht erwähnt.

3 Selbstkasteiung, Demütigung, Selbstdisziplin

4 Not

nahm er am Andreastage 1736 auch ihre Seele in Gnaden auf und wir hoffen, daß sie die Engel Gottes vom Kreuze, an dem sie ausharrte bis an's Ende, in den Schooß Mariens brachten, zur Anschauung des Erstandenen führten.

An diese lieben Schwestern reiht sich Schw. Julia Augustina Barelli, eine Italienerin. Von Natur ernst und von wenigen Worten, hatte sie den Werth der Demuth, des Gehorsams und der Abtödtung recht erfaßt und wußte diese Grundzüge des guten Klosterlebens ihren Novizen durch Wort und mehr noch durch Beispiel tief einzuprägen. Freudig nahm sie in deren Gegenwart die Zurechtweisungen ihrer Oberin auf, und hatte Gott und den Menschen gegenüber nichts zu begehren und nichts abzuschlagen. — 49 Jahre alt, war sie reif für den Himmel.

Schw. Ludowika Margaritha Mallerini, die als 10jhr. Kind mit unsern Schwestern von Vercelli gekommen und 1671 das geistl. Kleid empfangen hatte – gab schöne Hoffnungen für die Zukunft; allein nach wenigen Jahren schon wurde sie mit verschiedenen Krankheiten heimgesucht und zu ihrem großen Leide in ihr Heimatland, in's Kloster von Vercelli gesandt, woselbst sie nach einem schmerzlichen Leben 1719 gottselig verschied.

Die Schwester Anna Magdalena Schmetter, deren Leben Gottes Vorsehung wunderbar geführt hatte, wurde, während die Türken Candia[5] belagerten und 150.000 Menschen in die Gefangenschaft schleppten, dortselbst von ihren Eltern getrennt und – wie? Oder durch wen? Wissen wir nicht – nach Bayern gebracht, als Churfürst Ferdinand Maria dort herrschte. Dieser nahm das Kind unter seinen besonderen Schutz, und da es gerade zur Zeit unserer Niederlassung in München war, übergab sie die Churfürstin Henriette Adelheid unseren Schwestern zur Erziehung. Die Kleine war damals 8 Jahre alt und erhielt ihren häufigen Bitten zufolge mit 16 Jahren anno 1677 das Ordenskleid. — Bis zu ihrem hohen Alter war sie von Dankbarkeit für die Gnade des Glaubens und klösterlichen Berufes durchdrungen; sie bat oft die Schwestern Gott mit ihr deßhalb zu loben und zu preisen, und einige Zeit vor ihrem Tode noch sprach sie mit großer Demuth: „Liebe Schwestern, sie können und sollen nach meinem Tode nichts von mir schreiben, als daß ich Alle demüthig bitte, mit mir meinem Gotte Dank zu sagen, daß Er mich in ein christliches Land und einen geistlichen Orden geführt hat." Dieß wiederholte die gute Schwester,

5 Hauptstadt von Kreta (heute: Iraklio). Die venezianische Kolonie wurde seit 1648 von den Osmanen belagert und schließlich 1669 eingenommen. Die christliche Bevölkerung durfte ungehindert abziehen. Die meisten der zahlreichen Versklavungen auf beiden Seiten erfolgten während Schiffsüberfahrten durch Piratenüberfälle.

so lange sie noch den Gebrauch der Sprache hatte – und starb im Herrn 1750 aus Altersschwäche.

Zu den ersten Laienschwestern unseres Hauses zählten Schw. M. Martha Landsberger und Schw. Ursula Catharina Seilsdorffer. Die erste zeichnete sich durch besondere Liebe für die armen Seelen aus, denen sie alle ihre guten Werke und Gebete vermachte. Auf ihrem Todbette verharrte sie noch in dieser Übung und erwiderte einer Schwester, die für sie beten wollte: „O nein, nicht für mich, aber für die armen Seelen!" Dieser Nächstenliebe verdankte sie wohl ihr fröhliches Hinscheiden, das um so überraschender war, als sie zeitlebens den Tod sehr gefürchtet.

Schwester Ursula Catharina Seilsdorffer, die 1671 aufgenommen wurde, war ganz armer Eltern Kind, aber ein Schatz der Gnade und Einfalt. Die schlechtesten, niedrigsten Arbeiten wußte sie, als ihr gehörig, sich anzueignen. Lesen und schreiben konnte sie nicht, desto besser verstand sie sich auf's Beten. Jeder freie Augenblick war dem Gebete geweiht, besonders sah man sie oft in einer Kapelle der seligsten Jungfrau, zu der sie kindliches Vertrauen trug. Während ihres letzten Fiebers sprach sie unablässig von der Himmelskönigin, und als man am 20. Okt. 1707 Morgens das Ave Maria läutete, faltete sie fromm die Hände, Maria zu loben; aber sie vollendete das Gebet nicht mehr auf Erden, ihre reine Seele schwebte zum Himmel empor, wo sie Maria ewig preisen wird. Man vermutet, daß diese liebe Schwester ihr Leben Gott zum Opfer gebracht, um das der Würdigen Mutter Maria Riccardina, welches bedroht war, zu erhalten. Schwester Ursula Catharina war nur etwas unpässlich, die Würdige Mutter aber schwer erkrankt. Da ließ die einfache Laienschwester ihr sagen: „Meine Mutter, sie werden nicht sterben, aber ich" – Ihre Voraussage erfüllte sich.

Gott verlangt, daß Ihm geweihte Seelen auch im Kleinsten treu seien, besonders in dem, was die heiligen Gelübde betrifft. Das zeigte sich auch bei dieser guten Schwester. Kurz vor ihrem Tod wurde sie unruhig und klagte, daß ihr Oberbett überaus schwer werde und sie beängstige. Niemand wußte sich das zu erklären. Endlich erinnerte sich eine der Schwestern, die liebe Kranke habe vor kurzem ohne Erlaubnis Federn in ihr Oberbett gethan. Es war dies aber in lauterer Einfalt geschehen, weil sie ihr beim Füllen anderer Betten übrig geblieben waren. Es war ihr nicht eingefallen die Oberin darüber zu befragen. Nun wurde die Würdige Mutter gleich davon benachrichtigt, und nachdem so ihre wenn auch unfreiwillige Verletzung der heiligen Armut gesühnt war, ward die Kranke ganz ruhig. Nach ihrem Tode wurde Schwester Ursula Catharina, die schon 63 Jahre zählte, unvergleichlich schön, als ob sie von der edelsten Herkunft und lieblichsten Anmut gewesen, was doch beides nicht der Fall. Die Schwestern deuteten gern diese übernatürliche Schönheit auf die Reinheit und Glückseligkeit ihrer Seele.

Der Beginn des klösterlichen Mädchenpensionats

VIII Auch die Kinder angesehener Familien wurden unseren Schwestern zur Erziehung übergeben, und sie hatten die Freude, gar
VII Manche das Klassenzimmer mit dem Noviziate vertauschen
zu sehen.

IX Von unserem Erziehungsinstitut in München, das nach Angabe der noch vorhandenen Circularschreiben zwischen 5–11 Zöglinge zählte, sind keinerlei Einzelheiten auf uns gekommen. Fräulein Katharina Sabina Schmetter, von der Seite 29 Näheres erzählt wurde[6], scheint die erste Elevin unseres Hauses in München gewesen zu sein. Gleich ihr waren unsere Schwestern Marie Stanislaus von Dürsch und Marie Constantia Kreiter und noch manch andere Schwestern der Münchner Gemeinde aus unserm Pensionat in's Noviziat eingetreten. — Unser Kloster von Massa[7] erzählt 1721 von einer unserer Münchner Zöglinge: „Die Frau Herzogin von der Pfalz[8], Schwester des Großherzogs von Toskana, hat uns ihre Hofdame Marie Beatrix Dulac als Postulantin überlassen. Sie war zehn Jahre Zögling unseres Klosters in München." — Über die bei Aufnahme in unser Pensionat in München erforderliche Ausstattung erhalten wir Aufschluß durch einen im Archiv von Schloß Sandizell bewahrten Brief der Schwester „Maria Anna Christina von Pelkhof von unserer lieben Frauen Heimbsuchung zu München" an ihre liebe Frau „Mämb[9] Eva Klara Benigna von Sandizell, geborene Freiin von Puchleittner", datiert vom 23. Dezember 1711. Sie schreibt zum neuen Jahr und sagt, wie gern sie das Töchterl in ihr Pensionat aufnehmen und legt im Auftrag der Würdigen Mutter das Verzeichnis für ein „Kostfreylä" bei. Es lautet: „Erstlich die Bedtstatt, strohsackh, Materazen sambt alles darzu gehörig, auch ein abgenähte oder

6 Seite 29 im Originaltext der Zangberger Annalen (hier: Seite 52)

7 Stadt an der ligurischen Küste (Toskana/ Italien).

8 Gemeint ist wohl Anna Maria Luisa de'Medici (1667–1743), Tochter des Großherzogs Cosimo III. de'Medici (1642–1723), seit 1691 verheiratet mit Kurfürst Johann Wilhelm von der Pfalz. 1721 war allerdings ihr Vater noch am Leben, während ihr Bruder, Erbprinz Ferdinando de'Medici, 1713 bereits verstorben war. Anna Maria Luisa kehrte 1717 als Witwe nach Florenz zurück, wo sie de facto die Rolle der Erzherzogin ausübte.

9 Bayr. Dialekt für Muhme (alte Verwandtschaftsbezeichnung für Tante oder Cousine)

V. Capitel.
Tod der Mut-
ter M. M. Olgi-
ati. Wiederholte
Wahlen der M. M.
M. Ricardina. Ein-
führung der
Herz-Jesu-Bru-
derschaft u. ande-
re fromme Stif-
tungen zu Ehren
des Herzens Je-
su. Leben der Mut-
ter Ther. M. Stef-
fani. Besuch der
Wiener Schwe-
stern. Die Schwe-
ster M. N. Sonnaz
von Annecy, O-
berin im Hause
zu München.

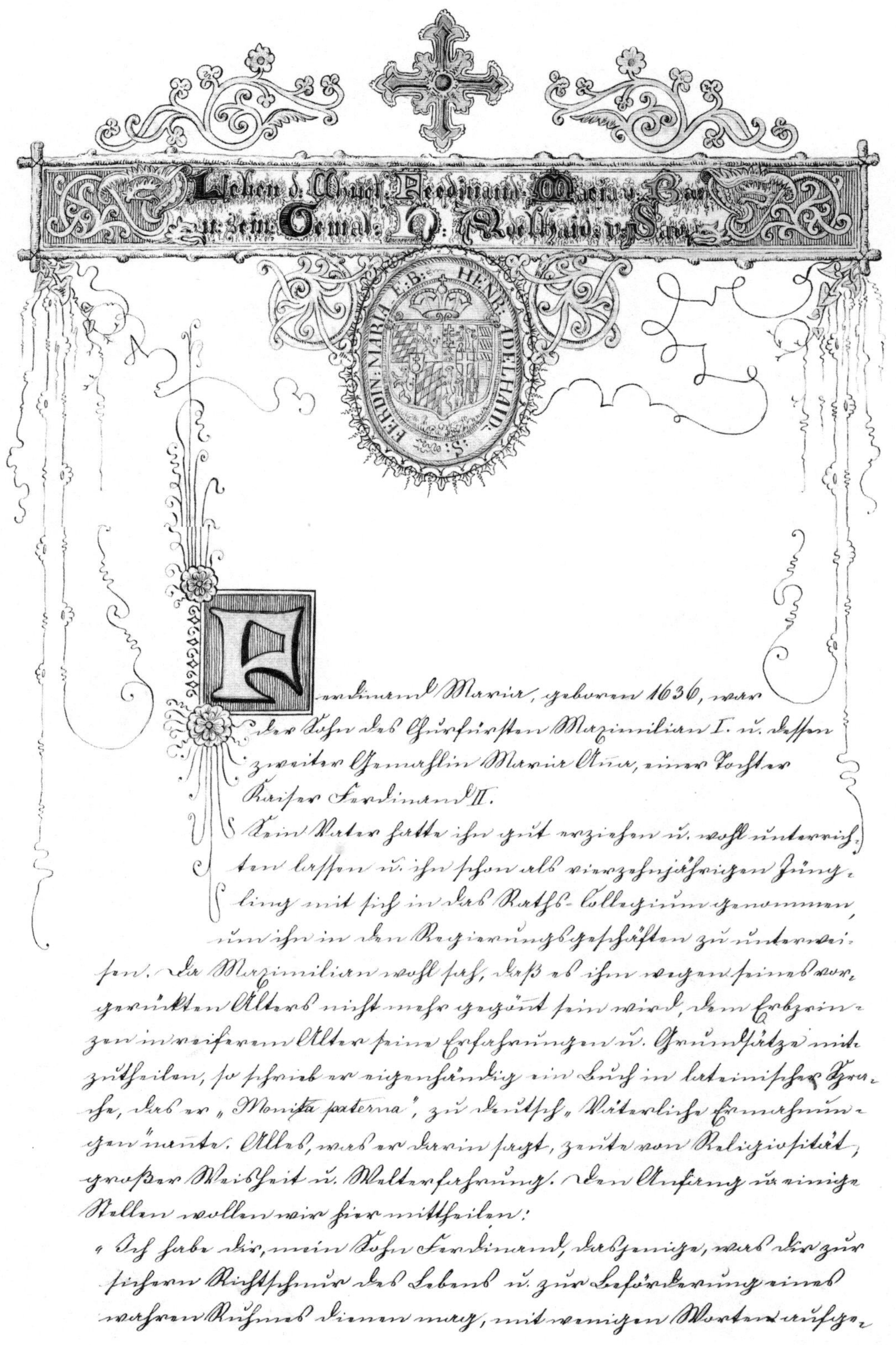

Ferdinand Maria, geboren 1636, war der Sohn des Churfürsten Maximilian I. u. dessen zweiter Gemahlin Maria Ana, einer Tochter Kaiser Ferdinand II.

Sein Vater hatte ihn gut erziehen u. wohl unterrichten lassen u. ihn schon als vierzehnjährigen Jüngling mit sich in das Raths-Collegium genommen, um ihn in den Regierungsgeschäften zu unterweisen. Da Maximilian wohl sah, daß es ihm wegen seines vorgerückten Alters nicht mehr gegönnt sein wird, dem Erbprinzen in reiferem Alter seine Erfahrungen u. Grundsätze mitzutheilen, so schrieb er eigenhändig ein Buch in lateinischer Sprache, das er „Monita paterna", zu deutsch „Väterliche Ermahnungen" nannte. Alles, was er darin sagt, zeugt von Religiosität, großer Weisheit u. Welterfahrung. Den Anfang u. einige Stellen wollen wir hier mittheilen:

„Ich habe dir, mein Sohn Ferdinand, dasjenige, was dir zur sicheren Richtschnur des Lebens u. zur Beförderung eines wahren Ruhmes dienen mag, mit wenigen Worten aufge-

wülline Deckchen, einen hochen und Niederen sessel, einen Kasten, ein tisherl und einen Nachtstuehl, ein zünens[10] Supenschallen, vier schüssel, nemblich zwei große und zwei kleine, sechs Täller, ein Handtbeckh, ein taffel-leichter sambt den Puzer, ein gluet pfannen, die Speißen zu erwärmen, Handtiecher, zwei tischticher, tishsaluet[11] offt zu wexeln, sambt alle Nothwendige leingewandt, ein becher, ein weihbrunnkessel, ihren Nachtzeug, ein Vorhang an einen Fenster, ein schreibzeug, feder, Dinten und Papier, ein gewandt beßen[12], ihre Sachen zu der Arbeit. — Für das Jährliche Kost Geld sambt dem Bier 125 fl.; wer aber ein Wein trinkht, muß es aparte[13] bezahlen, und zwar wir würden es selbsten bezahlen die Maß für 20 Kr. steht aber nach belieben den Wein selbsten hereinzuschaffen. — Für die Wäscherin, wan man nit zu Hauß waschen thueth sieben Gulden; man kann doch die Wäscherin nach belieben nehmen. — Im fahl einer krankheit bezahlen die befreundte[14] der Kostfreylä Doktor, Barber, Apotheken und andere Extraordinarii sachen."

Weitere Begebenheiten aus den Anfangsjahren des Münchner Klosters

Es war, wie gesagt, bis zum Jahre 1671, dass Gott durch die großmüthige Hand der Churfürstin Henriette Maria Adelheid unsern Schwestern das tägliche Brod reichte; dann aber wurde ihnen kraft einer churfürstlichen ewigen Schankung das sogenannte Amt Gnadenberg nebst dem ihm nunmehr incorporirten, vorher nach Seligenpforten gehörigen Castenamt Neumarkt als völliges Eigenthum zuertheilt, und sie sollten sich, wie aus der zu Ende dieses Kapitels wörtlich angeführten Stiftungsurkunde erhellt[15], all' seiner Zinsen, Renten, Einkommen und Gerechtsamen unwiderruflich erfreuen, mit der Verpflichtung: ohne Vorwissen und Billigung der Landesfürsten nichts von dieser Besitzung zu veräußern und zu verändern, des ganzen löblichen Hauses Bayern in ihrem Gebet stets zu gedenken und die bayrischen Landestöchter in Wissenschaft und Gottesfurcht zu erziehen, auf dass so ihre Dankbarkeit sowohl den Herrschern als auch dem Volke zum Segen werde. [...]

10 D.h. aus Zinn gefertigt
11 Servietten
12 Kleiderbürste
13 D.h. extra, gesondert
14 Freunde, Angehörige
15 Dieser Urkundentext ist hier nicht wiedergegeben.

Gemäß einer bei Einziehung des Klostervermögens am 31. März 1802 an die churfürstliche Special-Kloster-Commission abgegebenen Übersicht der Einnahmen und Ausgaben des Stiftes Gnadenberg ersehen wir, dass die jährlichen Einnahmen sich auf 11.325 fl. 21 Kr., die Ausgaben auf 4.173 fl. 43 Kr. beliefen und mithin unsern Schwestern jährlich 7.151 fl. 38 Kr. reines Erträgnis verblieb. So war denn wohl für sie gesorgt und die churfürstliche Stifterin überhäufte sie zudem bis zu ihrem Tode mit zahllosen Wohlthaten. Nach dem in der Nacht vom 17. auf den 18. März erfolgten Dahinscheiden der Churfürstin Henriette Adelheid faßten die Schwestern unserer Gemeinde am 4. November 1676 den capitularischen Beschluß für sich und ihre Nachkommen, jährlich am 5. Nov. oder am nächsten freien Tag für die Seelenruhe dieser ihrer Stifterin und Wohlthäterin eine hl. Messe lesen zu lassen und das Todtenoffizium mit drei Nokturnen zu beten als Danksagung für die von ihr empfangenen Gnaden und Wohlthaten. [...]

Im Jahre 1674 wurde Schwester Maria Magdalena Olgiati Oberin der Gemeinde. Nun wurden zum ersten Male, wie es die Satzung vorschreibt, vier Ratsschwestern erwählt. Bisher waren die sämtlich jungen Schwestern zu diesem Amte noch nicht tauglich gewesen. Die ersten, die in unserem Kloster dieses Amt bekleideten, waren die Schwestern Marie Adelheid Gruse – zugleich Assistentin der Gemeinde –, Maria Margharita di Nus, Maria Henriette Avogadro und Franziska Ferdinanda Braida. Bald verlor jedoch die Gemeinde die Stütze, die sie an Schwester Maria Adelheid hatte; ein Schlagfluß machte sie unvermögend, ihre treue Sorgfalt zu Errichtung der Observanz im neuen Hause ferner auszuüben. Sie diente nun als Vorbild der Geduld im Leiden. Später, da ihre Kränklichkeit zunahm, kehrte sie nach Vercelli zurück, wo sie im Jahre 1694 ihr gottergebenes Leben endete. So stand denn die Mutter Olgiati, ihrer ersten Gehilfinnen beraubt, allein in Mitte einer zahlreichen Schaar junger Schwestern, die bei dem besten Willen der Erfahrung entbehrten und andere nicht anzuleiten vermochten, da sie selbst noch der Muttersorge bedurften. Doch Gott verließ sie nicht. Die Gemeinde von Vercelli, durch schwesterliche Liebe und die inständigen Bitten Max Emmanuels und anderer Mitglieder des churfürstlichen Hauses bewogen, überließ unserem Kloster großmüthig ihre damalige Oberin Maria Angelika Riccardina und zwei im Geiste des Ordens begründete Schwestern: Angelika Magdalena Gottofreda und Catharina Franziska Cortella. Die Schwester Maria Angelika Riccardina wurde 1680 zur Oberin erwählt und 1683 folgte ihr Schwester Angelika Magdalena Gottofreda in diesem Amte. Doch nach einem Jahre schon legte letztere, von Krankheit niedergebeugt, ihr Amt nieder und kehrte nach Vercelli zurück. Die Mutter Riccardina ward auf's Neue gewählt. Jetzt erst (1685) konnten die Schwestern

Stiftungs-Urkunde

des

Klosters der Heimsuchung Mariae

zu

München

von

Churfürst Ferdinand Maria v. Bayern.

u. dessen Gemahlin

Henrietta Adelheid Prinzessin v. Savoyen.

1671.

die Gnade der jährlichen kanonischen Visitation[16] gemäß Vorschrift und Gebrauch unseres Ordens erlangen. Bisher war sie von unseren geistlichen Vätern ganz nach Willkür vorgenommen worden.

Schwester Catharina Franziska Cortella, in deren Gesichtszügen der sanfte, demütige Geist unseres hl. Stifters[17] sich ausprägte, trug eine außerordentliche Verehrung zu diesem unserem hl. Vater. Als sie in Vercelli die Mutter Margaretha Maria Michel in ihrer letzten Krankheit pflegen durfte, erschien unser heiliger Stifter der ehrwürdigen Kranken. Sie forderte Schwester Catharina Franziska auf niederzuknien, weil unser heiliger Vater den Segen gebe. Diese gehorchte in heiliger Freude. Sie wurde zwar nicht gewürdigt, die Gestalt unseres hl. Stifters zu sehen, aber sie sah den himmlischen Glanz und vermeinte auch ein Geräusch von Schritten zu hören. Der Segen unseres hl. Stifters stärkte die Mutter Michel beim Austritt aus diesem Leben; der Schwester Catharina Franziska aber verlieh er Kraft und Gnade für ihr ferneres Wirken. In ihr segnete er zugleich unsere Gemeinde, auf welche ihre demütige Hingabe an Gott tausend Gnaden herabzog, der sie als Assistentin vorleuchtete und in treuer Liebe diente bis zum Tage ihres seligen Todes, dem 17. Oktober 1696.

16 Streng geregelter Kontrollbesuch eines Klausurklosters durch den örtlichen Bischof, oder durch einen von diesem ernannten Kleriker.

17 D.h. der heilige Franz von Sales (1567–1622), Gründer des Heimsuchungsordens.

Abbildungen — Zweites Kapitel

I Johanna Franziska von Chantal (1572–1641), Gründerin des Ordens der Heimsuchung Mariens

II Franz von Sales (1567–1622), Gründer des Ordens der Heimsuchung Mariens

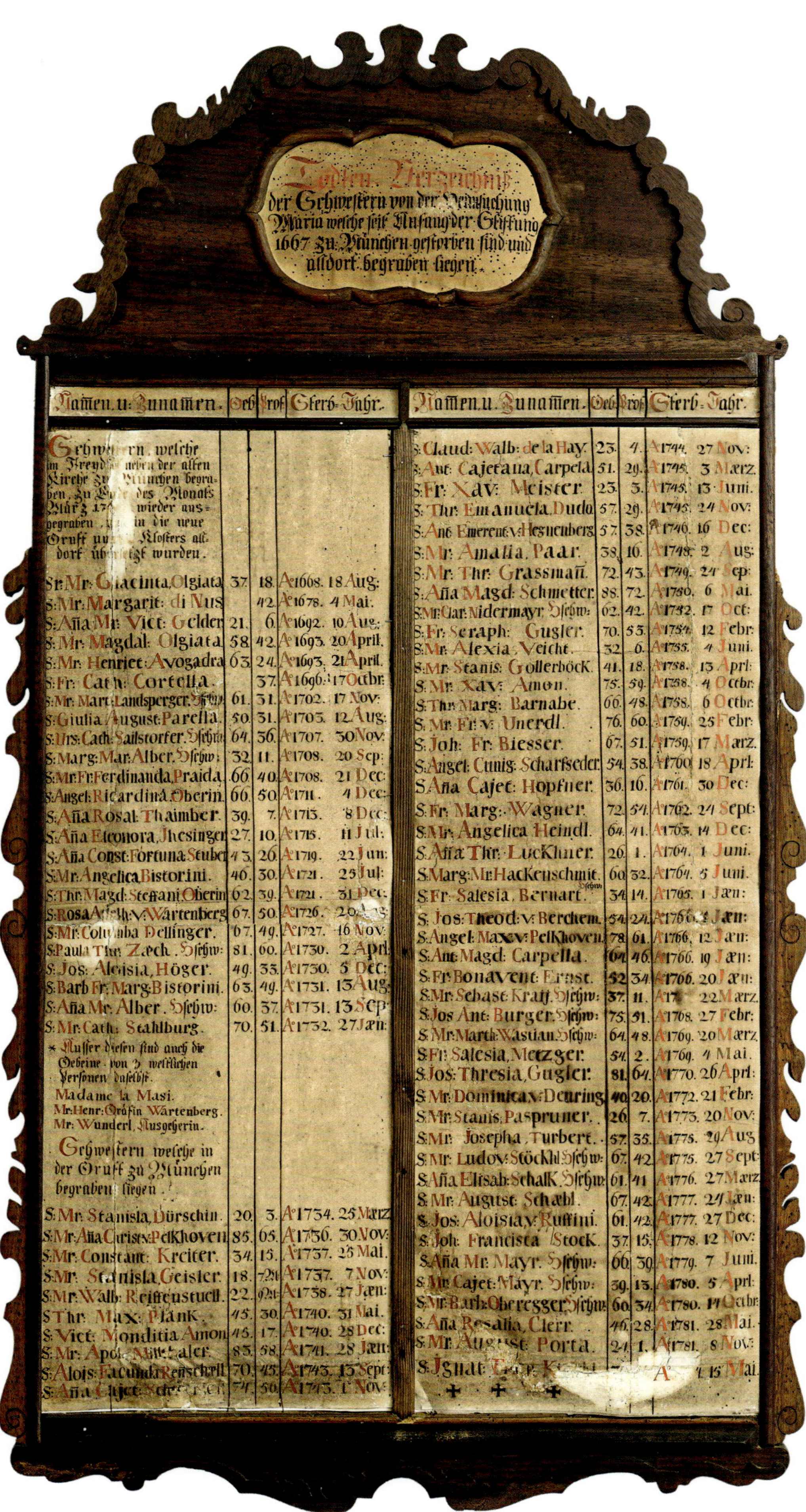

III Totentafel der im Münchner Kloster seit 1667 verstorbenen Schwestern

IV Schwester Anna Felicia Ossinger von Haybach auf dem Totenbett, 1750

V Barocke Einrichtungsgegenstände (Kniebank, Stifterbilder) aus dem Münchner Salesianerinnenkloster

Heimsuchung Mariä in Bayern errichtet werden sollen. Dazu sollten die beiden in der Oberpfalz gelegenen, seit der Reformation noch unbesetzten Frauenklöster Gnadenberg und Seligpforten supprimiert und deren Renten und Einkünfte zur Erbauung zweier neuer Klöster und deren Dotation bestimmt werden; Gnadenberg sollte für München, Seligpforten für Amberg verwendet werden. Die Genehmigung hiezu durch Papst Clemens IX. war erfolgt, aber der Bau, durch Krieg verhindert, konnte erst später aufgenommen werden.

Der Stiftungsbrief lautet in der Hauptsache also:

„Von Gottes Gnaden: Wir Ferdinand Maria, Herzog von Ober- und Niederbayern und der Pfalz, des heiligen Römischen Reiches Erzdruchseß und Kurfürst x. x. und von denselben Gnaden: Wir, Henriette Adelheid, Herzogin von Ober- und Niederbayern x. x. geborne Prinzessin zu Savoyen und Piemont, bekennen für Uns, unsere Erben und Nachkommen:

Nachdem wir unlängst die in unserm Fürstentum der oberen Pfalz gelegenen, im vorigen Säkulum nach eingerissener Ketzerei profanierten Stifte und Klöster den betreffenden Orden wieder zurückzuerstatten gnädigst resolvierten, haben wir aus wichtigen und erheblichen Ursachen die Reflexion dahin genommen, mit Consens und

Gutheißung des päpstlichen Stuhles die den beiden Klöstern Seligpforten und Gnadenberg gehörigen Einkommen zur Unterhaltung der anhero in Unserer Haupt- und Residenzstadt München und nach Amberg berufenen und allhier bereits anwesenden Klosterfrauen von dem Orden und der Regel des heiligen Vaters Francisci Salesii zu übertragen und dies zur Erfüllung unserer gnädigsten Intention: damit die Jugend weiblichen Geschlechtes um so viel bequemere und bessere Gelegenheit habe, alle christlichen Tugenden, guten Sitten und andere Wissenschaften zu erlernen.

Dagegen werden die Klosterfrauen und deren Nachkommen, ihrer löblichen und gottgefälligen Vokation nach schuldig sein, Unser und Unserer Erben für und für, wie nicht weniger Unserer lieben Eltern und Vorfahren christseliger Gedächtnis und Unseres ganzen löblichen Hauses Bayern in ihrem Gebet und Gottesdienste emsiglich und andächtig zu gedenken, auch Gott inbrünstiglich anzurufen für die, so am Leben sind, um heilsame Wohlfahrt, glückliche Regierung, Fried' und Einigkeit, Erhaltung wahrer katholischer Religion und göttlichen Segens, – für die Abgestorbenen aber, daß ihnen der allmächtige Gott die ewige Ruhe und Seligkeit verleihen möge.

Noviziat-Buch
das heißt:
Namen-Verzeichniß derjenigen, die ihr Probjahr
als Novizinen angetretten haben.
Angefangen im Jahr 1667 zuerst in unserem
Kloster von der Heimsuchung Maria zu
München, dann im Jahre 1785 zu
Indersdorf, und fortgesetzt i. J. 1833
zu Dietramszell.

Viva † Giesù

Libro nel quale si Scriuano le Receptioni, delle Sorelle al habito.

1. Io Paula Biancha Auogadra figlia di Gio: Baptista Auogadro e di Clara francesca Paletis d'età di 29 Anni di proprio gusto et consentimento et di i miei Parenti apresso esser stata quattro mesi nella Casa di quiui, uisto e considerato le regole, et esercicij di quella, hò volontariamente dimandato d'esser riceuuta al habito al grado delle Sorelle Nouicie del Choro di questa Congregatione il che io hò ottenuto per la gratia di Dio hauendo con l'habito chambiato il nome, e riceuuto quello di Maria henrietta Adelaida in questo giorno li 21 9bre del Anno 1667

2. Io francesca Catterina Braida figlia di Giouanni Batista Braida e di Marta Margarita Santus di età di 25 Anni di proprio gusto e consentimento delli miei Parenti apresso essere stata 2 Mesi e 8 giorni nella casa di quiui, uisto e considerato le Regole et esercicij di quella, hò uolontariamente dimandato d'essere riceuuta al habito al grado delle Sorelle Nouicie del choro di questa Congregatione il che io hò ottenuto per la gratia di Dio hauendo con l'habito chambiato il nome e riceutto quello di francesca ferdinanda Adelaide in questo giorno 22 Aprile nel Anno 1668

3. Ich Maria Elisabetha Jächin, tochter des Jacob Jäch, und Maria Anna Johanna Mayrin, meines alters im 18 Jahr. aus eignem lust und mit verwilligung meiner mutter, nach deme ich nach 3 monnad in disem haus gewesen, dessen Regl und Exercitien gesehen und bedacht, so hab ich freywillig begehrt zu dem häbit auf genomen zu werden und der zahl der novizen schwestern und die hausschwestern diser congregation, welches ich durch die gnad Gottes erlangt, und habe mit dem habit den namen verendert, und empfangen Maria Paula Teresia den 29 märz Anno 1669.

 Noviziats-Buch mit dem Verzeichnis der ersten Novizinnen ab 1667

VII Der hl. Aloysius von Gonzaga als Patron der Schüler, 2. Hälfte des 18. Jahrhunderts

VIII Ein Engel führt die gottliebende Seele als Sinnbild klösterlicher Erziehung, 18. Jahrhundert

IX Die Schülerinnen des Mädchenpensionats der Salesianerinnen im 18. Jahrhundert

I

Johanna Franziska von Chantal
Um 1700
Öl auf Leinwand, 110 × 100 cm
Kloster der Salesianerinnen, Zangberg

Die „heilige Stifterin" Johanna Franziska von Chantal (1572–1641) ist in diesem Bild noch nicht als Heilige, sondern als verehrte Gründungsmutter des Ordens mit porträtnahen Zügen dargestellt. Das Gemälde und sein Gegenstück, der hl. Franz von Sales, sind als Bilderpaar der beiden „Heiligen Stifter" in jedem Kloster der Salesianerinnen dargestellt. Die beiden Bilder stammen aus der Frühzeit des Münchner Klosters.

II

Franz von Sales
Um 1700
Öl auf Leinwand, 110 × 95 cm
Kloster der Salesianerinnen, Zangberg

Der Bischof von Genf, Begründer und spiritueller Vater der Salesianerinnen (1567–1622), wurde bereits im 17. Jahrhundert heilig gesprochen. Darstellungen seiner Person sind daher in allen Salesianerinnenklöstern zu finden.

III

Totentafel der in München seit 1667 verstorbenen Schwestern
Ende des 18. Jahrhunderts
Holz, Papier, 130 × 65 cm
Kloster der Salesianerinnen, Dietramszell

In vielen älteren Klöstern wird das Andenken an die verstorbenen Mitbrüder und -schwestern bewahrt und wachgehalten, in dem Namen und Todesdaten im Kloster – meist in Nähe der Klosterkirche oder am Friedhof – angeschrieben vermerkt sind. Das vorliegende *„Todten-Verzeichniß"* wurde wohl nach der Übersiedlung der Schwestern nach Indersdorf 1784 erneuert, um der in München begrabenen Mitschwestern gedenken zu können. Es nennt Lebensjahre, Professjahre und das Todesjahr.

IV

Schwester Anna Felicia Ossinger von Haybach auf dem Totenbett
Rovereto(?), um 1750
Öl auf Leinwand, 56,5 × 91 cm
Kloster der Salesianerinnen, Dietramszell

Während von allen Schwestern gemäß der salesianischen Ordensregel nach ihrem Tode ein kurzer Lebensabriss im Konventbuch festgehalten wird, sind Porträts nur in seltenen Fällen angefertigt worden. Anna Felicia Ossinger von Haybach war von 1741 bis 1746 Oberin in München, das sie nach dem Ende ihrer Amtszeit zusammen mit weiteren Schwestern verließ, um in Rovereto (Südtirol) ein neues Salesianerinnenkloster zu gründen, wo sie 1750 starb. Das Gemälde zeigt die Verstorbene mit Brautkranz und Sterbekreuz. Vermutlich ließen es die Salesianerinnen von Rovereto anfertigen, um dem Münchner Mutterkloster ein letztes Bild der früheren Oberin schicken zu können.

V

Kniebank aus dem Münchner Salesianerinnenkloster
Holz, Ende des 17. Jahrhunderts
Kloster der Salesianerinnen, Dietramszell

Das typisch salesianische Zellenmöbel, eine Kombination aus Kniebank und kleinem Schrank, stammt aus dem 17. Jahrhundert und gehört zu den wenigen erhaltenen Ausstattungsgegenständen aus dem Münchner Salesianerinnenkloster. (Kruzifix nicht zugehörig.)

VI

Noviziats-Buch. Das heißt: Numm. Verzeichnis derjenigen die ihr Probjahr als Novizin angetreten haben.
1667–1833
Handschrift auf Papier, gebunden, 29 × 18,5 cm
Kloster der Salesianerinnen, Zangberg

In diesem Verzeichnis haben sich die neu eintretenden Novizinnen seit der Münchner Gründungszeit mit eigener Handschrift eingetragen und so ihren Klostereintritt bekräftigt. Jeder Eintrag nennt Name, Eltern, Alter und Herkunft der Schwester, ihren neuen Ordensnamen und die Bestätigung, aus freiem Willen eingetreten zu sein. Die erste Seite enthält die Einträge der ersten drei Novizinnen: die Italienerinnen Paula Biancha Avogadro und Francesca Caterina Braida (in italienischer Kursive) und die Münchnerin Maria Elisabeth Zächin (in deutscher Kurrentschrift).

VII

Hl. Aloysius von Gonzaga
München, 2. Hälfte des 18. Jahrhunderts
Öl auf Leinwand, 160 × 152 cm
Kloster Beuerberg

Der junge italienische Adlige trat 1585 in den Jesuitenorden ein und starb bereits mit 23 Jahren an der Pest. Schon bald darauf selig gesprochen, wurde der hl. Aloysius zum Schutzpatron der studierenden Jugend und vor allem in den Bildungsanstalten der Jesuiten, aber auch in anderen Klosterschulen als großes Vorbild verehrt. Auch im Kloster Beuerberg sind mehrere Darstellungen von ihm vorhanden.

VIII

Ein Engel führt die „Philothea"
2. Hälfte des 18. Jahrhunderts
Öl auf Leinwand, 47,5 × 63 cm
Kloster der Salesianerinnen, Dietramszell

„Philothea", die „Gottliebende", betitelte der hl. Franz von Sales sein Hauptwerk. Eine Allegorie der Gott liebenden Seele, die in der Nachfolge Christi das Kreuz auf sich nimmt, wird in diesem Gemälde von einem Engel zu Gott geleitet. Das Ideal der Gottesliebe war für die salesianischen Erziehungsinstitute von großer Bedeutung.

IX

Die Schülerinnen des Münchner Salesianerinnenklosters
Mitte des 18. Jahrhunderts
Gouache auf Pergament, 17,3 × 12 cm
Kloster der Salesianerinnen, Dietramszell

Das kleine Pergamentbild zeigt die im „petit habit" gekleideten Klosterzöglinge als die Früchte eines Baumes, die aus den beiden hl. Stiftern um das brennende Herz Jesu hervorwachsen. Eine Nonne, wohl die Meisterin des Instituts, weiht sie stolz der Personifikation der Kirche.

Drittes Kapitel

Höfisches Leben im Münchner Salesianerinnenkloster – Die erste Hälfte des 18. Jahrhunderts

Die Zeit des späten 17. bis um die Mitte des 18. Jahrhunderts war in München, wie im katholischen Bayern überhaupt, eine Blütezeit des Ordenslebens. Die Verheerungen des Dreißigjährigen Krieges (1618–1648) lagen nun lange zurück; wirtschaftlicher Wohlstand und eine tiefe, gelebte Frömmigkeit, die sich durch alle Schichten der Bevölkerung zog, führten zu zahlreichen Ordenseintritten und reichen Stiftungen an Klöster und Kirchen. Auch die Chronik der Salesianerinnen zählt stolz die reichen Zuwendungen auf, die ihre Kirche in diesen Jahrzehnten vor allem durch Mitglieder der höchsten Adelskreise erfuhr. „Für mich nichts, für Gott alles!" – nach diesem Grundsatz aus der Ordensregel erhielten Kirche und Gottesdienste der Salesianerinnen trotz des klösterlichen Armutsgelübdes eine prächtige barocke Ausgestaltung.

Für die Salesianerinnen war es dabei von Vorteil, dass in dieser Zeit neue spirituelle Schwerpunkte und Frömmigkeitsformen populär wurden, die in ihrem Orden bereits verwurzelt waren: Die Visionen der mystisch begabten Heimsuchungsschwester Margaretha Maria Alacoque (1647–1690), die von ihrem jesuitischen Beichtvater vom burgundischen Paray-le-Monial aus zunächst innerhalb des Ordens verbreitet wurden, begründeten die neuzeitliche Herz-Jesu-Verehrung. Diese sehr persönliche, liebevolle Beziehung zu Jesus Christus kam der leidenschaftlichen barocken Frömmigkeit entgegen und wurde auch in der Münchner Klosterkirche bald durch eine Messstiftung und eine eigene Herz-Jesu-Bruderschaft in der Bevölkerung verbreitet. Die geistige Entwicklung der Schwestern wurde in jenen Jahren von den Jesuiten bestimmt, die seit 1729 als Beichtväter der Münchner Salesianerinnen wirkten.

Das Münchner Kloster wurde in dieser Zeit auch zum Mutterkloster mehrerer Neugründungen. Die bereits von Kurfürstin Henriette Adelaide beabsichtigte, durch ihren Tod jedoch verzögerte Gründung eines Heimsuchungsklosters im oberpfälzischen Amberg konnte nach personeller und wirtschaftlicher Festigung des Münchner Klosters im Jahr 1692 erfolgen. 1755 kam es von Amberg aus wiederum zur Gründung von Sulzbach als zweitem Salesianerinnenkloster in der Oberpfalz. Von München aus konnten erneut 1746 Schwestern zur Neugründung eines Klosters in Rovereto (Tirol) entsandt werden. Alle drei Klöster wurden in der Säkularisation aufgelöst; allein die prächtige ehemalige Klosterkirche in Amberg (geweiht 1761) erinnert mit der salesianischen Ikonografie ihrer Fresken und Altäre noch an die frühere Verbreitung des Ordens.

Die Gründe für den Erfolg der Salesianerinnen, der sich im Übrigen nicht auf das Münchner Kloster beschränkte, sondern in dieser Zeit europaweit zu beobachten ist, liegen in den engen Beziehungen, die die Klöster mit den örtlichen Adelseliten verbanden. Die kultivierte Lebensart der Schwestern, die untereinander die französische Umgangssprache pflegten, ihre menschenfreundliche, einladende Spiritualität und die schlichten, aber meist modernen Klosterbauten dieses nachmittelalterlichen Ordens machten die Salesianerinnen zu einem bevorzugten religiösen Bezugspunkt im Leben weltlicher Adelsfamilien. Neben den familiären Bindungen – im 18. Jahrhundert hatten praktisch sämtliche Familien des Münchner Hofadels eine Tante, Schwester oder Tochter bei den Salesianerinnen – spielte hier vor allem das Erziehungsinstitut des Klosters eine wichtige Rolle. Die sorgfältige Bildung im Geiste des hl. Franz von Sales, die hier von den Schwestern vermittelt wurde, veranlasste viele Adelsfamilien, ihre Töchter dem Kloster anzuvertrauen. Zum einen traten viele dieser Mädchen später selbst in den Orden ein, zum anderen blieben auch jene Zöglinge, die den üblichen Lebensweg einer Adligen mit standesgemäßer Ehe und Mutterschaft eingingen, dem Orden verbunden. Die vielfältigen Zuwendungen, die den Münchner Salesianerinnen von den Familien des Hochadels zu Teil wurden, machen diese gesellschaftlichen Vernetzungen deutlich.

Cap. 10.

Was v. den Jahren 1746–1752 Erwähnenswertes auf uns gekommen.

Erfreulicher Stand der Gemeinde –
Hulderweisungen
der kurfürstlichen Familie –
Jubiläumsfeier u. andere Festlichkeit.
Wunderbare Gnadenerweisungen.

Reiche Stiftungen für die Klostergemeinschaft

Unsere großen Feste – Maria Heimsuchung, Skt. Anna und Skt. Franziscus Salesius – begehen wir so feierlich als möglich; Hochamt wie auch Segen und Litanei werden an solchen Tagen durch einen Musikchor verherrlicht. Auch das Herz-Jesu-Fest wird bei uns mit seltener Pracht gefeiert, deren Kos- I
ten Ihre Excellenz die Gräfin von Fugger, Hofmeisterin unserer Prinzessin trägt. Diese Dame hat im Jahre 1712 durch eine ewige Stiftung für Fortdauer dieser Verherrlichung des Herzens Jesu gesorgt; sie hat uns auch eine Monstranz von außerordentlicher Größe geschenkt, sowie auch ein schönes Meßgewand. (Ihre Excellenz die Frau Gräfin v. Fugger war fortan bis zu ihrem Tode eine treue Freundin und Gutthäterin unseres Hauses von München, vermachte ihm in ihrem Testamente noch andere 1500 Gulden, eine silberne Herz-Jesu-Tafel gemäß ihrer Angabe daraus verfertigen zu lassen; besagte silberne Tafel war von beträchtlicher Größe und stellte das göttliche Herz auf einem Throne von Engeln umgeben dar und den lieben Heiland, der uns. sel. Schwester[1] dessen Gnadenschätze erschloß. Sie verlangte auch in der Klosterkirche begraben zu werden, was ihr auch gemäß unsern Satzungen als Gutthäterin des Hauses gewährt wurde, mit Genehmigung des Bischofs von Freising.)

Herr Johann Anton von Lorek, Churfürstl. Geistl. Rath und Schatzmeister, dessen einzige Tochter gerade Pensionärin bei unseren Schwestern war, schenkte dem Kloster Diamanten und Smaragde von hohem Werthe, die Monstranz damit II
zu schmücken; derselbe fromme Edelmann, der für die Ehre Gottes und Pracht seines Tempels erglühte und unserm Hause sehr gewogen war, hatte 1734 die Musik für's Stifterfest zahlen wollen und alle Gemälde im ganzen Kloster durch einen guten Maler erneuern lassen. Die Eltern der Schw. Marie Stanislaus v. Dirsch, welche am 25. März 1734 starb, sandten nach ihrem Tode dem Kloster verschiedene Geschenke als Denkmal der Liebe, darunter eine auf feinem Cambrais[2] gestickte Albe mit schönen 3/8 Ellen breiten Spitzen und ein kostbarer Stoff mit Goldspitze, womit die Statue der hl. Anna der Klosterkirche bekleidet wurde. — Auch neue Kirchenparamente wurden um diese Zeit aus den reichen Brautkleidern der Novizinnen verfertigt; eine derselben, Schw. M. Augustine Schäbl, welche

1 D.h. Margareta Maria Alacoque (1647–1690), Salesianerin im Kloster Paray-le-Monial (Burgund/Frankreich). Auf ihren Visionen von der Erscheinung Jesu Christi, der ihr sein Herz zeigte, beruht die neuzeitliche Herz-Jesu-Verehrung, wie sie besonders im Salesianerinnenorden gepflegt wird.

2 Batist (sehr fein gewebter Leinenstoff), im Mittelalter erstmals hergestellt im nordfranzösischen Cambrai.

den 25. Januar 1734 das Ordenskleid empfing, brachte als Aussteuer einen herrl. Ornat mit, von weiß und hochrothem Sam-
III met ganz in Gold und Silber gestickt, der auf mehr als tausend Thaler geschätzt ward. Dieser Ornat bestand aus einem Pluviale, drei Meßgewändern, zwei Levitenröcken, drei Antependien und zwei Credenzen.

Von den reichen Geldgeschenken einiger Verwandten unserer Schwestern ließ die Mutter Angelika Maximiliana v. Pelkhoven einen Tabernakel ganz von massivem Silber verfertigen, der prachtvoll gewesen sein soll. Neue Wohlthäter erhielt unsere Kirche von München im Jahre 1740 ungefähr, an dem Herrn Staatsrath, Freiherr v. Ruffini[3], dessen Tochter Josepha Aloysia ein Mitglied der Gemeinde war, und an dem Pächter von Gnadenberg. Der Erste sorgte für eine neue Kreuzfahne, schenkte der schmerzhaften Mutter-Gottes-Statue ein reichgesticktes
IV Festtagskleid und sandte ferner ein schönes Ölgemälde, die unbefleckte Empfängnis darstellend, das in einer dem Jesukind gewidmeten Kapelle eine Ehrenplatz fand. — Der Pächter vom Gnadenberg, der schon mehr als fünfzig Jahre dem Hause in Treue gedient, opferte dem heiligen Stifteraltare eine sehr schöne und große Lampe aus getriebenem Silber im Werthe von 900fl. Er hieß Johann Jakob Miller. Auch an künstlichen Blumen wurde die Kirche stets reicher. Die Mutter Pelkhoven hatte einer jungen Schwester, Anna Constantia André, eigens das Blumen machen lernen lassen, und wir wissen auch von ihr, dass sie dreimal alle Blumen der Münchner Kirche, die in 60 Bouqueten bestanden, erneuert.

Unter der Regierung dieser Mutter wurde auch der regelmäßige Bau des Klosters begonnen. Doch ehe wir davon sprechen, wollen wir uns ein wenig im Schwesternkreis umsehen und so viel uns durch die spärlich hinterlassenen Nachrichten möglich, die einzelnen Mitglieder unserer Gemeinde von 1720–1750 betrachten.

3 Der aus Meran stammende Maler Joseph Ruffini (um 1690–1749), der im Laufe seiner erfolgreichen Malerkarriere am Münchner Hof Landbesitz und Adelstitel erwarb, war ein enger Freund und Förderer des Münchner Klosters, dem er neben zahlreichen wertvollen Geschenken und Stiftungen auch Gemälde zukommen ließ, so das Hochaltarbild der neu erbauten Klosterkirche.

Schwester Anna Eleonora Ihesinger war aus dem Rang der Chorschwestern. Sie war erst 27 Jahre alt und hatte deren 11 im Ordensstande zugebracht. Die schmerzliche Gliederkrankheit, welche sie nicht lange nach ihrer Profeß überfiel, benahm ihr weder den Eifer zum Dienste ihres Gottes, noch die Fröhlichkeit des Herzens. Nachdem sich aber wenige Monate vor ihrem Tode auch die Lungensucht u. Auszehrung geltend machten, konnte sie ihr Schmerzenslager nimmer verlassen. In ihrem Leiden zeigte sie immer besondere Verehrung zum heiligsten Herzen Jesu, das ihr der göttl. Erlöser auch einst in einer Entzückung schauen ließ; sie sah ebenso eine himmlische Krone, in der noch der mittlere Edelstein fehlte, und es wurde ihr gelehrt, wie sie durch ihre Geduld diesen leeren Platz noch auszufüllen habe. Wirklich hatte sie von dort an noch 6 Wochen lang die ärgsten Peinen zu erdulden, besonders in ihren letzten Zügen. Die rechte Hüfte und Hand wurden durch heftige Gliederschmerzen ganz verdreht und die Umstehenden hörten das Krachen der verrenkten Glieder. Sie blieb bis zum letzten Augenblick bei vollem Bewußtsein und endete ihr gottseliges Leben nach Empfang aller hl. Sakramente den 11. Juli 1715.

Auch die liebe Hausschwester Margaretha Maria Alber wollen wir nennen, die 1708 das Kleid der Buße mit jenem der ewigen Glorie vertauschte und während ihres Lebens ganz Güte und Freundlichkeit gegen Andere war. Sie wollte einst eine Schwester einer Last entheben, und verrenkte sich dabei eine Rippe, so daß sie fortan eine wahre Kreuzesbraut wurde. Aus einer starken großen Person wurde sie in Folge dieses Unfalls so klein wie ein zwölfjähriges Kind, diente aber deßungeachtet der Gemeinde noch in Küche und Haus, und dieß stets in solch tiefem Stillschweigen und innerer Versammlung, daß ihre Mitschwestern, die ihr fröhliches Gemüth kannten, dadurch höchlich auferbaut wurden. — Ihr Tod war der Widerhall ihres Lebens, sie schien gleichsam von der zeitlichen in die ewige Ruhe überzugehen, im 32. Jahre ihres Alters und 11. ihrer Profession.

Zu den ältesten Hausschwestern zählte auch die Schw. Maria Apollonia Millthaller. Sie hat bis zu ihrem 81. Jahre weder Kräfte noch Liebe gespart, sich überall nützlich zu machen.

Obschon sie aber das Amt der hl. Martha[4] emsig versah, unterließ sie nicht in Gebet und Betrachtung sich fleißig zu üben; besonders war es die allerheiligste Dreifaltigkeit, die sie verehrte u. der sie immer für die Gnade ihres Berufes[5] Dank sagte. Im hohen Alter schleppte sie sich mühsam zum Tische des Herrn, der all ihre Freude und Wonne einschloß, und als sie nichts mehr arbeiten konnte, hörte sie so viele hl. Messen als möglich für ihre liebe Gemeinde. Ihr tugendreiches Leben war in ihren eignen Augen ganz werthlos, sie glaubte gar nichts Gutes gethan zu haben und diese Erkenntniß des eigenen Elends erfüllte sie mit Furcht vor den göttl. Strafgerichten. Einen Monat vor ihrem Tode wurde sie von einer Art Schlag getroffen, worauf sie gleich die letzte Ölung empfing; bald aber kam sie wieder zu sich, weinte bitterlich u. erweckte die schönsten Akte der Reue u. des Vertrauens zu den drei göttl. Personen und dem bittern Leiden Christi. An ihrem Todestage hatte sie noch die Gnade aller Bedingungen zur Gewinnung des Jubiläums, das damals ausgeschrieben war, erfüllen zu können, und starb sanft in Gegenwart der ganzen Gemeinde in ihrem 58. Profeßjahre anno 1742.

Schw. M. Antonia Emerentia, von edler Herkunft, ist 1747 aus diesem Jammerthale in's bessere Leben hinübergegangen, in ihrem 39. Profeßjahre und dem 57. ihres Alters. Ihr Vater Freiherr v. Hegnenberg und ihre Mutter, eine Gräfin v. Preysing, trugen große Sorge für die erste Erziehung ihrer lieben Tochter und vertrauten sie dann unserm Pensionate. Hier lernte sie den Geist des hl. Franz v. Sales kennen und lieben, und begehrte seine Tochter zu werden. Für ihre Berufsgnade dankte sie Gott ihr Leben lang und auf dem Todbette rief sie aus: „O wie glücklich ist man, als Ordensschwester zu sterben, besonders als Salesianerin!" Schwester Antonia Emerentia hatte ihre Freude nie in Anderm als in der Bescheidenheit und Demuth gesucht; sie wollte nie von der Würde ihrer Anverwandten hören, sondern verlangte aufrichtig, die Letzte im Hause Gottes zu sein.

Die Schw. Therese Maximiliana Planck, auch eine Zögling des Hauses, ist von ihrer Kindheit an eine große Liebhaberin Mariens gewesen, die sie nur ihre gute Mutter nannte. Sie war erfinderisch in Tugendakten, sich auf die Marienfeste vorzubereiten, und ihr volles Vertrauen in die Mutter des Herrn verdiente ihr oft wunderbare Hilfe. Einmal unter andern, als

4 Küchen-, Hausarbeit. Nach dem in Lk 10, 38–42 geschilderten Aufenthalt von Jesus Christus in Bethanien im Haus der Schwestern Maria und Martha, bei dem Martha ihn tatkräftig in der Küche bewirtete, Maria aber zu seinen Füßen saß und seinen Lehren lauschte. Gemäß dieser biblischen Schilderung wird die klösterliche Hausarbeit der hl. Martha zugeordnet.

5 D.h. Berufung (zum Ordensleben)

sie in Gefahr war, durch einen heftigen Fluß das Gesicht[6] zu verlieren, eilte sie zu ihrer mächtigen Helferin, und indem sie gläubig ein Bild der seligsten Jungfrau auf die bedrohten Augen legte, flehte sie inständig zu dieser Mutter der Gnaden, ihr die Gnade der Heilung zu gewähren, was auch augenblicklich geschah, und fortan hatte diese Schwester nie mehr an den Augen zu leiden. Dagegen ist die liebe Hausschwester Marie Theresia Grasmann vor ihrem Tode im Jahre 1749 zwei Jahre blind gewesen; aber die Sehnsucht nach dem Himmel und das Verlangen Gott zu schauen, erfüllten sie so mächtig, daß sie ausrief: „Wenn ich nur meinen lieben Herrn einmal sehen darf, will ich gerne jetzt blind sein!"

6 D.h. durch einen heftigen Schlagfluss (Schlaganfall) das Augenlicht zu verlieren

Das zentrale Ereignis im Leben der Münchner Schwesterngemeinschaft des 18. Jahrhunderts war der Neubau von Kloster und Klosterkirche. Das Gebäude, das die Schwestern seit 1675 im Kreuzviertel bewohnten, war bereits nach wenigen Jahren für den Konvent zu klein geworden, so dass die Schwestern umliegende Gebäude und Gärten ankauften, um 1733 einen Neubau in Angriff zu nehmen. Die Unterstützung des Hofes war ihnen durch die Zuneigung der Kurfürstin und späteren Kaiserin Maria Amalia (1701–1756) von Österreich gewiss, denn deren Mutter hatte 1717 das Wiener Heimsuchungskloster gestiftet, so dass sie seit ihrer Kindheit mit den Schwestern vertraut war. Die damalige Oberin des Münchner Klosters, Angelika Maximiliana von Pelkhoven, konnte den renommierten Baumeister Johann Baptist Gunetzrhainer (1692–1763) mit der Planung des Neubaus beauftragen. Die Ausführung des Baus lag hingegen bei dessen Bruder Ignaz Gunetzrhainer (1698–1764), mit dem er mehrere Projekte durchführte. Gunetzrhainer gehörte dem Kreis um Josef Effner (1687–1745) an und wurde dessen Nachfolger als Hofbaumeister.

Die Richtlinien für den Bau eines Heimsuchungsklosters stammen vom Ordensgründer Franz von Sales (1567–1622) selbst, der vom geistlichen Vater des Klosters Annecy darüber hinaus einen Idealplan erstellen ließ. Dieser Plan ist mit ausführlichen Beschreibungen im Buch der Ordens-Gebräuche publiziert, das verpflichtende Weisungen für die Schwestern enthält. Dem Ideal der Armut folgend sollten die Gebäude zwar solide gebaut werden, aber sich in ihrer Erscheinung nach dem Vorbild der Bettelorden durch Einfachheit auszeichnen. Der ursprüngliche Plan für das Münchner Kloster und seiner Kirche orientierte sich zunächst streng an den Vorgaben des hl. Franz von Sales, wurde aber dann zugunsten des zeitgenössischen Geschmacks und der regionalen Baukultur verändert. So entstanden großzügige Konvent- und Wirtschaftsgebäude inmitten der Stadt, die großzügige Gartenanlagen mit geometrisch angelegten Wegen und Springbrunnen umschlossen. Am 9. Oktober 1735 konnte die Kirche, die an der nordwestlichen Ecke des Grundstücks errichtet wurde, mit großen Festlichkeiten geweiht werden. Der Forderung nach Schlichtheit wurden die Baumeister zumindest nach damaligen Maßstäben bei der Fassadengestaltung durchaus gerecht, das Innere der Kirche wurde jedoch durch den Stuck und die Fresken der Brüder Cosmas Damian (1686–1739) und Egid Quirin Asam (1692–1750) zu einem Höhepunkt spätbarocker Raumgestaltung. Das Bildprogramm war geprägt vom Geist des Franz von Sales und inspiriert von seinen Hauptwerken Philothea und Theotimus sowie zweier Predigttexte des ausgehenden 17. Jahrhunderts über sein Leben und die Verehrung des Herzens Jesu. Auch die Altarbilder der neuen Kirche wurden von etablierten Künstlern geliefert; so schuf kein Geringerer als der Hofmaler George Desmarées (1697–1776) die Darstellung der Heimsuchung Mariens im rechten Seitenaltar, und ein weiterer Hofmaler, Balthasar Augustin Albrecht (1687–1765), das Franz von Sales-Gemälde des linken Seitenaltars.

Kirche und Kloster des ehemaligen Heimsuchungsklosters wurden 1944 bis auf die Grundmauern zerstört. Die seit dem 19. Jahrhundert als Schule genutzten Klostergebäude sind heute in stark veränderter Form wieder aufgebaut, so dass von der barocken Bausubstanz nichts mehr zu erkennen ist. Die Klosterkirche, die heutiges St. Anna-Damenstiftskirche, wurde zwar in ihrer historischen Architektur wiedererrichtet. Da jedoch Fresken und Altargemälde nur in Schwarzweißfotografien überliefert waren, wurde die Ausmalung nur monochrom rekonstruiert und die Seitenaltäre durch andere Bilder ersetzt.

Der Klosterneubau

Unser Kloster von München „auf dem Kreuz“ genannt, war zwar für unsere Schwestern bestmöglichst eingerichtet worden, aber sehr klein. Schon im Jahre 1676 vergrößerte die Churfürstin Marie Henriette Adelheid ihre Schenkung durch ein Haus nebst Garten und Stall in der Röhrenspöckhergasse[7]. Besagte kleine Besitzung, wie auch die nahestehende Skt.-Anna-Kapelle, hatte ihr der damalige Abt von Indersdorf Gregorius gegen ein Haus in der Fürstenfeldergasse und anderweitige Entschädigung für „ihre lieben Salesianerinnen“ überlassen; 17. Januar 1676; doch konnte auch dies für die Dauer nicht genügen. Noch vorhandene Kaufbriefe sagen uns, wie die Schwestern, sobald es ihnen nur ihre pecuniären Verhältnisse gestatteten, anfingen, naheliegende Häuser, Gärten und Grundstücke anzukaufen, bis sie ihr kleines Eigenthum, durch einen Güterzuwachs an 31.416 Gulden Werth bedeutend vergrößert, und 1733 den schon lange vorbereiteten Bau einer Kirche und eines Klosters in's Werk setzen konnten. V

Der Monat April war zum Beginn des Kirchenbaues festgestellt und das Fest der Allerheiligsten Dreifaltigkeit, der 31. Mai 1733 – an dem unser Orden in's Leben getreten – erwählt worden, im Namen des Churfürsten Karl Albert[8] und seiner Gemahlin Amalie von Österreich[9], den Grundstein des neuen Gotteshauses zu legen. Die Churfürstlichen Hoheiten waren selbst bei dieser Ceremonie gegenwärtig, begleitet vom ganzen Adel der Stadt und einer unzählbaren Volksmenge. — Der Kardinalbischof von Freising (Joh. Theodor Herzog in Bayern[10]) allein fehlte zur vollkommenen Feier dieses festl. Tages, da er zu seinem und der Klostergemeinde großem Leide durch Unwohlsein zu kommen verhindert war, statt seiner funktionierte der Generalvikar der Diözese mit wahrhaft apostolischer Würde. Im bischöflichen Ornate und von der ganzen Klerisei begleitet, zog er in Prozession zum Orte der Grundsteinlegung unter dem Donner der Kanonen, dem Lärmen der Trommeln und Trompeten, die bald den feierl. Tönen der Festmusik weichen mußten. Nun wurde die Benediktion vorgenommen, deren schöne Zeremonien alles mit Andacht und Freude erfüllte. Während der Fasten 1734 fing man an, den an die Kirche

7 Die heutige Herzogspitalstraße.

8 Karl Albrecht (1697–1745), Sohn und Nachfolger des Kurfürsten Maximilian Emanuel; Kurfürst von Bayern, zudem von 1742 bis zu seinem Tod als Karl VII. Kaiser des Heiligen Römischen Reichs.

9 Maria Amalia von Österreich (1701–1756), jüngste Tochter von Kaiser Joseph I., als Ehefrau von Karl Albrecht Kurfürstin von Bayern. Aufgrund der Wahl ihres Mannes zum Kaiser wird sie in den Klosterannalen meist als Kaiserin tituliert.

10 Fürstbischof Johann Theodor von Bayern (1703–1763), jüngerer Bruder des Kurfürsten und späteren Kaisers Karl Albrecht. Bischof von Regensburg (seit 1719) und Freising (seit 1727), später auch Fürstbischof von Lüttich (seit 1744). 1743 zum Kardinal erhoben.

stoßenden Theil des Klosterbaues aufzuführen. Er umfaßte den Chor (unter demselben war die Gruft zur Begräbniß der Schwestern, die zwar einfach, aber zur Andacht stimmend gewesen sein soll), den Vorchor, zwei Sakristeien, drei Zimmer zur Gelegenheit der Sakristanin und das Refektorium, dessen Fenster rechts die Aussicht in den Garten gewährten und links in einen Hof sahen. Von der übrigen Einrichtung des Klosters sind leider keine Berichte hinterlassen und die verschiedenen Veränderungen, die im Laufe der Zeit durch die Regierung am Gebäude stattfanden, gestatten uns nicht, eine treue Beschreibung davon zu geben; wir müssen uns deshalb mit der Kunde begnügen, daß es gemäß unseren Vorschriften erbaut und eingerichtet war.

Wie sich denken läßt, brachte der Bau der Gemeinde manche Lästigkeiten, die aber dank der geräumigen Wohnung und der dem Kloster gehörigen Nachbarshäuser sehr vermindert wurden. Die Mutter Pelkhoven trug große Sorge für genaue Beobachtung der Clausur. Die Gemeinde konnte fortwährend allen ihren geistigen Übungen nachkommen; auch die Nothwendigkeit drei Jahre hindurch im Sprechzimmer zu beichten, brachte keine Störung, und der sichtl. Segen Gottes bei diesem Unternehmen war wohl der Treue zuzuschreiben, mit welcher die Schwestern, alle Sorgen ihren Obern und deren erfahrenen Rathgebern überlassend, einzig der Erfüllung ihrer Pflichten oblagen.

Im Jahre 1735 folgte der Mutter Pelkhoven die Mutter Victoria Munditia Amon, Tochter eines churfürstl. Staatsrathes von München. Sie war eine Frau von hervorragendem Urtheil, was ihr als Untergebene oft Gelegenheit zu Akten eines blinden Gehorsams gegeben, da die Obern nicht immer ihrer Ansicht waren, welche Gelegenheiten sie aber jederzeit mit großmüthiger Selbstverleugnung zu ihrem geistigen Vorteil anzuwenden verstand. Ihr äußeres war bescheiden, der innere Verkehr mit Gott die Quelle, woraus sie unablässig Kraft zur Übung jeglicher Tugend schöpfte. Als Oberin hatte sie den Trost, die neue Kirche einweihen zu seh'n. Sie war es auch, welche die seit unserer Stiftung empfangenen Circularbriefe ordnete und in verschiedene Bände binden ließ.

Als Oberin hatte sie den Trost, die neue Kirche einweihen zu seh'n. Ein Monat vor dieser feierl. Ceremonie, wurde sie schon im Stillen eingesegnet, damit man die heilige Messe dort lesen könne, da eine längere Verzögerung der Weihe zu befürchten war. Der Vice-Generalvikar der Diöcese Herr J. B. v. Pfister, Probst von Petersberg, feierte die erste Messe im neuen Gotteshaus, wobei die Gemeinde die hl. Kommunion empfing. Am folgenden Donnerstag, den 15. Sept. 1735, hielten die Schwestern zum letzten Mal das Offizium im alten

Chor; hierauf nahm der Beichtvater, P. Wilhelm Englisch das Ciborium aus dem Tabernakel der alten Kirche, reichte einer kranken Schwester noch die hl. Communion und begab sich in Begleitung aller Schwestern, die sämptl. brennende Kerzen trugen und das Benedictus beteten in den neuen Chor. Der Kaplan des Klosters nahm dortselbst das Allerheiligste vom Kommunionfenster und stellte es auf den Altar. Nun folgte eine hl. Messe und allgemeine Kommunion, der Segen mit dem hochwürdigsten Gute und zum Schluße das Te Deum im großen Chorgesang.

Bald darauf, den 9. Oktober des selben Jahres, konnte schon die feierl. Kirchweihe stattfinden. — Die Gemeinde heiligte den Vorabend dieses Tages durch Fasten, und die Schwestern hielten Stationen, sowohl vor den Reliquien, die in den Altären der alten Kirche gewesen, wie auch vor jenen, welche für das neue Heiligthum bestimmt waren. — Die Gemeinde machte in der kleinen Skt.-Anna-Kapelle unserm Herrn eine demüthige Abbitte aller Unehrerbietigkeiten, die er seit mehr als vierhundert Jahren in diesem hl. Tempel erlitten und dankte ihm für alle Gnaden und Wohlthaten, die er auf Fürbitte der Heiligen, deren Reliquien hier gegenwärtig den Gläubigen verliehen.

Besagten 9. Oktober, es war ein Sonntag, vollzog Sr. Eminenz Johann Theodor, Herzog in Bayern und Bischof von Freising
und Regensburg, die kirchl. Ceremonien. — Um acht Uhr VI
verließ er seinen Palast; alle Kirchen, an welchen er vorüber kam, begrüßten ihn mit feierlichem Glockengeläut und als er dem Kloster nahte, empfingen ihn Pauken, Trompeten, und die churfürstl. Hofmusik, für welche eigens eine Tribüne errichtet worden war. — Nachdem der Domdechant, Graf von Königseck, und der Beichtvater des Churfürsten, Pater Simerle, im Namen der Klostergemeinde den Kardinalbischof bewillkommt hatten, begab dieser sich in die alte Kirche, dort die Pontifical-Kleidung anzulegen. Die Mauern der Kirche, wie auch alle Gänge, durch die Sr. Eminenz schreiten mußte, waren mit kostbaren Stoffen geschmückt worden. Der Weihbischof, Graf v. Pethicam, der Domdechant, wie auch zwei Ceremonienmeister, die Hofgeistlichkeit und Hofmusik begleiteten den Bischof; während die übrige Geistlichkeit die Bußpsalmen sang. Die Kirche unseres Hauses von München war die erste welche der Cardinalbischof einweihte und das mit so würdevoller Majestät und zugleich so tiefer Andacht, daß alle Gegenwärtigen von heiliger Bewunderung erfüllt wurden. Fünf Stunden lang währte die kirchl. Funktion, denn nach Einweihung des Gotteshauses, weihte Sr. Eminenz noch alle Ornamente[11], die für die neue Kirche gemacht worden, und

11 D.h. Paramente, liturgische Gefäße und andere Ausstattungsstücke.

ertheilte dann, in die alte Kirche zurückkehrend, dortselbst mehreren hohen Standespersonen das hl. Sakrament der Firmung. Der Weihbischof feierte hierauf in der neuen Kirche das Hochamt und stimmte zum Schluße das Te Deum an, unter dem Schalle der Trompeten und Donner der Kanonen. Am Tage dieser hl. Tempelweihe bedachte die Gemeinde die Armen, welche die lebendigen Gottestempel sind, mit reichlichen Almosen, das an der Klosterpforte gereicht wurde. Gegen Abend bildeten die Litanei und der Segen mit dem Hochwürdigsten Gute den Schluß dieser schönen Feier. Der Bruder des Churfürsten, Herzog Philipp[12], und die Prinzessinnen von Bayern[13] wohnten demselben bei, wie sie auch am Morgen das Hochamt durch ihre Gegenwart verherrlicht hatten. — Ein einziger widriger Vorfall hätte fast die Schönheit dieses Tages getrübt. Während Jedermann voll Aufmerksamkeit den hl. Ceremonien folgte, wußte sich ein Fremder äußerst geschickt in die Sakristei zu schleichen, und hatte schon angefangen den Bischofsstab Sr. Eminenz der reich an Gold und Edelsteinen war, zu zerlegen und berauben: glücklicherweise wurde der Dieb auf der That ertappt und die Schwestern so einer großen Sorge befreit.

VIII Die neue Kirche war wie die frühere der Hl. Anna gewidmet worden, und diese große Heilige ist, als Titularin des Gotteshauses, auf dem Hauptaltare in einem Ölgemälde mit dem hl. Joachim und der seligsten Jungfrau dargestellt, letztere als Kind von sieben bis acht Jahren. Ein kleineres Gemälde an der Spitze dieses Hochaltares stellt den hl. Augustinus vor, wie er ein Pergament entrollt. Von den beiden Kapellenartig vertieften Seitenaltären wurde der eine der Heimsuchung Mariä, der andere dem hl. Stifter geweiht. Der Erste, der auf der Epistelseite steht, zeigt als Altarblatt Mariens Besuch bei Elisabet von Maler Marées ausgeführt; der Zweite, auf der Evangelienseite, stellt den hl. Franz v. Sales dar, wie er von Engeln gekrönt wird. Unter ihm ist noch ein Bild zu sehen: der arme Lazarus, dessen Geschwüre die Hunde lecken. Der hl. Stifter wurde von einem gewissen Albrecht gemalt, und das schon erwähnte Gemälde der h. Anna, von Ruffin. Die Fresco-Ma-
IX lerei im Gewölbe des Kirchenchors ist von einem geschickten Künstler, Kosmas Damian Asam. In der Mitte von einem Throne sieht man das Lamm in Strahlenglorie von zahlreichen Engelschaaren umringt, nebst den darauf bezügl. Worten der Apokalypse V.12. Auf der einen Seite ist der Orden der Heimsuchung unter dem Schutze der seligsten Jungfrau, auf

12 Der jüngere Bruder des Kurfürsten Karl Albrecht, Herzog Philipp Moritz Maria (1698–1719), war zu diesem Zeitpunkt bereits verstorben; vermutlich handelt es sich um eine Verwechslung mit einem weiteren Prinzen, den kaiserlichen Generalfeldmarschall Ferdinand Maria Innozenz von Bayern (1699–1738).

13 Offenbar die älteren Töchter des Kurfürsten Karl Albrecht, Maria Antonia (geb. 1724) und Theresia Benedicte (geb. 1725).

VII. Capitel.
Kirchen- und Klosterbau zu München.
Einzelne Berichte aus den Jahren 1734-46.

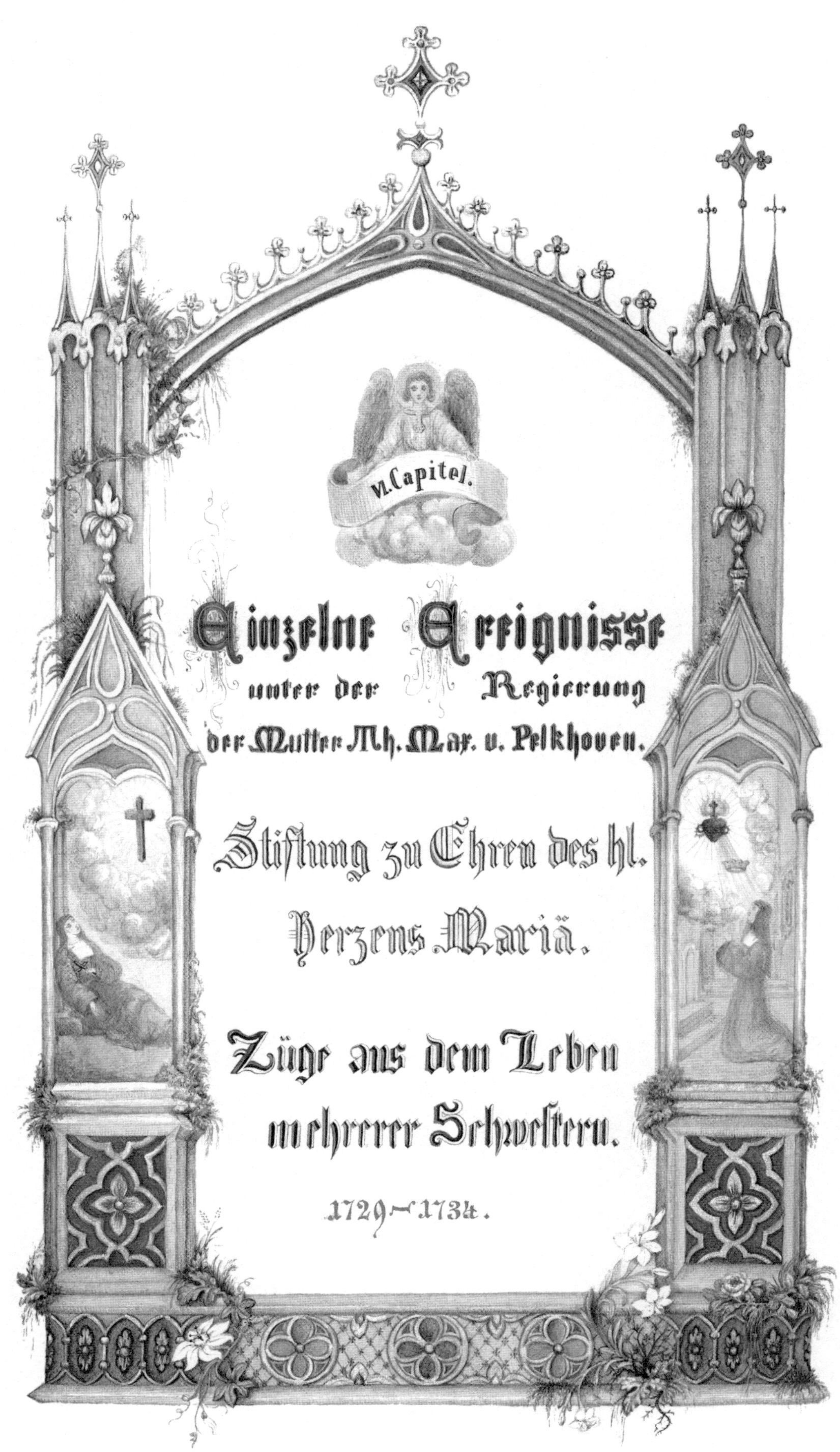
VI. Capitel.
Einzelne Ereignisse
unter der Regierung
der Mutter Mh. Max. v. Pelkhoven.
Stiftung zu Ehren des hl.
Herzens Mariä.
Züge aus dem Leben
mehrerer Schwestern.
1729–1734.

der andern unser Haus von München unter jenen der hl. Anna dargestellt; die dabei befindliche Stucatur-Arbeit verfertigte Egyd Asam, Bruder genannten Kosmas. Der Boden der Kirche wurde mit Marmor belegt, und gleichfalls das Portal, auf welchem die heiligsten Herzen Jesu und Mariens prangen, in Marmor aufgeführt. — Die Ausdehnung der Kirche beträgt 60' in der Breite und 88' in der Länge. VII

Die Sakristei der neuen Kirche wurde gar bald durch die Großmuth einiger Wohlthäter und Prätendentinnen mit manch nützl. Gabe versehen als: eine sehr schöne Kelchbedeckung mit erhob'ner Stickerei, eine gleiche Stickerei mit dem Namen Jesu für das Innere des Tabernakels, zwei Alben, ein Communiontuch mit ächten Spitzen und künstliche Blumenbouquete. — Die Reliquien des hl. Märtyrers Constantinus, welche im Schatz der früheren Kirche gewesen, wurden jetzt in ächtes Gold auf rothem Samt gefaßt und in einem Krystallschreine verschlossen, auf den neuen Hochaltar gestellt. Von den Geschenken der Novizinnen ließ die Mutter Amon ein Missale in Sammet und massives Silber binden. — Die Kirche forderte nun, da sie vergrößert war, auch verhältnismäßig größere Zierde und die liebe Schwester Hausmeisterin, die spätere Mutter Barnabey, war hierin eines Sinnes mit der Schwester Sakristanin und ihre größte Sorgfalt war für Verherrlichung des Gottesdienstes. Darin kam ihr die Großmutter des göttlichen Kindes, die heilige Anna, recht zu Hilfe, denn sie war Gegenstand der allgemeinen Verehrung des Volkes und besonders der Münchner, die gar häufig, als Bitte oder Danksagung, zu ehren der hl. Anna Hochämter und Litaneien in unserer Kirche halten ließen.

Immer wieder räumt die Klosterchronik den Wohltaten, die die Münchner Schwestern durch die jeweiligen Herrscherinnen im 18. Jahrhundert erfahren, breiten Raum ein. Was die Schwestern selbst als gottgleiche Gnade erleben, war für den Souverän gleichsam heilige Pflicht: Als Herrscher von Gottes Gnaden hatten die Fürsten des vormodernen Zeitalters für das religiöse Leben ihrer Untertanen ebensolche Verantwortung wie für den Erhalt ihres weltlichen Staatswesens. Ein Großteil der Münchner Klöster verdankte seine Entstehung der Initiative oder der Unterstützung der Wittelsbacher; bedeutende wittelsbachische Gründungen waren das Franziskaner- und das Klarissenkloster (Herzog Ludwig der Strenge 1284) oder die Jesuitenkirche St. Michael (Herzog Wilhelm V. 1583). Auch die Stiftung des Salesianerinnenklosters durch Kurfürstin Henriette Adelaide 1667 steht in dieser Tradition.

Die Errichtung eines repräsentativen Männerklosters war dabei oft mit praktischen Zwecken und religionspolitischen Interessen verknüpft: neue Formen der Seelsorge wurden eingeführt (Franziskaner, Kapuziner, Jesuiten), eine neue fürstliche Grablege wurde eingerichtet (Jesuiten, Theatiner). Dagegen hatte die Stiftung eines Frauenklosters eine eher nach innen gerichtete Zielsetzung. Die besondere Spiritualität eines neuen Frauenordens erreichte als Zielgruppe vor allem die weibliche Oberschicht, die Frauen des Hofadels und des Patriziats. Ein Frauenorden wie die Salesianerinnen mit ihrem Stiftungszweck, der „Bildung und Erziehung der Jugend weiblichen Geschlechts", kam zudem dem Rollenverständnis einer Fürstin als fürsorglicher Landesmutter entgegen. Die Gründung und Förderung eines Frauenklosters war daher im Allgemeinen Sache der Herrscherinnen. Dass auch die jeweilige persönliche Situation einer Fürstin in ihrem Interesse an bestimmten Klöstern durchaus eine Rolle spielte, wird im Hintergrund der in der Chronik geschilderten Episoden fürstlichen Wohlwollens deutlich.

Die Besuche der Kurfürstin Therese Kunigunde (1676–1730) im Münchner Salesianerinnenkloster fallen in eine Zeit, in der die dankbare Aufmerksamkeit der Schwestern wohl eine der wenigen Bestätigungen im Leben dieser Kurfürstin darstellte. Als ihr Ehemann Max Emanuel im Spanischen Erbfolgekrieg, einem der dunkelsten Kapitel der bayerischen Geschichte, nach der verlorenen Schlacht von Höchstädt 1704 in die Niederlande geflohen war, blieb die polnische Königstochter zunächst in München und übte dort – ein bis dahin in Bayern unbekanntes politisches Konstrukt – fast ein Jahr lang die Regentschaft aus. Nachdem ihr Österreich nach einer fluchtartigen Reise nach Venedig, dem Witwensitz ihrer Mutter, die Rückreise verweigerte, blieb sie dort gezwungenermaßen über Jahre. Getrennt von Ehemann und Kindern, lebte sie dort in bescheidenen Verhältnissen. Erst 1715 wurde die kurfürstliche Familie wieder vereint. Wie sich das Privatleben der Herrscherfamilie fortan am Münchner Hof gestaltete, ist nicht überliefert, wird nach jahrzehntelanger Entfremdung aber sicherlich nicht einfach gewesen sein. Dass ihr Glaube den Wittelsbacherinnen in dieser Zeit eine große Stütze war, belegt der Klostereintritt der tief religiösen Prinzessin Maria Anna Karolina im Münchner Angerkloster. Für Therese Kunigunde, die 1715 auch das Münchner Servitinnenkloster gründete, bot das Heimsuchungskloster eine Gelegenheit, als tatkräftige Unterstützerin jenen Einfluss auszuüben, der ihr politisch verwehrt war.

Bei Kurfürstin Maria Amalia von Österreich (1701–1756) dürfte dagegen zumindest in ihren späteren Jahren eine andere Motivation den Ausschlag gegeben haben für ihr Interesse an den Salesianerinnen: das Kloster als Witwensitz. Für Herrscherinnen, die nach dem Tod ihres Mannes keine höfischen Verpflichtungen mehr erfüllen mussten, bot der Rückzug in ein beschauliches Kloster die Aussicht auf einen angenehmen Lebensabend in anregender Gesellschaft und inspirierender Spiritualität, frei von Hofintrigen und Repräsentation. Gerade die Salesianerinnen, die ja explizit auch ältere Frauen und Witwen aufnahmen, boten sich hierfür an. Bereits Maria Amalias Mutter, Wilhelmine Amalie (1673–1742), hatte sich 1722 in das von ihr 1717 gegründete Salesianerinnenkloster in Wien zurückgezogen und dort auch die Ordensgelübde abgelegt. Auch Maria Amalias Cousine, die spanische Königin Barbara von Braganza (1711–1758), stiftete 1748 das Madrider Heimsuchungskloster als zukünftigen Witwensitz für sich, starb jedoch vor ihrem Ehemann. Einen wirklichen Ordenseintritt vollzog Maria Amalia nie, nutzte das Münchner Kloster jedoch regelmäßig als Rückzugsort, wie in der Chronik liebevoll geschildert.

Fürstliche Herrschaften in der Klausur

Wir haben oft die Gnade, die Churfürstin Therese Kunigunde[14] XI
bei uns zu sehen, und die Kurprinzessin Maria Amalie, Gemahlin Karl Albrechts[15] und Tochter der Kaiserin Amalie und des Kaisers Joseph I. von Österreich, überhäuft uns mit Beweisen ihres Wohlwollens. Alle großen Feste feiert sie mit uns, wohnt unserm Gottesdienste bei, speist zu Mittag und Abend mit uns im Refektor und unterhält sich mit Allen; außerdem erscheint sie zuweilen unerwartet, da sie uns zu überraschen liebt und jede Art von Vorbereitungen verhindern will. — Der
Churfürst[16] besucht jährlich am Charfreitag unser hl. Grab, X
und nachdem er seiner Andacht Genüge geleistet, kommt er an's Chorgitter, verlangt die Gemeinde zu sehen und erkundigt sich auf die liebenswürdigste Weise nach dem Zustande unseres Hauses, indem er uns versichert, er werde demselben stets das lebhafteste Interesse bewahren, als einer Gründung seiner seligen Mutter.

[1723 wird dem Münchner Kloster in Ermangelung geeigneter Amtsschwestern durch intensive Vermittlung der Kurfürstin Therese Kunigunde die Schwester Marie Aimée Sonnaz von Annecy als neue Oberin gesandt. Die Kurfürstin nimmt großen Anteil an der Reise der französischen Schwester aus dem Mutterkloster des Ordens.]
Als nun endlich die Münchner-Schwestern die Abreise der Mutter Sonnaz und deren Begleiterin von Annecy erfahren, benachrichtigten sie sogleich die Churfürstl. Hoheiten davon, die sie an der Grenze von Bayern durch ihren Abgeordneten zu empfangen wünschten. Baron Thuring war zu diesem Amte ersehen worden. In Augsburg mußten sie Halt machen und im Schlosse des genannten Herrn zu Friedberg, nahe bei der Stadt absteigen, bis auf weitere Verordnungen des Churfürsten. Die Schwestern von München erhielten von Zeit zu Zeit Nachricht über die lieben Reisenden und zugleich Briefe von der Mutter Sonnaz, die sie wiederholt bat, ja keine Feierlichkeiten zu veranstalten, sondern sie in aller Einfalt zu empfangen; so mußten sie wohl gehorchen. — Die Churfürstin aber verordnete, daß sie von einer Dame in einem Hofwagen abgeholt und nach

14 Kurfürstin Therese Kunigunde von Polen (1676–1730), Tochter des polnischen Königs Johann III. Sobieski; seit 1695 verheiratet mit Kurfürst Maximilian II. Emanuel von Bayern.

15 Kurprinz Karl Albrecht von Bayern (1697–1745), Sohn des Kurfürsten Maximilian II. Emanuel und der Therese Kunigunde, war seit 1722 verheiratet mit Erzherzogin Maria Amalia (1701–1756), jüngste Tochter des Kaisers Joseph I. Karl Albrecht wurde nach dem Tode seines Vaters 1726 Kurfürst von Bayern und später kurzzeitig (1742–1745) als Karl VII. zum Kaiser gewählt.

16 Gemeint ist Kurfürst Maximilian II. Emanuel (1662–1726), Sohn des Kurfürsten Ferdinand Maria und der Klostergründerin Henriette Adelaide.

Freising zum Bischof geführt würden. Der geistliche Vater unseres Klosters erwartete sie dort und stellte sie dem Bischofe vor, der Beide mit väterlichem Wohlwollen begrüßte. Den folgenden Tag setzten sie ihren Weg nach München fort. Eine Stunde vor der Stadt wurden sie am Schlosse eines der ersten churfürstl. Minister aufgehalten, woselbst Ihre Excellenz die Gräfin Seefeld und Freifrau von Lerchenfeld sie von Seite der Churfürstin empfingen und in deren Namen einluden, einige churfürstl. Lustschlösser, die auf dem Weg lagen, zu besuchen. Aber diese wahren Nachahmerinnen der Abtödtung und Demuth unseres hl. Stifters, ließen in tiefster Ehrfurcht die Churfürstin bitten, sie möge ihnen gestatten, sich nicht in ihren herrlichen Gemächern zu zeigen, und erlauben, sich so bald als möglich den Augen der Welt zu entziehen.

Die Churfürstin verordnete, die Ordensfrau sollte zunächst bei den Clarissinnen[17] absteigen, wo sie selbst sie erwartete mit ihrer Tochter der Prinzessin Marianna Caroline[18], die dort Klosterfrau war und zur Auferbauung Aller den seraphischen Regeln des hl. Franziskus mit der größten Treue nachlebte. — Beide Fürstinnen ehrten die Mutter Sonnaz und deren Begleiterin durch die ausgezeichnetsten Beweise ihrer Güte und Huld, sie speisten mit ihnen zu Mittag, worauf die Churfürstin sie in ihrem eigenen Wagen gegen vier Uhr Nachmittags in unser Kloster führte.

Die Freude der Gemeinde, die endlich das langersehnte Gut besitzen sollte, war unbeschreiblich; die Churfürstin begleitete sie in den Chor und wollte Zeuge der Bestätigung ihrer neuen Oberin sein, welche Ceremonie der geistliche Vater alsogleich vornahm. Auch den übrigen Tag blieb die hohe Frau im Kloster, um das Glück der Schwestern zu theilen. Des andern Tages kehrte sie wieder, dem Hochamt beizuwohnen, das zur Danksagung gelesen ward und mit dem Te Deum schloß, welche Feier durch die Musik der Hofkapelle erhöht wurde. Die Churfürstin verweilte auch diesen Tag im Kloster und überhäufte die neue Oberin und deren Gefährtin mit Zeichen ihres Wohlwollens – was die Mutter Sonnaz bald benützte, der Churfürstin eine demüthige Vorstellung zu machen, daß die Menge ihrer Begleiterinnen, wenn sie die Schwestern besuche, diesen Ursache zur Zerstreuung geben könne. Die Churfürstin, darüber sehr erbaut, beschränkte fortan die Zahl ihrer Begleiterinnen auf zwei bis drei Damen, und da auch drei bis

17 Das Münchner Klarissenkloster St. Jakob am Anger (gegründet 1284, aufgelöst 1803).

18 Prinzessin Maria Anna Karoline von Bayern (1696–1750), die einzige Tochter des Kurfürsten Max Emanuel, entschloss sich aus tiefer persönlicher Frömmigkeit zum Klosterleben und trat 1719 unter dem Ordensnamen Sr. Emanuela Theresia a Corde Jesu in das Kloster St. Jakob am Anger ein. Trotz Klausur hielt sie weiterhin enge Kontakte zum Münchner Hofleben, sodass über ihr Leben und die franziskanische Frömmigkeit im Angerkloster aus dieser Zeit viele Nachrichten überliefert sind.

vier Schwestern bestimmt wurden, ihr Gesellschaft zu leisten, konnte der übrige, größere Theil der Gemeinde so ungestört und genau allen geistlichen Übungen folgen, als ob Niemand im Kloster wäre. Nur begaben sich immer Alle zur Pforte die Hoheit zu empfangen, worauf sie sich aber fortan alsogleich in ihre Zellen zurückzogen. [...]

Die Churfürstin Maria Amalie fuhr auch fort unsere Gemeinde mit Huld zu überhäufen. Nicht zufrieden, sie öfter zu besuchen, wobei sie nur von zwei Prinzessinnen[19] und einigen Damen begleitet war, bat sie sich auch zuweilen das Vergnügen aus, mit den Schwestern speisen zu dürfen, wozu sie manchmal die Gerichte von Hof senden ließ, andere male aber sich mit der Klosterkost begnügte. Sie ließ sich dabei auch von den Schwestern bedienen, um diese nicht durch ihre Leute zu belästigen, und wenn sie dann auch den Rekreationen beiwohnte, wollte sie keinen anderen Sitz als unsere hölzernen Bänkchen.

Die Clausur so treu als möglich zu beobachten, hatte auch die Mutter Amon[20] vom Bischof vermittels der Väter Jesuiten die bestimmte Anweisung erhalten, daß nicht mehr als acht bis zehn Personen die Prinzen und Prinzessinnen beim Eintritt in's Kloster begleiten dürften, denn ohne diese Vorsicht, wäre die Menge der Kommenden so groß gewesen, daß die Schwester Pförtnerin ihre Thüre nicht mehr hätte bemeistern können und vielerlei Zerstreuung in's Kloster gekommen wäre. [...]

Nach der Abreise der Mutter Ossinger[21] erwählte die verwaiste Gemeinde am 26. Mai 1746 die ehrwürdige Schwester Angelika Maximiliana von Pelkhoven zu ihrer Mutter und Oberin. Sie allein, deren weise und liebevolle Führung die Schwestern schon während drei Triennalen erfahren, konnte sie für das zum Besten Roveredos gebrachte, schwere Opfer entschädigen. Die kurfürstliche Familie lobte diese Wahl, und der Kurfürst Maximilian III. Joseph[22] beehrte selbst die Gemeinde in diesem Jahre mit einem Besuche und sprach sich sehr befriedigt über das geräumige, luftige, schöne Kloster aus. Seine drei Schwestern, die kaiserlichen Prinzessinnen Antonia Maria, Maria Anna und Maria Josepha[23] kamen öfter in das Kloster.

19 Ihre Töchter, Maria Antonia (1724–1780, heiratete 1747 Kurfürst Friedrich Christian von Sachsen) und Theresia Benedicte (1725–1743, verstarb bereits mit 17 Jahren).

20 Sr. Viktoria Munditia Amon, Oberin des Münchner Heimsuchungsklosters von 1735 bis 1738.

21 Sr. Anna Felicia Ossinger von Haybach, Oberin des Münchner Klosters von 1741 bis 1746, wurde im selben Jahr nach Rovereto (Italien) versetzt, um dort ein neues Salesianerinnenkloster zu gründen.

22 Maximilian III. Josef (1727–1777), Sohn und Nachfolger von Karl Albrecht, Kurfürst von Bayern.

23 D.h. die oben genannte Maria Antonia; Maria Anna (1734–1776), heiratete 1755 den Markgrafen von Baden; Maria Josepha (1739–1767), seit 1765 verheiratet mit Kaiser Joseph II.

Kap. 8.
Ps. 132.
Ecce quam
jucundum habi
fratres in
unum.
Stiftung
des
Klosters der Heimsuchung
Mariä zu Roveredo. Anno 1746.
Leben der Stifterinen:
Frau
Theodora
v. Pizzini-
Fuhrlohn
† 1752.
Mutter
M. Felice
Ossinger
v. Laibach
† 1750.
IHS

Sie standen alle drei unter der Leitung der Jesuiten. Prinzessin Antonia Maria erwählte unser Kloster zweimal zur Abhaltung ihrer geistlichen Exercitien. Sie kleidete sich dann als Novizin und war von Morgen bis Abend bei allen geistlichen Übungen der Gemeinde gegenwärtig. Es war auch ihr Vorhaben, Klosterfrau zu werden. Doch mußte sie sich am 20. Juni 1747 mit dem nachmaligen Kurfürsten von Sachsen, Friedrich Christian Leopold, vermählen. Auch von ihrer neuen Heimat aus gab sie unsern Schwestern bei jeder Gelegenheit Beweise ihrer Verehrung und Anhänglichkeit.

Die Kaiserin Witwe Amalie (Karl Albert war 1742 deutscher Kaiser geworden und 1745 gestorben) besuchte nun die Schwestern noch häufiger als sie es zu Lebzeiten ihres Gemahles vermocht. Sie speiste dann immer mit der Gemeinde im Refektor, wo sie zwischen der Oberin und Assistentin sitzen wollte und arbeitete in der Rekreation mit den Schwestern, was immer man ihr zu thun gab. „Ihre Majestät", heißt es in einem Circularbriefe, „hat öfters erklärt, niemals zufriedener zu sein als in unserer Mitte. Sie ist voll Hochschätzung für unseren heiligen Orden und verwendet sich mit regem Eifer beim heiligen Stuhle für die Seligsprechung unserer Mutter und Stifterin Johanna Franziska von Chantal. Vielleicht werden wir eines Tages das Glück haben, diesen Schatz ganz in unserer Gemeinde zu besitzen, wie vormals unsere Schwestern in Wien die Kaiserin Amalie, deren Mutter.[24] Auch unserer Vesper zumal an hohen Festen wohnt unsere erlauchte Kaiserin gerne im Chor bei, zuweilen in Demut und Andacht auf dem flachen Boden knieend. „Ich bin heute beigesellte Schwester," sagt sie bei solcher Gelegenheit mit liebenswürdigem Lächeln. [...]

Im Mai 1752 wurde die Mutter Angelika Maximiliana von Pelkhoven zum fünften Male Oberin der Gemeinde. „Am 20. Juli desselben Jahres", schreiben unsere Schwestern, „hatten wir die Freude, unsere lieben Schwestern Catharina Augustin v. Craon und Anna Magdalena Chalmette auf ihrer Reise nach Wien[25] bei uns zu begrüßen. Die Kaiserin hatte befohlen, ihr die Ankunft der Schwestern gleich zu melden. Sie kam des andern Tags um vier Uhr allein, um sich, wie sie sagte, mit der Schwester Catharina Augustin nach Herzenslust zu besprechen. Dies geschah im Oberinzimmer.

24 Amalie Wilhelmine von Braunschweig-Lüneburg (1673–1742), Ehefrau des Kaisers Joseph I. und Mutter der Kurfürstin (und späteren Kaiserin) Maria Amalia, betrieb ab 1717 die Gründung eines Salesianerinnenklosters in Wien. Früh verwitwet, zog sie sich nach der Verheiratung ihrer Töchter 1722 dauerhaft in dieses Kloster zurück und lebte dort bis zu ihrem Tod.

25 Die beiden französischen Schwestern aus dem Salesianerinnenkloster von Paris waren zur Verstärkung des Wiener Konventes entsandt worden.

Am folgenden Tag um ein Uhr Nachmittags kamen der Kurfürst und die Kurfürstin[26], der Herzog und die Herzogin Klemens[27] und die kurfürstliche Obersthofmeisterin mit großem Gefolge von Herren und Damen. Es waren vierzig Personen; wir hatten noch nie so viele in unser Kloster eintreten sehen. Der Besuch dauerte aber nicht viel länger als eine halbe Stunde. Am Abend desselben Tages um halb sechs Uhr kamen die kaiserlichen Prinzessinnen mit ihrer Obersthofmeisterin und nahmen die ihnen angebotenen Erfrischungen bei uns ein. — Am nächsten Tage – einem Sonntage – wollte Ihre Majestät mit uns im Refektor speisen. An ihrem Tische mußte unsere Würdige Mutter und Schwester Assistentin, ihre beiden Ehrendamen und unsere Pariser Schwestern Platz nehmen. Die Kaiserin stellte ihnen viele Fragen über die Observanz in ihrem Kloster, um zu sehen, ob unsere Ordenshäuser sich gleichförmig wären. Am 24. Juli verließen uns die lieben Schwestern, um ihrer heiligen Mission im Auslande nachzukommen.“ [...]

„Wir kämen an kein Ende,“ sagen die Schwestern, „wollten wir alle Beweise höchster Huld, die uns geworden, aufzählen.“ Über alles aber schätzten sie die Liebe der Kaiserin für ihr Haus. Am 21. August 1756, dem Feste unserer heiligen Mutter, speiste die Kaiserin zum letzten Male mit ihren lieben Töchtern der Heimsuchung; am 11. Dezember desselben Jahres berief Gott ihre edle Seele zu sich. Ihr Leib ruht in der Gruft zu St. Kajetan, ihr Herz in der Kapelle zu Altötting. Bayern verlor an ihr eine mächtige Stütze, für unser Haus war ihr Tod ein unersetzlicher Verlust. Fünf Monate vor ihrem Verschei-
XII den hatte sie ihrer Gemeinde ihr Porträt geschickt, das im Gemeindezimmer zu bleibender dankbarer Erinnerung aufgehängt wurde.

26 D.h. Max III. Joseph, seit 1745 Kurfürst, und seine Ehefrau Maria Anna von Sachsen (1728–1797).

27 Klemens Franz de Paula von Bayern (1722–1770), ein Enkel des Kurfürsten Maximilian II. Emanuel, und seine Ehefrau Maria Anna von Pfalz-Sulzbach (1722–1790). Da die Ehe seines Cousins Max III. Joseph kinderlos blieb, war Herzog Klemens bis zu seinem Tod der Nächste in der Thronfolge und spielte somit eine wichtige Rolle am Münchner Hof.

Abbildungen — Drittes Kapitel

I Das im Münchner Heimsuchungskloster besonders verehrte Herz Jesu in einer Darstellung aus dem 18. Jahrhundert

II Monstranz mit Besatz aus Frauenschmuck aus dem Münchner Heimsuchungskloster, um 1700

III Rote Kasel aus der Mitgift einer Novizin, um 1730

IV Maria Immaculata des Malers Josef Ruffini, um 1740

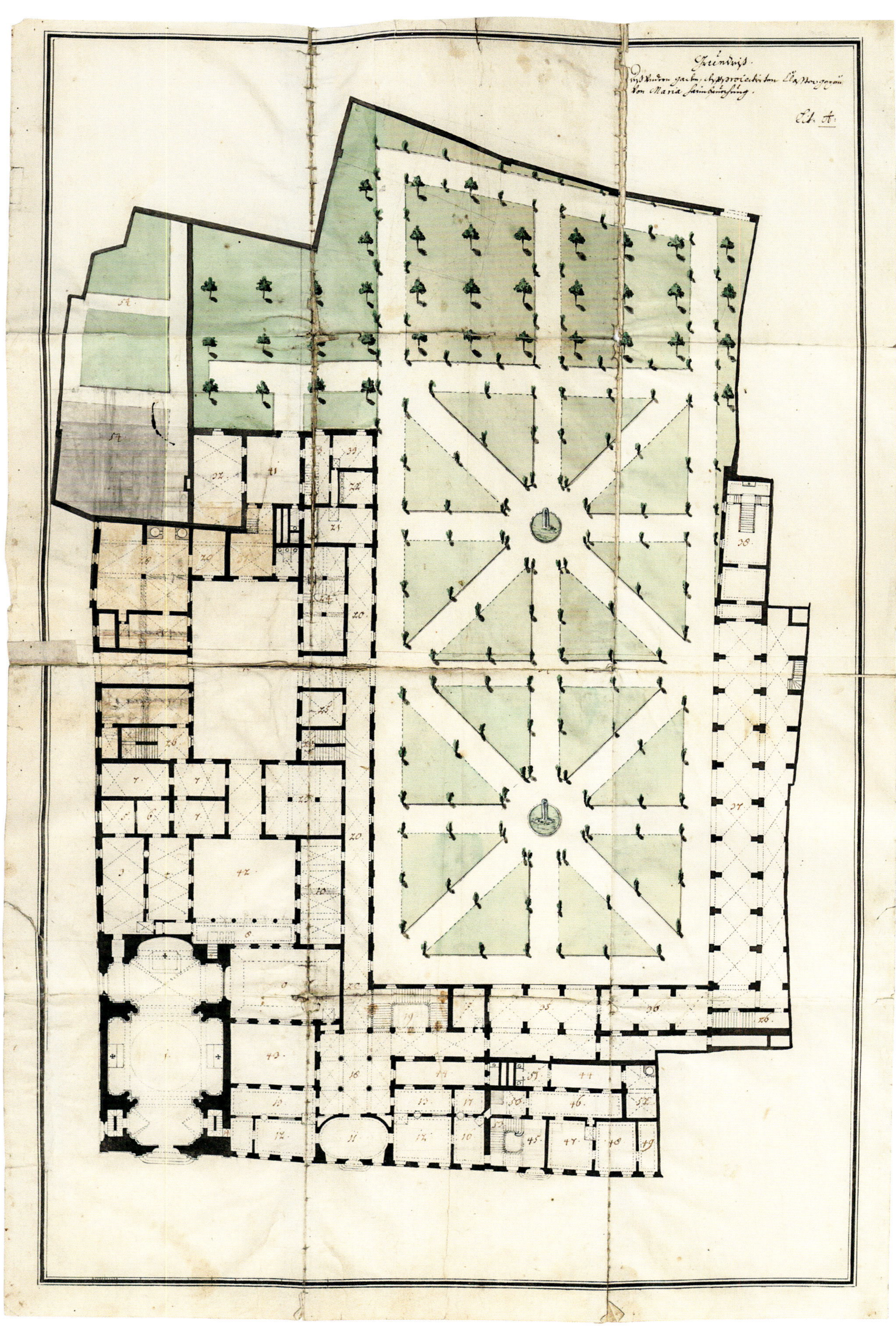

V Plan des neuen Salesianerinnenklosters in München, um 1733

VI Johann Theodor von Bayern (1703–1763), Fürstbischof von Freising

So versichern wir uns, sie werden nach unserer gnädigsten Intention die Kinder des weiblichen Geschlechtes ihrem besten Vermögen und Verstand nach fleissig lehren, zu der Gottesfurcht anweisen und ziehen und es an nichts fehlen lassen, was hiezu gedeihlich sein kann.

Zu Urkund und Bekräftigung alles dessen haben wir diese ewige Dotation und Fundation eigenhändig unterschrieben und mit Unserm Siegel versehen lassen."

So geschehen in Unserer Haupt- und Residenzstadt München, den 16. Monatstag Mai im Jahre 1671.

Ferdinand Maria,	Henrietta Adelaida,
Kurfürst.	Kurfürstin.
L. S.	L. S.

Am 30. Juli 1672 schreibt die Kurfürstin einen Brief an den damaligen Bischof von Freising, Albrecht Sigismund IV. und jüngsten Sohn von Herzog Albrecht VI., des späteren Landgrafen von Leuchtenberg, worin sie sich für die Klosterfrauen verwendet, daß die üblichen Visitationen, was den Kostenpunkt betrifft, nicht auf der Klosterfrauen Rechnung gesetzt würden. Kurfürst Ferdinand starb im Jahre 1679 in Schleißheim, während er den heiligen Rosenkranz betete; die Kurfürstin Adelheid war ihm bereits

drei Jahre früher in die Ewigkeit vorangegangen.

II.

Fortgang und Wirksamkeit desselben; Sinken des Ordensgeistes und Erhebung desselben.

Über hundert Jahre (: von 1671–1784:) hat das Kloster in München bestanden. Über sein Aufblühen, seinen Fortgang, seine Wirksamkeit x.x. berichtet uns die Stiftungsgeschichte dieses Klosters. (: Manuscript. :)

Nur weniger Momente soll hier erwähnt werden. Die Gemeinde war anfangs bestrebt, eine genaue Observanz einzuführen und zu beobachten. Die Wirksamkeit der Schwestern im Pensionnate war sehr gesegnet, und sie genossen grosses Vertrauen; auch zahlreiche Postulantinnen aus guten Häusern fanden Aufnahme und bewiesen guten Beruf. Leider ließ sich die Gemeinde – wenigst der größere Teil derselben – von ungeordneter Liebe und Anhänglichkeit an eine ihrer Oberinnen, der Mère Maria Angela Ricardina, zu einer

Fondation de notre monastère de Mounich. P. 18.

ITE AD

VII Der Neubau des Münchener Salesianerinnenklosters unter dem Schutz der heiligen Familie, um 1745

VIII Damenstiftskirche St. Anna, die ehemalige Klosterkirche der Salesianerinnen vor der Zerstörung 1944

IX Das verlorene Kuppelfresko der Salesianerinnenkirche von Cosmas Damian Asam

X Kurfürst Maximilian II. Emanuel (1662–1726)

XI Kurfürstin Therese Kunigunde von Bayern (1676–1730)

XII Kurfürstin und Kaiserin Maria Amalia von Österreich als Witwe, 1755/56

I

Das Herz Jesu auf einem Thron
18. Jahrhundert
Öl auf Leinwand, 128,5 × 96,5 cm
Kloster der Salesianerinnen, Zangberg

Diese Darstellung spiegelt vielleicht ein tatsächlich vorhandenes großes Silberrelief des Herzens Jesu wieder, welches die Gräfin Fugger (gest. 1728) in die Münchner Kirche gestiftet hatte. („Besagte silberne Tafel war von beträchtlicher Größe und stellte das göttliche Herz auf einem Throne von Engeln umgeben dar und den lieben Heiland, der uns. sel. Schwester dessen Gnadenschätze erschloß.“) Wie die übrige reiche Silberausstattung der Klosterkirche – Leuchter, Lampen, Bilderrahmen, Heiligenbüsten und weiterer Schmuck – ging das Reliefbild in der Säkularisation zugrunde.

II

Monstranz
Caspar Riß von Rissenfels, Augsburg um 1700
Silber, teilvergoldet, Glas- und Edelsteine, H. 66 cm
Kloster der Salesianerinnen, Dietramszell

Die kostbare Monstranz ist mit Edelsteinen geschmückt, die aus umgearbeiteten Schmuckstücken des frühen 18. Jahrhunderts stammen. Möglicherweise handelt es sich um die in den Zangberger Annalen genannte Stiftung des kurfürstlichen Schatzmeisters Johann von Lorek, dessen Tochter im Heimsuchungskloster erzogen wurde. Aber auch Novizinnen brachten ihren Brautschmuck ins Kloster, der dann zur Zierde von Altargerät verwendet wurde, so die reiche Erbin Theresia Benedikta Temper 1753. Diese Umarbeitung von Frauenschmuck lässt sich an Monstranzen aus Frauenklöstern oft beobachten.

III

Rote Kasel
München, um 1730
Seidensamt, bestickt
Kloster der Salesianerinnen, Zangberg

Diese prachtvolle Kasel ist Teil eines umfangreichen Ornates, der als Aussteuer der Schwester M. Augustine Schäbl in das Münchner Heimsuchungskloster kam. Maria Augustines Eintritt 1734 war die erste Einkleidungsfeier einer Novizin im neu erbauten Münchner Salesianerinnenkloster. Der gesamte Ornat, bestehend aus einem Pluviale, drei Kaseln, zwei Dalmatiken, drei textilen Antependien und weiteren Teilen, wurde im Wert auf über 1000 Taler geschätzt. Er ist teilweise noch im Kloster Zangberg erhalten.

IV

Maria Immaculata
Joseph Ruffini, München, um 1740
Öl auf Leinwand, 248 × 129 cm
Kloster der Salesianerinnen, Zangberg

Das Gemälde mit Darstellung der Maria als Unbefleckte Empfängnis gehört zu den zahlreichen Geschenken, die die Familie Ruffini im 18. Jahrhundert den Salesianerinnen vermachte. Auch eine Ruffini-Tochter, Josepha Aloysia, trat 1735 in das Kloster ein. Dieses Gemälde, bei dem das zarte Inkarnat Mariens bewusst in Kontrast gesetzt ist zu der Schwere ihres Mantels und dem flächig aufgelegten Golddekor, wurde vermutlich von Joseph Ruffini selbst gemalt.

V

Grundriß deß Andren garten, deßß proiectirten Clostergepäu von Mariä haimbsuchung
Plan des neuen Klosters, um 1733
Tuschezeichnung auf Papier
Kloster der Salesianerinnen, Zangberg

Der Plan des neuen Klosters und der Kirche von Hofbaumeister Johann Baptist Gunetzrhainer macht die Größe und den Anspruch des Neubauprojektes deutlich und gibt eine Vorstellung von dem verlorenen Klosterbau. Der große Garten mit den beiden Springbrunnen war östlich von einer offenen Wandelhalle begrenzt. An das ovale Vestibül schlossen sich mehrere Sprechzimmer mit jeweils eingezeichneter Winde zum Durchreichen von Gegenständen an. An den Altarraum der Kirche stieß östlich der große Schwesternchor.

VI

Fürstbischof Johann Theodor von Bayern (1703–1763)
2. Hälfte des 18. Jahrhunderts
Öl auf Leinwand, 96 × 84 cm
Diözesanmuseum Freising, Inv.-Nr. P 1037

Johann Theodor, der jüngste lebende Sohn des Kurfürsten Max Emanuel, erhielt in seiner geistlichen Laufbahn die Bistümer Regensburg (1719), Freising (1727) und später auch Lüttich. Trotz seines mehr fürstlichen als geistlichen Lebenswandels nahm er seine Aufgabe als geistlicher Vater des Münchner Heimsuchungsklosters durchaus ernst und kümmerte sich selbst um die Belange der Schwestern, anstatt dieses Amt zu delegieren. Auch an den wichtigen Ereignissen im Leben der Gemeinschaft im 18. Jahrhundert nahm er regen Anteil; so nahm er selbst die Weihe der neuen Klosterkirche am 9. Oktober 1735 vor.

VII

Neubau des Münchner Klosters unter dem Schutz der heiligen Familie
München, Mitte des 18. Jahrhunderts
Öl auf Leinwand, 100 × 73 cm
Kloster der Salesianerinnen, Dietramszell

Das Gemälde zeigt das neu erbaute Münchner Salesianerinnenkloster mit der Klosterkirche St. Anna und dem weitläufigen Klostergarten. Vermutlich entstand es zur Zeit des Österreichischen Erbfolgekrieges, als München zwischen 1742 und 1745 zum Kriegsschauplatz wurde und kaiserliche Truppen das Land verheerten. Als Votivbild wird das Kloster im Bild dem Schutz der hl. Familie unterstellt.

VIII

Die ehemalige Klosterkirche der Salesianerinnen (Damenstiftskirche St. Anna), um 1900

Blick in die ehemalige Salesianerinnenkirche von der südwestlichen Empore. Auf der Fotografie, die den Zustand vor der Zerstörung 1944 zeigt, ist der Altarraum mit dem Hochaltar zu sehen. Der prächtige Altaraufbau aus Stuckmarmor von Egid Quirin Asam mit gedrehten Säulen war flankiert von bewegten Figuren: Johannes der Täufer (links, vor einem malerischen stuckierten Palmbaum) und Josef (rechts).
[Foto: Bayerisches Landesamt für Denkmalpflege (Franz-Paul Burgholzer)]

IX

Kuppelfresko der ehemaligen Klosterkirche, 1908

Auf dem 1944 zerstörten Fresko von Cosmas Damian Asam mit dem Zug der Jungfrauen zum Lamm Gottes ist rechts unten eine Gruppe von Heimsuchungsschwestern dargestellt, denen Engel den Plan der neuen Klosterkirche vorweisen. Das Fresko, das sich sicherlich durch eine reiche barocke Buntfarbigkeit auszeichnete, wurde nach 1944 nach fotografischen Vorlagen monochrom rekonstruiert.
[Foto: Bayerisches Landesamt für Denkmalpflege (A. Koestler)]

X

Kurfürst Maximilian II. Emanuel (1662–1726)
Joseph Vivien, München um 1715
Öl auf Leinwand, 236 × 176 cm
München, Bayer. Staatsgemäldesammlungen
[Foto: Blauel Gnamm – artothek]

XI

Kurfürstin Therese Kunigunde von Bayern (1676–1730)
Michael Hartwagner, 18. Jahrhundert
Öl auf Leinwand, 210,7 × 130,5 cm
München, Bayer. Staatsgemäldesammlungen
[Foto: bpk]

XII

Kurfürstin und Kaiserin Maria Amalia von Österreich (1701–1756)
München, 1755/56
Öl auf Leinwand, 97 × 81 cm
Kloster der Salesianerinnen, Dietramszell

Die Kurfürstin Maria Amalia, eine österreichische Prinzessin, führte seit der Kaiserkrönung ihres Gemahls, des bayerischen Kurfürsten Karl Albrecht, ab 1742 auch den Titel einer Kaiserin, unter der sie in der Chronik der Salesianerinnen stets bezeichnet wird. Sie war dem Münchner Heimsuchungskloster eng verbunden, besuchte die Schwestern häufig und verbrachte ganze Tage bei ihnen fernab vom Hofzeremoniell. Das Gemälde, das sie kurz vor ihrem Tod dem Münchner Kloster schenkte, zeigt sie in schwarzer Witwenkleidung mit der römischdeutschen Kaiserkrone als Zeichen ihres Standes.

Viertes Kapitel

Selig- und Heiligsprechung der heiligen Stifterin – 1751 und 1767

Die Ordensstifterin Johanna Franziska Frémyot von Chantal war bereits zu Lebzeiten, und mehr noch nach ihrem Tod 1641, innerhalb des Ordens der Heimsuchung eine zentrale Figur. Auch außerhalb der Klostermauern war sie durch die Erziehungsarbeit ihres Ordens in Adelskreisen bekannt, wurde ihre Philosophie und Lebenshaltung bewundert.

Papst Alexander VII. hatte Johannas spirituellen Mentor Franz von Sales im Jahre 1661 selig- und schon wenige Jahre später, am 19. April 1665 heiliggesprochen. So verwundert es nicht, dass die Schwestern der Heimsuchung länderübergreifend auch die Seligsprechung ihrer Stifterin forderten, mit tatkräftiger Unterstützung einflussreicher weltlicher Gönner.

Doch erst 1715 wurde das einleitende Prüfungsverfahren begonnen, wobei als *Promotor fidei* ein gewisser Prosper Lambertini fungierte – der spätere Papst Benedikt XIV. (reg. 1740–1758). Vier Jahre später attestierte die Kommission der Johanna Franziska von Chantal einen heroischen Tugendgrad, neben dem Märtyrertum eine der Grundvoraussetzungen für die Seligsprechung. Trotzdem schien man in Rom weiterhin wenig Eile zu haben, bis Lambertini zum Papst gewählt wurde. Er hatte noch als Kardinal in einem grundlegenden Werk über die Selig- und Heiligsprechung *(De Servorum Dei Beatificatione Et Beatorum Canonizatione)* die himmlischen Verdienste der Ordensstifter mit seltener Deutlichkeit hervorgehoben und stellte sie Gründerbischöfen und Glaubensboten gleich, denen höchstes Lob und Ehre zukomme. Zusätzlich sah sich Johanna Franziskas geistlicher Ruf durch zwei französischsprachige Hagiographien gefördert: Bereits 1645 erschien die Erstausgabe von *La Vie de la venerable Jeanne Françoise Fremiot de Chantal* des Henri Chauchon de Maupas du Tour, mehrfach neu aufgelegt und 1731 ins Deutsche übersetzt. 1717 veröffentlichte Abt Jacques Marsollier seine nicht minder populäre *Vie de la Mère de Chantal.*

Gerade in Bayern fanden die Salesianerinnen in der Kaiserinwitwe Maria Amalia eine einflussreiche Fürsprecherin. Über sie schreibt die Chronik: „Sie ist voll Hochschätzung für unseren heiligen Orden und verwendet sich mit regem Eifer beim heiligen Stuhle für die Seligsprechung unserer Mutter und Stifterin Johanna Franziska von Chantal". In der 1735 neu gebauten Klosterkirche St. Anna zu München hatte man bereits den Platz für einen dritten Seitenaltar vorgesehen, der einst der heiliggesprochenen Stifterin geweiht werden sollte. Nach über einem Jahrhundert hatten die Salesianerinnen endlich Erfolg, Johanna Franziska von Chantal wurde am 13. November 1751 von Papst Benedikt XIV. seliggesprochen, womit einer Verehrung nichts mehr im Wege stand. Die dreitägige Feier zu Ehren der neuen Seligen wurde dann in den Klöstern des Ordens – auch in München – vom 29. April bis zum 2. Mai 1752 mit großem Aufwand begangen, wie in den Annalen geschildert. Im selben Jahr druckte der Augsburger Joseph Hueber für das Münchner Heimsuchungskloster die deutsche Übersetzung einer italienischen Lebensbeschreibung der neuen Seligen von Carlo Antonio Saccarelli, die dann vor Ort „zu Haben" war. Sie ist der Kaiserinwitwe Maria Amalia gewidmet und enthält eine innige Danksagung des Konvents an seine „allergnädigste Schutz-Frau" und „mächtigste Schirmherrin".

Jetzt drängte auch die Generalversammlung des französischen Klerus, unter der Führung des Kardinals Dominique de La Rochefoucauld, auf eine rasche Heiligsprechung. Bereits 1754 erlaubte Papst Benedikt XIV. den Beginn des Heiligsprechungsprozesses. Sein Nachfolger Clemens XIII. (reg. 1758–1769) stand vor allem durch Frankreich unter Druck, weil er als großer Freund und Förderer der Jesuiten den dort umstrittenen Orden noch 1765 mit einer Bulle feierlich in allen Rechten bestätigt hatte. Seit der Zeit des Sonnenkönigs Ludwig XIV. bildete die katholische Kirche Frankreichs eine tragende Säule der absolutistischen Herrschaft, wurde aber gleichzeitig von ihm und seinen Nachfolgern als nationale Staatskirche vereinnahmt: So gesehen konnte Clemens den Unwillen einer europäischen Großmacht lindern, indem er den Wunsch nach einer neuen französischen Heiligen erfüllte. Ähnliche Motive standen wohl auch hinter der Seligsprechung von Angela Merici im Jahr 1768. Die Ordensgründerin der Ursulinen war zwar von Geburt Italienerin, die große Mehrheit ihrer Klöster befand sich aber auf französischen Boden.

Am 16. Juli 1767 sprach Papst Clemens Johanna Franziska von Chantal heilig. Dieses lang ersehnte Ereignis, das ja auch eine Bestätigung ihrer Lehre und ihres Auftrages darstellte, wurde von den Salesianerinnen aller Länder mit großem Aufwand gefeiert.

Breve Beatificationis
Venerabilis Servae Dei
Joannae Franciscæ
Fremiot de Chantal,
Ord. Mon. a. V.S.M. nuncupatar. Fundatricis.
Clementis XIII.
Litteræ Decretales
super Canonisationem ejusdem
B. Joañæ Franciscæ Fremiot
Chantal.

Die Seligsprechung der Johanna Franziska von Chantal 1751

Das Jahr 1751 erfüllte endlich die Sehnsucht unseres heiligen Ordens – unsere ehrwürdige Stifterin Johanna Franziska von Chantal wurde von Papst Benedikt XIV. selig gesprochen. Ein ganzes Jahrhundert hatten die Schwestern der Heimsuchung um diese Gnade gefleht; aber, wenn auch von Jahr zu Jahr die Verehrung der Dienerin Gottes zunahm, die Wunder sich mehrten, die Mutter von Chantal als die hl. Theresia ihres
Jahrhunderts, als das starke Weib, die Ehre ihres Geschlech- I
tes und der Ruhm der Kirche gepriesen wurde, so hatten doch all unsere Gebete, selbst die Bitten unserer Schwester M. Alacoque im heute so berühmten Heiligtum von Paray le Monial es nicht vermocht, vor dieser Zeit die Schwierigkeiten zu ebnen, die sich ihrer Seligsprechung entgegenstellten. Durch irrige Deutung der Bulle Urban des VIII, daß in Sache der Heiligsprechung der Diener Gottes vor Ablauf von fünfzig Jahren nach ihrem Tode nichts unternommen werden dürfe, wurden erst im Jahre 1715 – 74 Jahre nach ihrem Tode in Annecy – unter den Oberinnen Péronne Rosalie Groifie und Françoise Madelaine de Charmette die ersten Untersuchungen über ihre Heiligkeit gepflogen, so daß der langen Verzögerung wegen die Auffindung von Augenzeugen unmöglich geworden war, was die Sache sehr erschwerte.

Am 19. Juli 1719 erklärte Papst Clemens XI. unsere Mutter Johanna Franziska als ehrwürdig und der Seligsprechungsprozeß nahm seinen Anfang. [...] Am 31. März 1743 unterzeichnete er als Papst das Dekret über ihre heroischen Tugenden, verlangte aber, daß wegen Ermanglung von Augenzeugen statt der bisherigen üblichen zwei Wunder vier beglaubigte Wunder aufgewiesen werden müßten, ehe man zur Seligsprechung schreiten könne. Noch acht Jahre verflossen mit Feststellung derselben, bis das Endurteil der Kirche durch Papst Benedikt XIV. am 21. August 1751, dem Tage seiner Thronbesteigung, dem Geburtsfeste des hl. Franz von Sales, erfolgte.

[Es folgt der vollständige Text des Dekretes.]

Das Dekret der Approbation der Wunder war gleichsam ein Vorspiel des Seligsprechungsbreve, das der Papst am 13. November 1751 erließ. [...]

Um den Wünschen dieses ruhmwürdigen Papstes zu entsprechen, der durch ein seltenes Zusammentreffen als Promotor fidei den Seligsprechungsprozeß unserer heiligen Stifterin begonnen und als Papst und unfehlbarer Richter ihn beendet hatte, glaubte man in Rom der Ceremonie der Seligsprechungsfeier einen außerordentlichen Glanz geben zu sollen.

Das Bild unserer seligen Mutter, das ihre Aufnahme in die ewige Glorie veranschaulichte, wurde demnach nicht, wie üblich, unter den päpstlichen Stuhl gestellt, sondern in das ovale Fenster, welches die große Tribüne der vatikanischen Basilika erhellt. Von Engeln, Seraphim, Wolken und einem Strahlenkranz umgeben, erschien es hier wirklich vom Glorienschein der Heiligen umflossen, wie ganz eingetaucht in das göttliche Lichtmeer. Damit es in noch hellerem Glanze hervortrete, wurden die Fenster zu beiden Seiten mit großen Gemälden bedeckt, deren das eine rechts den heiligen Franz von Sales zeigte, wie er seiner geliebten Tochter die Satzungen übergibt, durch deren Übung sie die höchste Vollkommenheit erreichte, das andere links den heiligen Vinzenz von Paul darstellte, wie er seinen Ordenssöhnen empfiehlt, die selige Mutter als Oberin zu betrachten und nichts zu thun, ohne sie zuvor beraten zu haben. Über dem großen Portal der St. Peterskirche erhob sich ein viertes Gemälde, auf dem das Wunder abgebildet war, das die Selige in Rom selbst gewirkt, indem auf ihre Anrufung hin ein junges Mädchen, Fräulein Klara von Rubeis, plötzlich von einer unheilbaren Schwindsucht genesen war. Am 21. November fand die Ceremonie in Anwesenheit der römischen Kirchenfürsten und Ordensgeneräle und Jakob III., Königs von England[1], in dessen Gefolge eine zahlreiche Aristokratie sich einfand, in üblicher Weise statt.

[Es folgt die ausführliche Beschreibung der Feierlichkeiten im römischen Salesianerinnenkloster.]

Die Feier der neuen Seligen im Mutterkloster Annecy

Mit freudigem Jubel hörten unsere Schwestern durch ein Circularschreiben, daß in Annecy die Überreste der seligen Mutter am 23. Januar 1752 aus ihrer bisherigen, unterirdischen Ruhestätte in der ihr gewidmeten Kapelle zur öffentlichen Verehrung ausgestellt waren. Ihr heiliger Leib wurde nun in einen vergoldeten Schrein aus Ebenholz verschlossen. Fünf Spiegelgläser gestatten den Anblick der heiligen Reliquien. Die selige Mutter ruht in Ordenstracht auf einem rotseidenen Bette, ihr Angesicht ist lebenstreu gemalt. Auf ihrer linken Seite wurde ein silbernes Herz mit Goldflammen befestigt (ein Geschenk für

1 James Francis Edward Stuart (1688–1766), Sohn des letzten katholischen Königs von England, Jakob II. Nach dessen erzwungener Abdankung („Glorious Revolution") 1688 waren katholische Nachkommen von der englischen Thronfolge ausgeschlossen worden. Von katholischer Seite wurde der Thronanspruch von James (der ab 1719 im Exil in Rom lebte) und seiner Linie jedoch anerkannt.

erhaltene Erhörung). Es zeigt den Namen Jesu und die Worte: Ardet et respicit unam.

Aus höchster Verehrung für unsere ehrwürdige Stifterin hatte die Königin von England[2] (Clementine Sobiesky), Gemahlin Jakob III., vor ihrem Tode reiche Kirchenornamente nach Annecy schicken lassen mit der Bitte, sie bei der Seligsprechungsfeier der Mutter Chantal zu benützen. Es waren ein Rauchmantel, ein Meßkleid, ein Antipendium von Goldarbeit, ein silberner Kelch mit erhabener Arbeit, Meßkännchen, Wasserbecken und Glöckchen aus Silber, ein in roten Sammet gebundenes, mit Silber beschlagenes Missale, ein Meßpult mit silbernem Fußgstell, ein Altartuch, eine Albe nebst Cingulum, Corporale, Purifikator, Amikt und Palla für den Celebranten. Dass Leinenzeug hatte die Königin selbst genäht und mit kostbaren Spitzen umsäumt. In den Silbergeräten war das Klosterwappen eingraviert.

Die Seligsprechungsfeier wurde in Annecy vom 29. April bis 2. Mai 1752 mit möglichster Pracht begangen. Bei Verkündigung des Dekretes feuerte die Artillerie ihre Geschütze ab, und läuteten alle Glocken der Stadt, was sich zum Schlusse der Feier wiederholte. Für Reparatur der Klosterkirche in Annecy trugen die Klöster der Heimsuchung je nach Vermögen bei; die Oberin Michelle Gabrielle erwähnt noch ganz besonders in dem oben angeführten Circularbriefe, datiert vom 14. Mai, daß die Klöster von Lyon, Nizza, Pignerol und unser Kloster von München einen Teil der Ausgaben ihres Triduums bestreiten wollten.

Wir haben noch manch andere Beweise, daß unsere Gemeinde mit Liebe und Eifer für die Seligsprechung unserer ehrwürdigen Mutter thätig gewesen, darunter Briefe des Paters Saccarelli an unsere Mutter Th. Marg. Barnaby. Wir erfahren daraus, daß eine Servitin in München durch unsere selige Mutter plötzlich von einer schweren Krankheit geheilt wurde. Der Pater bittet, die vom Arzte als Wunder erklärte Heilung, in gesetzlicher Weise berichtet, ihm zusenden zu wollen. Auch unser Kloster zu Amberg hatte großmütig für die Seligsprechung unserer ehrwürdigen Mutter gewirkt; unter anderm veranlaßte es eine seiner Prätendentinnen, vor ihrem Eintritt ins Kloster einen Teil ihres Vermögens darauf zu verwenden.

2 Maria Clementina Sobieska (1702–1735), verheiratet mit dem katholischen Thronprätendenten Englands, James Francis Edward Stuart.

Die Feier der Seligsprechung in München 1752

Als durch den päpstlichen Stuhl allen Klöstern der Heimsuchung erlaubt worden war, ein feierliches Triduum zu Ehren der Seligsprechung ihrer Stifterin zu halten, boten unsere Schwestern alles auf, ihre selige Mutter zu verherrlichen. Sie wünschten dadurch auch die Verehrung des Volkes, das in Krankheit und Widerwärtigkeiten schon jetzt vertrauensvoll an die Mutter Chantal sich wandte, noch mehr zu fördern und ihren Schutz auf unser Bayerland herabzurufen. Die Mutter Therese Marg. Barnaby hatte zu diesem Zwecke einen prachtvollen Goldstoff mit eingewirkten, färbig schattierten Blumen und ausgeschlagenen Gold und Silberverzierungen aus Lyon kommen lassen sammt schweren Silberborten und handbreiten Silberspitzen, aus welchen die Schwestern einen vollständig neuen Ornat mit drei Meßgewändern und Antipendium für die drei Altäre unserer Kirche machten. „Um deren Pracht zu erhöhen, ließen wir, so erzählen die Schwestern, die Kreuze, Kelchtücher, Manipeln und Stolen reich mit Silber sticken. Der untere Teil der Kirche war rundum mit Teppichgeweben bekleidet, Züge aus dem Leben der heiligen Anna darstellend; darüber waren in schöner Ordnung 14 Sinnbilder angebracht, je 8' hoch und 4' breit. Den obern Abschluß bildeten Weinranken mit Trauben, das arbeitsame Leben unserer seligen
V Mutter anzudeuten. Der Glanzpunkt des Hochaltares war die mit Diamanten und Perlen reich geschmückte Monstranz. Zu ihrer Aufnahme wurde ein Thron von zweimal vergoldetem Kupfer errichtet, dessen zwei große Säulen mit Silber reich verziert waren. Zu beiden Seiten dieses Tabernakels standen große silberne Reliquienschreine und über demselben ein ihm ähnlicher Thron, welcher uns sonst zur Aussetzung des Hochwürdigsten Sakramentes dient; heute aber war eine Darstellung der Auferstehung Christi darin angebracht. Über diesem
III zweiten Tabernakel sah man das mehr als 6' hohe Bild unserer seligen Stifterin, von einem Meister mit viel Verständnis und Zartsinn ausgeführt, in einem 1' breiten Rahmen aus getriebenem Silber, von zwölf silbernen Wandleuchtern und vier großen Engelsköpfen umgeben. Den obern Mittelpunkt bildete ein mit Diamanten und Smaragden geschmückter Kreuzpartikel in einem von zwei silbernen Engeln getragenen Glorienschein aus gut vergoldetem Kupfer. Im Presbyterium erstrahlten 100 Kerzen, meist auf silbernen Leuchtern, von jedem der Seitenaltäre 50. Die übrige Zierde bestand in goldenen und silbernen Vasen und Blumentöpfen in manigfaltigster Art. Vor jedem der Seitenaltäre hing eine große silberne Ampel.

Die Feier des Triduums wurde an demselben Tage wie in Annecy, den 29. April um 2 Uhr nachmittags mit Aussetzung des

Hochwürdigsten Gutes und musikalischer Vesper eröffnet. Um 5 Uhr war Abendsegen. An den drei folgenden Tagen wurde das Allerheiligste schon des morgens um 6 Uhr ausgesetzt und Hochamt, Versper und Abendsegen und zum Festabschluß das TeDeum unter Musikbegleitung, Paukenschall und Trompetenklang gesungen. Der Generalvikar der Diöcese, Excellenz Baron von Werdenstein, unser geistlicher Vater hielt am ersten Tage das Hochamt, die Lobrede Pater Meyer, Superior der Gesellschaft Jesu. Ihre Majestät, die Kaiserin Wittwe wohnte im Chor dem Gottesdienste an und empfing dabei die heilige Kommunion. Durch die Glut ihrer Andacht war sie sowohl unserer Gemeinde als dem zahlreich herbeigeströmten Volke Gegenstand höchster Erbauung. Ganz unerwartet kamen der Churfürst Max Joseph und die Churfürstin Maria Anna in herrlichem Aufzug in Galawägen mit einem großen Gefolge von Herren und Damen. Die Überraschung war um so größer, als der Gottesdienst schon dem Ende nahe war. Doch die kurfürstlichen Hoheiten hatten ohne unser Wissen, für ein zweites Hochamt selbst alle Vorkehrungen getroffen, wobei die kurfürstliche Hofkapelle alle Kräfte zur Verherrlichung unserer seligen Mutter aufbot. Am zweiten Tage hielt Baron Unertl, Dechant und Pfarrer zu Skt. Peter das feierliche Amt und ein Pater Eremit des heiligen Augustin die Lobrede; am dritten Tage celebrierte der Bruder unserer Würdigen Mutter, Domkapitular Klemens von Barnaby und ein Pater Kapuziner predigte in Gegenwart des Herzogs Klemens von Bayern und dessen Gemahlin Marianna Josepha von Pfalz-Sulzbach. [...]

Die Mutter Barnaby ließ das Leben der seligen Mutter Chan- II
tal von Saccarelli im Jahre 1752 im Selbstverlag in Augsburg drucken. Die Übersetzung übernahm der Dominikanerpater Seraphin Isselbecher, Dr. der Theologie. Das deutsche Werk ist durch verschiedene päpstliche Breve und Berichte über die Seligsprechungsfeier in Rom bereichert; auch sind ihm das Kirchengebet und die Lektionen für die zweite Nokturn auf das Fest der seligen Mutter Chantal beigedruckt worden. Die Mutter Barnaby verfaßte selbst die Widmung an die Kaiserin Maria Amalie von Bayern im Namen ihres ganzen Konventes. Sie äußert darin ihre Freude, einmal Gelegenheit zu finden, vor der ganzen Welt ihrer tiefsten Dankbarkeit gegen Ihre Majestät, der allergnädigsten Schutzfrau ihres Klosters und gleich ihrer großmächtigsten Frau Mutter, mildreichsten Beschirmerin ihres Ordens und seiner heiligen Regeln, Ausdruck geben zu können und vergleicht Ihre kaiserliche Majestät, „unsers Klosters Mutter auf Erden“, mit unserer seligen Mutter Chantal im Himmel, die Gott beide nach frühzeitiger, schmerzhafter Entziehung ihres Gemahles „ganz sein eigen und zum Spiegel aller Zeiten gesetzt hat.“

Feier und Predigten zur Heiligsprechung 1768

Über die Heiligsprechungsfeier unserer hl. Stifterin in unserm Kloster zu München wissen wir leider wenig. Im Lebensabriß der Sr. la Déposée[3] Josepha Aloysia von Ruffin, der dem Circularschreiben unserer Schwestern vom 15. März 1778 beigedruckt ist, lesen wir, daß dieselbe im Jahre der Kanonisation unserer heiligen Stifterin, Oberin der Gemeinde geworden, und ihre erste Sorge dahin gegangen sei, alles zu dieser Feier Nötige herbeizuschaffen. Dieselbe währte 8 Tage lang, vom 20. August 1768 bis zum 28. – dem Kirchweihfeste unserer Klosterkirche – incl. und wurde mit möglichster Pracht und Andacht begangen. „Der Eifer unserer Mutter für die Ehre Gottes und unserer hl. Stifterin“, sagt das Circularschreiben, „zeigte sich in vollem Glanze und fand allgemeine Anerkennung. Wie wohl ihre fromme Absicht erfüllt worden, haben Sie in dem unsern Ordenshäusern gesandten Bericht über unsere Festlichkeiten gelesen (Dieser Bericht ist nicht auf uns gekommen). Bei dieser herrlichen Feier gab sich die Frömmigkeit, Großmut und Wohlthätigkeit der edlen Familie der Freiherrn von Ruffin kund. Der Bruder unserer hochverehrten Mutter gab ihr auf ihre Bitte hin eine sehr ansehnliche Summe zur Bestreitung der nötigen Ausgaben. Sein Andenken wird in unserer Gemeinde als das unseres größten, freigebigsten Wohlthäters verewigt werden ...“ Außerdem sind die „elf Lob- und Ehrenreden“, welche bei der achttägigen Feier in unserer Klosterkirche gehalten wurden, auf uns gekommen. Sie wurden 1769 in Freising gedruckt. Aus der Widmung dieses Quartbandes an Kurfürst Max Joseph von Bayern erfahren wir vom „Jubel der kurfürstlichen Residenzstadt München“ bei dieser Gelegenheit und daß das Bild unserer heiligen Mutter auf dem Altare „mit reichem Geschmuck, Gold und Silber prangte.“ Am 20. August predigte Herr Geistlicher Rat Krimer, Dechant in Freising, über die Worte: „Die Stärke und die Zierde ist ihr Kleid“, die er durch die allvermögende und allüberwindende Liebe der Heiligen bewies. Am Nachmittag bestieg der Theatinerpater Don Sebastian Maria Wassenau die Kanzel. Sein Vorspruch: „Der Herr ist es, der die Geister abwiegt“, war aus den Sprichwörtern genommen, und er zeigte seinen Zuhörern, wie der Geist der heiligen Chantal alle menschliche Abwägungskraft überschritten, sowohl in ihrem weltlichen als in ihrem geistlichen Leben.

Den 22. August predigte Pater Ignatius Zimmerle S.J. und verglich unter Anführung der Worte: „Singet dem Herrn ein neues

3 Titel einer ehemaligen Oberin.

Lied“ – die heilige Mutter der Braut im hohen Lied. Im ersten Teil zeigte er sie als eine Lehrjüngerin in der Liebe, im zweiten als eine Braut durch die Liebe und im dritten als eine Lehrmeisterin in der Liebe.

Pater Augustin Wolfen stellte am 23. August die heilige Chantal den Anwesenden als die „von der Tugend mit dem Zeichen der Heiligkeit im Himmel gekrönte“ dar. (Eccl. 45,14.) Pater F. Ildephons a S. Anna, ein unbeschuhter Karmelit, hatte sich am 24. August als Predigt-Thema die Worte des hl. Paulus gewählt: „Ziehet aus den alten Menschen mit seinen Werken und leget den neuen an.“ Er führte aus, wie die heilige Chantal es verstanden, der Welt abzusterben, und Jesus zu leben. Die Predigt des Minoritenpaters F. Leo Strobel am 25. August trägt den Titel: Eine wunderseltsame Heilige auf neue Art. Er beweist aus ihrem Leben, wie die Worte im Buche Judith auch der heiligen Chantal gelten: „Es ist kein Frauenbild ihres Gleichen auf Erden.“ (Jud. II. 19.)

Der Kapuzinerpater Hubert Postbaviensi nahm seinen Vorspruch aus den Sprüchen Salomons und sprach am 26. August über den 23. Vers des 4. Kap.: „Halt über dein Herz alle Aufsicht, weil von selbem das Leben ausgeht,“ und entwickelte: Johanna Franziska hat ihr Herz nach den Grundsätzen heiliger Liebe vollkommen bewahrt gegen sich selbst mit Strenge, gegen den Nächsten mit Zärtlichkeit, gegen Gott mit Heldenmut.

Am 27. August führte Pater Koloman Kolb aus dem Orden der Minimen des hl. Franz v. Paula den Anwesenden das brennende Herz der hl. Chantal als das herrlichste Opfer der Liebe vor. „Das Gesetz Gottes war in ihrem Herzen.“ (Ps. 36,31.)

Am letzten Tage der Heiligsprechungsfeier, den 28. August, hielt Pater Ignazius Steur S.J. die vormittägige Predigt über die Worte des hohen Liedes: „Setze mich wie ein Siegel auf dein Herz“, und zeigte wie die heilige Chantal im Lieben und Leiden vollkommen nach dem Herzen Jesu sich gestaltet habe. Die Abendpredigt, gehalten von Pater F. Benedikt a S. Gotthardo, Ord.S.Hier. trägt die Überschrift: „Das von dem Himmel gekommene Heil“. Der Redner, auf das heute in der Klosterkirche St. Anna gefeierte Kirchweihfest hinweisend, erklärt die Worte: „Heil ist diesem Hause widerfahren.“ (Luc. 19,9.) Er nennt die heilige Chantal die Arche Gottes, welche durch ihr vollkommenes Leben die zwei Tafeln der Gebote Gottes in sich enthielt, und heute auf den Altar ist gesetzt worden. Er zeigt im ersten Teil, wie sie das Feuer ist, das vom Himmel gekommen, und im zweiten, wie durch ihre Erhebung auf den Altar die Majestät des Herrn den Tempel erfüllt, nämlich die Allmacht, Weisheit und Güte Gottes wie aus einer hellen Wolke hervorscheint. Den Beschluß seiner Rede, in dem der hochwürdige Pater den ganzen Inhalt derselben bezeichnet, bildet ein liebliches Chronostichon der Jahreszahl 1767: IohannasaLVshVICDoMVIfaCtaest.[4]

Diesen Ehrenreden sind die Kupferstiche der 14 Gemälde beigebunden, die zur Heiligsprechungsfeier gemacht worden und ohne Zweifel in unserer Kirche ihren Platz fanden. Diese Gemälde sind auf Holz in Wasserfarben gefertigt circa 8' hoch und 4' breit, heute noch zum Teil in Beuerberg, zum Teil in Dietramszell, und stellen in der obern Hälfte einen Zug aus dem Leben der heiligen Chantal dar, in der untern ein Symbol ihrer Tugenden. Spruchbänder und Reime erklären die Darstellung, die reich in Rokokostil verziert ist. Das Titelbild dieses „Ehrenkranzes", doppelt so groß als die übrigen, fügen wir
IV hier ein, um vom Ganzen einen Begriff zu geben.

Ein kurzer Lebensabriß unserer heiligen Mutter, aus dem Französischen übersetzt, sammt dem Dekret ihrer Heiligsprechung 1768 in München gedruckt, ist ohne Zweifel auch von unserm Kloster herausgegeben worden, ebenso die im selben Jahre erschienenen „Geistvollen Betrachtungen von der hl. Mutter Chantal, oder Eigenschaften einer gottliebenden Seele, allen frommen Seelen, besonders ihren Töchtern zur Nachahmung vorgestellt." Pater Joseph Pergmayr, der während elf langen Jahren Beichtvater unserer Gemeinde gewesen, hat sie verfaßt, und für neun Tage eingerichtet. Denselben wurden die Tagzeiten der Heiligen und eine aus dem Italienischen übersetzte Andachtsübung auf vier Sonn- oder Feiertage zu Ehren der heiligen Chantal beigefügt. Schon nach ihrer Seligsprechungsfeier 1753 wurde ein liebes Andachtsbüchl ihr zu Ehren in München herausgegeben.

Kostbare Reliquien der neuen Heiligen

Aus Annecy wurden unserm Kloster kostbare Reliquien der seligen Mutter gesandt a) vom Fleisch der hl. Chantal, b) ein Teil ihres Schweißtuches, c) ein Teil des Schleiers, den unsere selige Mutter trug, als der hl. Franz von Sales nach seinem Tode ihr die Hand segnend aufs Haupt legte. Die bischöfliche Anerkennung der Authentika ist vom 20. und 31. Mai 1752 datiert. Wir besitzen auch eine Reliquie *ex ossibus* der Heiligen mit Authentika, und einen von ihr eigenhändig geschriebenen 2 Seiten langen Brief aus ihrem Todesjahre 1741[5]. Die kostbare

4 Johanna salus huic domui facta est = Johanna, gemacht zum Heil für dieses Haus. Jahreszahl MDCCLVVVIII = 1768.

5 Falsch für: 1641 (ebenso das folgende Datum).

Schrift ist in einem Doppelglase eingerahmt, so, daß sie ganz gelesen werden kann. Der Brief ist wahrscheinlich an die Schwester Marie Aimée Rabutin, damals Oberin in Thonon gerichtet. Die hl. Mutter hatte (laut Brief vom 17. Mai 1741) dieselbe nach ihrem ersten Triennal[6] zurückberufen, doch der Bischof verlangte, daß sie ein zweites Mal Oberin werde. Nachdem unsere hl. Stifterin für die Teilnahme am Tode ihres Bruder Erzbischof[7] gedankt, mahnt sie die Oberin, die drei Jahre noch freudig in Gottes Willen auszuharren und sich eine gute Nachfolgerin zu erziehen. Auch empfiehlt sie ihr, für ihre Gesundheit Sorge zu tragen.

Daß diese und andere Reliquien unserer hl. Stifter ein Geschenk der Dankbarkeit für von unserm Kloster nach Annecy gesandte, großmütige Spenden gewesen, beweist ein noch vorhandener Brief der dortigen Oberin Claude Amédée Favier vom 12. Juni 1768. Sie spricht darin unserer Mutter Josepha Aloysia Ruffin warmen Dank aus für Wohlthaten und gütiges Zuvorkommen „die Ihr Andenken in diesem ersten Hause unseres Ordens verewigen werden, und uns zu innigem Gebet für Sie und Ihre Gemeinde verpflichten.“ Dann äußert sie ihr Erstaunen über den Zweifel, den einige Personen in München ob der Ächtheit der gesandten Reliquien hätten. „Wie kann Jemand glauben, daß wir ein solches Verbrechen begehen könnten, Reliquien zu fälschen. Das Fleisch wurde von den Gebeinen unserer hl. Stifter sorgsam losgelöst und wird sammt dem Reliquienstaub in kleinen Schreinen in unserm Archiv bewahrt. Bei der kanonischen Visitation untersucht unser Bischof auch die Art und Weise, wie wir diese Reliquien verwenden. Da sie nämlich in Staub zerfallen sind, verbinden wir denselben mit ein wenig Gummi. So oft die genannten Schreine geöffnet werden, verbreitet sich ein lieblicher Wohlgeruch, der uns mit Gefühlen der Andacht erfüllt. Unsere ersten Mütter sandten von diesen Reliquien an alle Klöster und nie erhob sich ein Zweifel wegen der Ächtheit. Wollen Sie durch diese Einzelheiten die besagten Personen beruhigen; doch werde ich ferner nicht mehr wagen, Euer Lieb der gleichen Reliquien zu schicken ...“

6 Drei Jahre, Amtszeit einer Oberin; danach kann sie noch einmal wiedergewählt werden (was üblicherweise auch geschieht).

7 André Frémyot, der jüngste Bruder der hl. Johanna Franziska von Chantal, wurde Erzbischof von Bourges.

Leben der Oberin Sr. Josepha Aloysia von Ruffin (gest. 1777)

Über die Nachfolgerin der Mutter Gräßl, die vorzügliche Oberin Josepha Aloysia von Ruffin, welche zur Zeit der Heiligsprechung unserer heiligen Stifterin der Gemeinde vorstand, berichten die Schwestern nach ihrem seligen Tode, den 27. Dezember 1777, daß sie von frühester Jugend an in Werken der Barmherzigkeit und Nächstenliebe hervorleuchtete als würdiges Glied der freiherrlichen Familie von Ruffin, deren Freigebigkeit durch Gründung geistlicher Häuser, Benefizien und fromme Legate in München bekannt war. Es gab da kaum ein Kloster, eine Kirche oder ein Spital, das ihr nicht zu Dank verpflichtet gewesen. Ganz besonders bedacht ward unser Kloster. Zu den schon früher genannten reichen Geschenken, womit die Freiherrn von Ruffin unser Haus bedachten, zählt überdieß ein silbernes Bildnis unserer heiligen Stifterin, welches Baron Franz Xaver von Ruffin unserer Kirche verehrte als Gegenstück zu dem silbernen Bildnis des heiligen Franz von Sales, das der Domdechant Johann Jakob Constantin von Weissenburg zu gleichem Zwecke fertigen ließ.

Die junge Baronesse von Ruffin erwählte sich, erst 16 Jahre alt, unser Kloster, um darin Gott als demüthige Schwester zu dienen. Gehorsam, Demuth, Eifer im Dienste Gottes waren die ihr ganz besonders eigenen Tugenden. Man sah sie täglich zu den Füßen ihrer Oberin und Meisterin knieen, um die Gnade flehend, mit dem Gewand der Bräute Christi bekleidet zu werden. Doch ihre Eltern machten stets neue Schwierigkeiten, ja deren Zärtlichkeit verlangte sogar, daß sie noch einmal nach Hause zurückkehre. Sie gehorchte, und die Welt hatte nun Gelegenheit, ihre Treue gegen die Berufsgnade zu bewundern, und sie, so weit es ihr immer möglich war, in ihrer Mitte den Übungen des klösterlichen Lebens nachkommen zu sehen. Endlich willfahrten ihre Eltern den oft wiederholten Bitten der geliebten Tochter, die gleich der Taube, die für ihren Fuß keinen Ruheplatz gefunden, mit freudiger Eile in die Arche zurückflog. Die Gemeinde empfing sie wie einen kostbaren Schatz, dessen Wert sie schon ersehen hatten, und sie begann nun 18 Jahre alt, mit erneutem Eifer ihr Noviziat. Das innere Glück, welches diese reine Seele bei Empfang des geistlichen Kleides erfüllte, erstrahlte in ihrem Äußern; nie sah man freudigeren Gehorsam. Ihr ganzes Streben ging nun dahin, ihre Wohnung auf dem Kalvarienberg zu bauen und sich freudig durch Kreuzigung ihrer Leidenschaften und Neigungen zum Tage der gänzlichen Hinopferung zu bereiten. Am 17. Oktober 1736 weihte sie sich in Anwesenheit ihrer ganzen Familie dem Herrn durch die heilige Profession. Die Liebe machte unserer Schwester Josepha Aloysia das Joch der Ordensgelübde süß und leicht und die Gemeinde, in ihrer Erwartung nicht getäuscht, nützte ihre reichen Talente in den verschiedenen Ämtern zum Besten des Hauses aus. Noch sehr jung zur Hausmeisterin ernannt, wußte sie bei den zerstreuendsten Geschäften ihre innere Ruhe und Vereinigung mit Gott zu bewahren und ihre geistlichen Übungen immer als erste Pflicht anzusehen. Die ihr innewohnende Nächstenliebe, bethätigte sie in so herzlicher Weise, daß jedermann überzeugt war, ihr keine größere Freude zu machen, als wenn er ihre Dienste in Anspruch nahm. Einer lutherischen Dame, die zur katholischen Kirche zurückkehren wollte und deshalb aller Güter und Würden verlustig erklärt wurde, und deren Töchterchen, war sie während vierzehn Jahren mit Erlaubnis der Oberin geistliche und zeitliche Helferin in allen Nöten.

Als Assistentin und noch mehr als Oberin war ihre Sorge für Aufrechthaltung der Ordensvorschriften mit solch mütterlicher Liebe gepaart, daß sie aller Herzen gewann und ihrem heiligen Beispiele nachzog. Leider wurde sie in ihrem ersten Triennale von einer Nierenkrankheit und Gliederlähmung befallen; sie litt mit heroischer Geduld unerträgliche Schmerzen; da aber weder Gebet noch Arzneimittel helfen wollten, erklärte sie den Schwestern, sie sei nicht mehr fähig, den Pflichten einer Oberin nachzukommen und beschwor sie, bei der nächsten Oberinwahl nicht mehr an sie zu denken. Als Déposée erzeigte sie fortan ihren Oberinnen tiefste Ehrfurcht, Unterwürfigkeit und Vertrauen und diese dagegen verehrten die wahrhaft ehrwürdige Schwester und schätzten sie als gediegene Ratgeberin in den noch übrigen zehn Jahren ihres Lebens. Unsere Hoffnung ihrer Wiederherstellung blieb vergeblich. Von allem Geschöpflichen immer mehr geschieden, lebte sie ganz der Liebe ihres Schöpfers. Die meiste Zeit verbrachte sie vor dem heiligsten Sakrament in Anbetung des göttlichen Herzens Jesu. Betete sie nicht, so arbeitete sie meist für die Sakristei. Zwei große Reliquienrahmen zeugen von der Kunstfertigkeit ihrer Hände. Der Altar unserer heiligen Stifter im Kapitelsaal verdankt ihr seine ganze Schönheit. Unersättlich war ihr Hunger nach der heiligen Kommunion, und obgleich in ihrer letzten Krankheit stets zu Bett, hatte sie die Gnade, alle Regelkommunionen empfangen zu dürfen. Überdies sandte der Bischof ihr zu geistlichem Troste den Herrn Kanonikus von Scherrer, zu dem sie besonderes Vertrauen hatte, und unser Herr Beichtvater brachte manche Nacht im Gebete an ihrem Schmerzenslager zu, da sie oft dem Tode nahe schien. Kam sie dann wieder zu sich, so beklagte sie sich liebevoll beim Herrn: „Wann, o Herr, wirst du mich ernstlich zu dir rufen, damit ich zu dir komme und mit dir vereinigt werde? – Doch dein Wille geschehe!“ Am Feste des heiligen Johannes des Evangelisten erfüllte der Herr den Wunsch seiner geliebten Braut. Nachdem sie nochmals die heilige Wegzehrung empfangen, nahm sie sichtlich ab, dennoch empfing sie alle Schwestern, die sie besuchen kamen mit ihrer gewöhnlichen Liebenswürdigkeit und bewies ihnen, so gut sie's vermochte, durch Worte und Zeichen die Güte, Demut und Dankbarkeit ihres Herzens; man konnte sie nicht anhören, ohne aufs tiefste gerührt zu werden. Gegen 7 Uhr abends entschlief sie selig im Herrn.

Abbildungen — Viertes Kapitel

I Die hl. Johanna Franziska von Chantal besiegt das Böse, Italien, Ende des 17. Jahrhunderts

Wahre Abbildüng der Seelligen Johanna Franciſca von Chantall, Stüffterin ersten Oberin ŭnd Ordens Geistliche des Ordens von der Heimbsüechüng Mariæ ist verschiden den 13. Christmonat 1641. in den 69. Jahr ihres Alters.

Mörl Sc: Mon:

Leben
Der Seeligen Mutter
Johanna Francisca
Fremiot von Chantal,
Stiffterin des Ordens von der Heimsuchung
S. MARIÆ,
In Welscher Sprach zu Rom heraußgegeben
im Jahr 1734. und 1741.
Von dem Hochwürdigen
CAROLO ANTONIO SACCARELLI,
Clericorum Regularium infirmis ministrantium:
Nun
In das Teutsche übersetzet
Durch
P. F. SERAPHINUM ISSELBECHER,
SS. Theologiæ Magistrum,
Prediger Ordens, in dem Closter ad S. Mariam Magdalenam in Augspurg.
CUM PERMISSU SUPERIORUM.

AUGSPURG,
Gedruckt bey Florian Joseph Hueber, Catholischen Buchdrucker. 1752.
Zu haben, München, in dem Ordens-Closter von der Heimsuchung
SANCTÆ MARIÆ.

II *Leben Der Seeligen Mutter Johanna Francisca Fremiot von Chantal,* neu übersetzt anlässlich ihrer Seligsprechung 1752

IHS
LA VENERABILE
MADRE GIOVANNA
FRANCESCA FON
DATRICE

III Johanna Franziska von Chantal als Ordensgründerin, um 1720

IV Titelbild zu den Festpredigten anlässlich der Heiligsprechung von Johanna Franziska von Chantal 1768

wichtigen Übertretung unserer heiligen Satzungen verleiten, indem sie die genannte Schwester vier Triennale hindurch, ohne Unterbrechung, als Oberin erwählten, nämlich bis zu deren Tode, der im Jahre 1733 erfolgte. Um dies durchzusetzen, erbaten sie sich hiezu durch einen Ordensmann die Erlaubnis von Rom. Sie wurden von anderen Klöstern unseres Ordens hierüber zurecht gewiesen, und man übermittelte dem heiligen Vater ein Gesuch, welches die Hauptpunkte unserer Vorschriften bezüglich der Oberin-Wahl enthielt, stellte Sr. Heiligkeit die üblen Folgen vor, welche die Umgehung derselben verursachen würden und bat den heiligen Vater, durch seine Autorität gnädigst zu verhindern, daß derlei Übertretungen in Zukunft vorkommen.

Unsere Schwestern sahen ihr Unrecht ein und schrieben in ihr Kapitelbuch das Folgende: „Aus Gründen, die uns gut schienen, ist unsere Wahl während vieler Jahre, mit Approbation des heiligen Stuhles, auf ein und dieselbe Schwester gefallen, aber weil unser Orden diese unsere Handlungsweise mißbilligt, erkennen wir, daß wir einen Fehler begangen haben, der in der Folge nicht mehr vorkommen wird."

Unsere lieben Schwestern hielten Wort. Die folgenden Oberinnen ließen es sich sehr angelegen sein, die genaue Observanz, die, wie es scheint, auch in manchen andern Punkten Schaden gelitten hatte, wieder herzustellen; im Jahre 1723 wendeten sich die Schwestern zu diesem Zwecke nach Annecy, um von dort eine Oberin zu erhalten, welche Bitte auch gewährt wurde durch Überlassung der Mere Marie Aimée de Sonnaz, einer Ordensschwester, die den Geist unsers heiligen Stifters, namentlich seine Mäßigung und Sanftmut, seine Klugheit und Herzensgüte in hohem Maße besaß; der Segen ihres erleuchteten Eifers, ihrer Mutterliebe und ihres Tugendbeispieles zeigte sich in der Liebe zur Tugend und genauen Observanz, welche die Gemeinde fortan beseelte.

Nach sechs Jahren heiligen Wirkens (: anno 1729 :) kehrte diese vortreffliche Schwester nach Annecy zurück. Eine der größten geistlichen Wohlthaten, die sie der Gemeinde erwiesen hatte, war, daß sie den Schwestern reichliche geistliche Hilfe verschaffte, namentlich durch die hochwürdigen P.P. Jesuiten, welche durch ihre Vermittlung die Extraordinari-Beichtväter der Gemeinde wurden. Ganz besonders verdient gemacht hat sich um die Gemeinde der hochwürdige Pater Pergmayr, dessen lehrreiche, salbungsvolle Vorträge nach seinem Tode in Druck erschienen und immer noch ein kostbarer Schatz in der Bibliothek aller deutschen Klöster unseres heiligen Ordens sind. Mère Marie Aimée hinterließ, wie die Stiftungsgeschichte sagt, eine große Anzahl von

V Bilder aus dem Leben der Johanna Franziska von Chantal, 1752

Die Schnelle
Aùsbraitthùng
des Ordens.
Paris
Dÿon
Bueges
Anyssi
Lion
Grenoble
ick Bloove Vruccitbaer. Schönste Blüth u. Früchtbarkeit
Eines Kam zu zwanzig Jahren
Zwischen Armùth und Gefahren:
Wie hat Eüer Glück Geeilt,
Sechs und achzig Häüser Stünden
Wird ein Fraüenstand Gefunden
Der so Schnell sich Aüsgetheilt.

Übernatürl: Erhaltung des Weins.
Magis Affluo Pressa. Vom Gedräng der Überflüß.
Ihr, die ihr den Vorrath meßet,
Wann das Haus der Nägel preßet
Seht dieß schmale Weingeschirr,
Schon zween Sommer seind verfloßen
Da das Fäßlein sich Ergoßen,
Noch ist seine Quell nicht dürr.

Der Tod
Ihres Sohns.
Il mio più Cara un dal ciel. Mein Libstes nimt der Himel.
Sprecht nur: Ist mein Sohn verblichen,
Wie ist seine Seel gewichen,
Vor den Feinden in dem Feld?
Der ein Ketzernest bestritten,
Und den Martertod erlitten
Ist ein zweimal großer Held.

Himmlischer
Schütz in gröster
Gefahr.
Admirablement couvert. Wunderbahr beschirmt.
Wer hat Stürtz und Tod Gehindert,
Wer hat das Gewicht vermindert,
Wer des Pferdes Muth gestärkt?
Eben der gedenkt auch deiner,
Seine Macht ist heüt nicht kleiner,
Als sie Chantal dort gemerkt.

Ihr
Seliger Hintritt.
Thesouro Cerrado, et Santo. Verborgn: heiligr: Schatz
Anneÿ du wirst beglücket,
Dann der Schatz den man dir schicket,
Ist des Wohlergehens Pfand.
Gott wie groß bist du! die Glieder
Deiner Diener fallen nieder,
Aber segnen Stadt u. Land.

Unzählige
Gütthaten, so allerorten erwiesen.
Fuerca el Medicina. Krafft und Arzney.
Neüer Ursprüng süßer Freüden,
Neüe Hülf in allen Leiden,
Neüertheilter Himmelsschütz!
Kommet die ein Kreüz getroffen,
Könt ihr nichts, so könt ihr hoffen
Niemand hoffet ohne Nutz.

I

Die hl. Johanna Franziska von Chantal besiegt das Böse
Italien, 2. Hälfte des 17. Jahrhunderts
Öl auf Leinwand, 300 × 250 cm
Kloster Beuerberg

Das Bild gehört zu einer Serie großformatiger Gemälde mit ungewöhnlicher salesianischer Ikonografie, welche die Schwestern im späten 17. Jahrhundert sicherlich aus Italien – vielleicht sogar bereits 1667 aus Vercelli – nach München brachten. Es belegt die Verehrung der Ordensgründerin lange vor ihrer offiziellen Heiligsprechung im 18. Jahrhundert. Johanna Franziska wird hier im Kampf gegen einen mächtigen Drachen gezeigt, der in der christlichen Ikonographie traditionell für das Böse, die Sünde und die Ketzerei steht. Der Sieg ist ihr durch das Kruzifix in ihrer Hand gewiss, während sie mit der anderen schützend die Welt umfasst. Ihr Fürsprecher im Himmel ist der hl. Franz von Sales, und Maria betrachtet mit dem Jesuskind das gottgefällige Werk.

II

Leben Der Seeligen Mutter Johanna Francisca Fremiot von Chantal, Stiffterin des Ordens von der Heimsuchung S. MARIÆ
Carlo Antonio Saccarelli, übers. von Seraphin Isselbecher, Augsburg: Florian Joseph Hueber, 1752
Kloster der Salesianerinnen, Zangberg

Die neu übersetzte Biografie der selig gesprochenen Ordensgründerin, die 1752 in München erschien, ist der mächtigen Schirmherrin des Klosters, Kaiserinwitwe Maria Amalie, gewidmet. Die Widmung wurde von der damaligen Oberin Mutter Theresia Margaretha von Barnabej verfasst, die auch den Druck des Buches in Auftrag gab.
[Foto: Christoph Schalasky]

III

Die ehrwürdige Mutter Johanna Franziska, Ordensgründerin
Italien (?), 2. Viertel des 18. Jahrhunderts
Öl auf Leinwand, 260 × 190 cm
Kloster der Salesianerinnen, Dietramszell

Das leider nur schlecht erhaltene große Gemälde zeigt Johanna Franziska noch nicht als himmlische Heilige, sondern als irdische Ordensgründerin unter dem Auge Gottes mit den Attributen Kreuz und Gebetbüchern, das brennende Herz der Gottesliebe in der Hand. Nach der italienischen Inschrift, in der sie ausdrücklich als „venerabile“, d.h. ehrwürdig bezeichnet wird, entstand das Bild wohl während ihres Seligsprechungsprozesses, nachdem 1719 ihre Verehrung päpstlich gestattet worden war. Möglicherweise ist dieses Gemälde identisch mit jenem „über sechs Fuß“ (d.h. über 180 cm) großen Bild, das den Altar der Münchner Klosterkirche bei der Seligsprechungsfeier 1752 zierte.
[Foto: Pawel Michalowski]

IV

Ehrenkranz aus den herrlichen Tugenden der H. Ioannae Franciscae Fremiot von Chantal / … / derselben bey dem feyrlichen Fest ihrer Heiligsprechung verehret
Ignaz Schilling (Zeichner) / Jungwierth & Söckler (Druckerei), München 1768
Kupferstich auf Papier
Kloster der Salesianerinnen, Zangberg

Das Titelbild des „Ehrenkranzes“ an Festpredigten zur Heiligsprechung von Johanna Franziska von Chantal wurde von den Zangberger Schwestern Ende des 19. Jahrhunderts in ihre Annalen eingebunden.

V

Bilder aus dem Leben der Johanna Franziska von Chantal
Ignaz Schilling, München 1752
Öl auf ungrundierter Leinwand, 235 × 115 cm
Kloster Beuerberg

In flotter, dekorativer Theatermanier sind wichtige Stationen aus dem Leben der neuen Heiligen Johanna Franziska dargestellt: Der Tod ihres Ehemanns bei einem Jagdunfall, die rasche Ausbreitung des Ordens, eine wunderbare Weinvermehrung im Kloster, der Tod ihres Sohnes im Kampf gegen die „Ungläubigen“ (französische Protestanten vor La Rochelle), die Errettung bei einem Kutschunglück, schließlich ihr Tod und die Hilfe, die sie den Menschen an ihrem Grab zuteil werden lässt. Die Szenen ihres Lebens sind begleitet von dem Bild des wachsenden, Frucht bringenden Weinstocks, Gedichten und Emblemsprüchen. Diese sind in unterschiedliche Sprachen übersetzt – spanisch, italienisch, flämisch, französisch, portugiesisch, lateinisch – und sollen die internationale Verbreitung des Ordens sichtbar machen. Die Gemäldeserie, von der insgesamt noch elf Bilder erhalten sind, bildete den Schmuck der Münchner Salesianerinnenkirche anlässlich der Feier zur Seligsprechung von Johanna Franziska von Chantal 1752. Der Zyklus ist ein seltenes Beispiel für barocke, vergängliche Festdekorationen, die sonst fast ausschließlich in Stichen oder Beschreibungen überliefert sind. Der im Text ebenfalls beschriebene Gemäldezyklus zur Heiligsprechungsfeier 1768 hat sich nicht erhalten.

Fünftes Kapitel

Zwei adelige Frauenschicksale im 18. Jahrhundert

Über das Leben im Münchner Heimsuchungskloster im 18. Jahrhundert geben die Biografien einzelner Schwestern, die in den Annalen ausführlicher erzählt werden, nähere Einblicke. Zwei dieser Frauenschicksale werden auf den folgenden Seiten vorgestellt. Warum das Leben dieser Frauen ihren späteren Biografinnen wichtig erschien, hat unterschiedliche Gründe. Im einen Fall war es die Wunderheilung, die der Schwester Maria Anna Bernarda von Aretin widerfuhr und so die jesuitisch geprägte Frömmigkeit der Schwestern legitimierte und bestärkte. Im anderen Fall war es der Glanz der hochadeligen Herkunft der Schwester Anna Carolina von Spreti.

Das Leben der Gräfin Benonia von Spreti, als Ordensfrau Anna Carolina genannt, ist zunächst exemplarisch für die Klosterkarriere jener Adelstöchter, die im 17. und 18. Jahrhundert die Mehrheit der Chorfrauen des Salesianerinnenkonvents stellen. Im Klosterpensionat erzogen, wendet sie sich als junges Mädchen von der Welt ab und tritt nach Überwindung verschiedener Prüfungen – die Eltern sind zunächst gegen ihre Entscheidung – in das Kloster ein, begleitet von der Spitze der Münchner Gesellschaft. Im Kloster wird sie zum Ideal einer Ordensfrau, erfüllt die ihr aufgetragenen Aufgaben, wird schließlich sogar Oberin und stirbt zuletzt einen gottgefälligen Tod in demütigem Leiden und Aufopferung. Für Schwester Anna Carolinas außergewöhnliche Sonderstellung inner- und außerhalb des Klosters – die Anwesenheit der Herrscherfamilie bei ihrer Professfeier, sowie allein die Tatsache, dass von dieser Schwester ein Porträt angefertigt wurde – lassen sich in den Annalen keine Begründungen finden. Die Chronistinnen des 19. Jahrhunderts führen ihre Prominenz etwas naiv auf die Freundschaft ihres Vaters, des Grafen Hieronymus von Spreti, mit dem damaligen Kurprinzen Karl Albrecht zurück. Tatsächlich sind die Verbindungen zwischen der italienischstämmigen Adelsfamilie Spreti und dem Kurfürsten weitaus enger: Anna Carolinas Mutter, Maria Caroline Charlotte von Ingenheim (1704–1749), war mit 15 Jahren als Hofdame der Kurfürstin Therese Kunigunde an den Münchner Hof gekommen, wo ihr Bruder – später Feldmarschall – bereits als Page diente. Rasch wurde sie dort die Favoritin des Kurprinzen Karl Albrecht, dem sie in Folge zwei Kinder gebar. Kurz vor der Geburt des zweiten Kindes, des später zum Grafen erhobenen Franz Ludwig Holnstein (1723–1780), heiratete sie wohl auf Veranlassung Karl Albrechts den mit ihm eng befreundeten Grafen Spreti. Vierzehn gemeinsame Kinder bezeugen, dass das Eheverhältnis durchaus harmonisch gewesen zu sein scheint. Doch das ungewöhnliche Interesse der kurfürstlichen Familie an der Professfeier Anna Carolinas und der Umstand, dass von ihr als einzigem der Spreti-Kinder ein Kinderporträt existiert, könnten auf mehr deuten. Schätzte der Kurfürst die junge Gräfin Spreti wirklich nur als Halbschwester seiner legitimierten Kinder? Oder hatte er das Verhältnis zu deren Mutter auch nach ihrer Eheschließung noch fortgeführt? Eine sichere Antwort ist heute nicht mehr möglich.

Dass in der Familie Spreti trotz dieser Anfänge eine tiefreligiöse Grundhaltung bestand, belegen weitere familiäre Verbindungen zu den Salesianerinnen. 1795 trat Anna Carolinas Nichte Walburga von Spreti kurz nach dem Tod ihrer Tante in die Gemeinschaft ein, jetzt am neuen Standort Indersdorf. Bereits bei ihrer Geburt hatte Anna Carolina für diese Entscheidung ihrer Nichte gebetet und sie dem Jesuskind des Noviziats geweiht. Unter dem Ordensnamen Johanna Carolina sollte die jüngere Gräfin Spreti in den schweren Jahren der Säkularisation zur Retterin des Klosters werden. Und noch im 19. Jahrhundert setzten sich die Klostereintritte aus der Familie Spreti fort, begünstigt durch die familiären Verbindungen. Eine Schwester Johanna Carolinas trat als Witwe in die Gemeinschaft ein, ebenso zwei ihrer Nichten, Therese Hyacintha und Maria Carolina von Pelkhoven. Wie bei vielen Familien des Münchner Hochadels hielt auch bei den Spretis die Saat der tiefen barocken Frömmigkeit, die im 18. Jahrhundert mit Unterstützung der Jesuiten gesät worden war, bis weit in das nächste Jahrhundert an.

12. Capitel.

Letztes Triennal der Mutter Angelica Maximiliana von Pelkhoven 1752-1755.

Gesegnete Regierung der Mutter Josepha Theodora von Berchem 1755-1761.

Wunderbare Heilung der Schwester Anna Bernarda von Aretin durch den heiligen Franziskus Xaverius.

Jesuitische Frömmigkeit im Salesianerinnenkloster

Zu Ende ihres zweiten Triennales im Jahre 1761 hatte die vorzügliche Oberin Josepha Theodora Berchem[1] den Trost, eine durch Geburt und kirchliche Würde gleich ausgezeichnete Persönlichkeit (wohl den Kurfürsten von Köln) sagen zu hören, daß unser Kloster eines der exaktesten und regularsten[2] der Diöcese sei. Sie schreibt bescheiden diesen guten Zustand der Gemeinde und jedes einzelnen ihrer Mitglieder dem heiligen Eifer und der liebevollen Sorge zu, welche der hochwürdige Pater Joseph Pergmayr S.J.[3], der seit sieben Jahren ordentlicher Beichtvater des Klosters war, für das große Ganze und die Heiligung einer jeden einzelnen Seele hatte. Wie sie selbst unter so fester heiliger Leitung vorangeschritten auf dem Wege der Vollkommenheit, verschweigt die gute Mutter. Wie er aber im allgemeinen die Schwestern belehrt und geführt, davon zeugen die in Augsburg bei Wagner herausgegebenen fünf geistlichen Bücher, die seine kernichten mündlichen und schriftlichen Unterweisungen unserer Gemeinde enthalten. [...] Der Herausgeber bemerkt, daß sie von den Salesianerinnen nach dem Unterricht des Pater Pergmayr mehr dem Verstande nach, als Wort für Wort aufgezeichnet worden und sagt der Oberin Gräfin Spreti und den Töchtern des heiligen Franz von Sales Dank für die heilsamen Schriften ihres besten Seelenhirten und erleuchtetsten geistlichen Wegweisers; er spricht von einer gewissen Aloysianischen Hand, welche die Schriften so klar zusammengeschrieben, vielleicht unsere liebe Schwester Josepha Aloysia v. Ruffin.

Diese Bücher, welche die Anerkennung der gelehrtesten Theologen finden und bei denen, wie sie sagen, man nicht bemerkt, daß sie von Frauenhand niedergeschrieben, deren Schreibart vielmehr männlich, bündig ist, haben nicht nur in alter Zeit sich vieler Auflagen erfreut, sondern sind auch in unserer Zeit wieder im Druck erschienen. Sie dienen unserer Gemeinde stets zu kräftiger geistiger Nahrung besonders zur Zeit der Exercitien und in den Rekollektionstagen. [...]

Das Leben des Pater Pergmayr, welches nach außen hin so wenig hervortrat, fand leider keinen Beschreiber in Deutschland, so große innere Schätze es auch hätte bieten können. Wir wissen durch die Vorrede des Herausgebers seiner Exercitien, daß er in Bayern in Hübelkofen im Jahre 1713 geboren, den

1 Schwester Josepha Theodora von Berchem, Oberin von 1755 bis 1761.
2 D.h. streng die Ordensregel einhaltend.
3 Der Jesuit Pater Joseph Pergmayr SJ (1713–1765) war erst außerordentlicher, dann von 1753 bis 1763 ordentlicher Beichtvater des Konvents.

7. September 1733 in die Gesellschaft Jesu getreten und nicht ganz zweiundfünfzig Jahre darin gearbeitet hat. In München, wo die Väter Jesuiten seit 1559 eine stark besuchte Lateinschule und das ganze Gymnasium unter sich hatten – kannte man den viele Jahre dem Leibe nach kränklichen gelähmten, dem Geiste nach immer lebhaften, eifrigen, geistreichen Mann von der Predigtkanzel in der Kirche des heiligen Michael. Er bestieg sechzehn Jahre hindurch nie die Kanzel als mit einem Cilicio, d. h. Härenen oder eisernen Gürtel umgeben. Wer ihn näher kannte, war Augenzeuge seines Seeleneifers, seiner Geduld, Sanftmut, Aufrichtigkeit, Abtötung. Er schrieb das Leben des gottseligen, ihm so ähnlichen Mannes Philipp Jeningen[4] aus Eichstädt auf Befehl seiner Obern, und vieles Bündige im Geschäfte des Heiles, der ächten Philosophie, obgleich seine beiden Hände so gelähmt waren, daß er die rechte Hand, mit der er schrieb, in die linke einsenken mußte, wenn er leserlich schreiben wollte. — Am 23. März 1765 starb der ehrwürdige Vater allgemein betrauert und beweint.

Ein kleines Porträt des Pater Pergmayr hat seinen Platz in unserer Bibliothek gefunden, und seine Bußwerkzeuge, die auf uns gekommen sind, werden mit Ehrfurcht in unserm Archiv aufbewahrt.[5]

Anna Carolina von Spreti – Ordensfrau aus prominenter Familie

Unter der Zahl der sieben Novizen, die unter der Mutter Berchem ihre heiligen Gelübde ablegten, scheint die junge Gräfin
I Marie Benonia von Spreti den herrlichsten Sieg über die Welt
und ihre Reize davongetragen zu haben. Sie war den 17. August
IV 1735 in München geboren, im siebenten Jahre ihres Alters in
unser Pensionat gekommen, wo sie bis zu ihrem fünfzehnten Jahre verblieb. Sie strebte schon damals nach Tugend und Gottesfurcht und war eifrig in Erlernung der Wissenschaften. Als sie einmal vor einer Statue unseres heiligen Stifters betete, vermeinte sie ihn sagen zu hören: „Du wirst einmal meine Tochter werden.“ Diese Worte machten so tiefen Eindruck auf sie, daß sie um Aufnahme in unser Kloster bat. Ihre Eltern beriefen sie nach Haus, ihren Beruf zu prüfen und sie die Freuden und Ehren ihres Standes kennen lernen zu lassen. All das diente aber nur, sie noch mehr in ihrem heiligen Vorhaben zu befestigen. In ihrem achtzehnten Lebensjahre trat sie in unser

4 Philipp Jeningen SJ (1642–1704), genannt der „gute Pater“, war ein verehrter Volksmissionar und Mystiker in Ellwangen.

5 Heute nicht mehr vorhanden.

Noviziat ein. Ihre von der Statur und Gnade reich begabte Seele strebte aus voller Kraft, den wahren Ordensgeist sich anzueignen, sich bei jeder Gelegenheit in Liebe, Demut, Gehorsam und Abtötung zu über und dadurch der Vermählung mit dem göttlichen Bräutigam möglichst würdig zu machen. Den 15. Januar 1756 war jener für sie glückselige Tag. Alles, was glanzvoll und groß auf Erden ist, schien sich zu vereinigen, ihre heilige Profession zu verherrlichen: Ihre Majestät die Kaiserin, der Kardinal Johann Theodor, Bischof von Freising und Herzog von Bayern und Lüttich, der Kurfürst Max Joseph und seine Gemahlin, Herzog und Herzogin Clemens, Prinzessin Josepha wollte dabei gegenwärtig sein. (Der Vater der Braut, Generalfeldmarschall Lieutenant Graf Hieronymus von Spreti[6], stand nämlich dem kurbayerischen Hause II
sehr nahe. 1695 zu Ravenna geboren, kam er schon 1703 als Edelknabe an den bayerischen Hof und wurde mit dem Kurprinzen Karl Albert erzogen. Er begleitete ihn bei den Türkenkriegen nach Ungarn, kehrte 1718 mit ihm nach München zurück und vermählte sich 1723 mit Caroline Freiin von In- III
genheim. Seine älteste Tochter Maria Josepha trat mit dem Namen Maria Xaveria in den Orden de notre Dame zu Eichstätt ein.) Die kirchliche Feier gereichte ihnen allen zur Entflammung in der Liebe und dem Lobe Gottes. — Die Hoheiten verlangten dann alle in unserm Refektor zu speisen und nur von den Schwestern bedient zu werden. Kein Kammerherr und Page durfte die Klausur betreten. Die Schwestern waren etwas verlegen über solche Gäste; aber deren Zufriedenheit und Auferbauung an der klösterlichen Einfachheit und Ordnung zeigte hinreichend, daß der gute Wille der Gemeinde ihnen nicht mißfallen habe.

Als zwölfjährige Oberin und achtjährige Hausmeisterin hatte sich Anna Carolina von Spreti die Liebe und Hochschätzung der ganzen Gemeinde erworben und das Kloster mit dem Wohlgeruch ihrer Tugend erfüllt. Groß war besonders ihre Liebe zum Gottesdienste im heiligen Chorgesang, dem VI
sie ihre sehr gute Stimme schonungslos weihte. Bei aller Arbeit und Sorge, die diese Ämter zu jener Zeit in verdoppelter Weise mit sich brachten, wußte sie ihre Geschäfte stets so einzurichten, daß sie dem Offizium anwohnen konnte, ohne irgend eine Pflicht zu versäumen oder jemand mißvergnügt zu lassen. Als Assistentin und Ratschwester ging ihr Streben dahin, daß der Gemeinde zeitlich und geistig nichts abgehe. In Demut und Sanftmut war sie eine würdige Tochter unseres

6 Hieronymus Graf von Spreti (1695–1772) kam 1703 als Page an den kurfürstlichen Hof und blieb als erster Vertreter jener italienischen Adelsfamilie dauerhaft in München, nachdem schon im 17. Jahrhundert verschiedene Verwandte dort Hofämter inne gehabt hatten. 1711 erhielt er den bayerischen Grafentitel; später wurde er kurfürstlicher Kammerherr, Oberstküchenmeister, Feldmarschall-Leutnant und Geheimrat. Mit Kurfürst Karl Albrecht verband ihn eine enge Freundschaft.

heiligen Stifters. Besonders war sie zum Dienste der Kranken Tag und Nacht bereit. Während der sechs Jahre, in denen sie Obermeisterin der Zöglinge war, hatten viele Kinder einen sehr schlimmen Ausschlag. Sie bediente und reinigte sie selbst, ohne zu gestatten, daß jemand ihr helfe. Ihre Liebe zur Armut bewog sie, als Küchen- und Wäschemeisterin immer das Schlechteste für sich zu erwählen, so daß ihre Oberinnen genötigt waren, ihrer Abtötung Schranken zu setzen. Ihr Gehorsam wußte allezeit dem Willen der Oberin zuvorzukommen, und bei allen beschwerlichen, demütigenden Arbeiten fand sie sich unberufen ein.

Ebenso war sie in ihrer letzten Krankheit beschaffen, welche nur fünf Tage währte. Man glaubt, daß sie ihr Leben Gott für
V das ihres Bruders Sigmund[7] angeboten habe. Da man sie von dessen schwerer Erkrankung benachrichtigte, hatte sie nämlich geäußert, sie würde gern mit Hingabe ihres eigenen Lebens das seine erkaufen, um es dem Staat und seiner Familie zu erhalten. Bald darauf wurde sie von derselben Krankheit befallen, von der ihr Bruder ebenso bald genas. Mit Freude bereitete sie sich auf den Empfang der heiligen Sterbsakramente und starb nach Empfang der Generalabsolution in Gegenwart des Beichtvaters Joseph Widmann, Can. Reg., und der ganzen Gemeinde im achtundfünfzigsten Jahre ihres Lebens, dem vierzigsten ihrer heiligen Profession den 26. April 1795. Mutter Anna Carolina wurde von allen, die sie gekannt, tief betrauert.

7 Sigismund Graf Spreti (1732–1809), ältester Sohn des Grafen Hieronymus von Spreti.

Zur klösterlichen Religiosität gehört die Verehrung bestimmter Heiliger, deren Wirken mit der Geschichte oder dem spirituellen Auftrag einer Gemeinschaft aufs engste verbunden ist. In vielen Fällen hatte erst die aktive Verehrung durch einen Orden dazu geführt, dass Heilige auch überregionale Verbreitung fanden. Auch die Jesuiten bemühten sich in ihrem internationalen und gegenreformatorischen Selbstverständnis darum, die eigenen Ordensheiligen und damit auch das eigene theologische Programm in der gesamten katholischen Welt populär zu machen. Dem stand ein eher zwiespältiger Ruf entgegen: Indem sie an vielen Fürstenhäusern die Position des Beichtvaters besetzte und somit einen unmittelbaren Zugang zu den Herrscherfamilien hatte, galt die Societas Jesu als weltweit vernetzte Macht, die im Hintergrund die Politik ganzer Länder beeinflussen konnte. Besonders deutlich hatte sich dazu schon Kurfürstin Henriette Adelaide in einem Brief geäußert, den sie am 10. Juli 1663 an Mutter Olgiati von Vercelli verfasste. Darin lehnt sie die Jesuiten als Beichtväter für das neue Kloster ausdrücklich ab, weil sie „im Vertrauen gesagt" deren Intrigen fürchte. In der zweiten Hälfte des 18. Jahrhunderts setzten verstärkte Angriffe auf den Jesuitenorden ein, wobei die Kräfte der Aufklärung und Vertreter eines absoluten Staatsdenkens Hand in Hand arbeiteten. In dieser Zeit beginnt die Geschichte der salesianischen Schwester Maria Anna Bernarda von Aretin, die 1747 den Schleier genommen hatte.

Trotz der exotischen Herkunft der Aretins handelt es sich bei dieser Familie um echten bayerischen Adel: Der vierjährige Prinz Johannes Harutyun, Sohn des armenischen Großkönigs, war 1706 mit Hilfe des französischen Botschafters aus dem osmanischen Konstantinopel ins christliche Venedig gebracht worden, wo sich die bayerische Kurfürstin Therese Kunigunde während des Spanischen Erbfolgekrieges aufhielt. Unter der Obhut der Kurfürstin erhielt der Junge – jetzt unter dem eingedeutschten Namen Aretin – eine standesgemäße Erziehung, kehrte mit ihr nach München zurück und bekleidete dort später wichtige Hofämter. Seine Nachkommen zählten zu jenen einflussreichen Kreisen, die das engere Umfeld des Münchner Salesianerinnenklosters ausmachten.

Schwester Maria Bernarda von Aretin ist die Hauptfigur einer Wunderheilung, die alle klassischen Merkmale aufweist, wie sie in Mirakelberichten und Votivbildern unzähliger bayerischer Heiligtümer dieser Zeit begegnen. Im Jahr 1754 erkrankte sie scheinbar unheilbar. Die Schulmedizin, noch in den Kinderschuhen, fand weder Rat noch Mittel. Fünf Jahre später genas sie durch die Anrufung des jesuitischen Heiligen Franz Xaver, dem sie eine neuntägige Andacht widmete: Es geschah ein Wunder. Unter Schmerzenstränen hielt sie sein Bild in Händen, als sich die Augen des Heiligen zum Himmel richteten und eine Stimme ihr Trost zusprach. Über Nacht verschwand die Krankheit vollständig. Wie erklärt sich aber die Anrufung Franz Xavers? Der 1506 in Spanien geborene Francisco de Javier gilt als Begründer der Jesuitenmission in Asien, er verstarb 1552 auf einer Insel bei Kanton. Nach seiner Heiligsprechung im Jahr 1662 wird Franz Xaver bis heute als Schutzpatron Indiens und der Missionare verehrt. Wegen der Umstände seines Todes auf dem Fieberbett gilt er überdies als Fürsprecher eines christlichen Todes. In dieser Funktion wurde er zu einem der populärsten Heiligen im Bayern des 18. Jahrhunderts, und auch Schwester Maria Bernarda hatte sein Abbild offenbar gleichsam als letztes Mittel in der Krankenstation des Klosters erhalten. Zudem weist die Spiritualität der Salesianerinnen und Jesuiten viele Berührungspunkte auf. Bereits der Ordensgründer Franz von Sales wurde im Collège de Clermont in Paris von Jesuiten unterrichtet und hatte viele Elemente der jesuitischen Spiritualität für sein eigenes späteres Wirken verinnerlicht. Die Gesellschaft Jesu hatte ab 1729 doch noch die Seelsorge des Münchner Heimsuchungsklosters übernommen, wie in vielen anderen Niederlassungen schon lange vorher.

Die Münchner Salesianerinnen gaben 1759 einen Bericht jener wundersamen Genesung in Druck. Das Heftchen fand breiten Anklang und gab in Bayern der Verehrung des hl. Franz Xaver, von den Jesuiten in München und Ingolstadt bereits gefördert, einen weiteren deutlichen Anschub. Die Schwestern werden wohl gleichzeitig gehofft haben, damit den angeschlagenen Ruf der jesuitischen Frömmigkeit ins rechte Licht zu setzen. Allerdings konnte die Popularität ihres Ordensheiligen die Gesellschaft Jesu trotzdem nicht retten. Auf Druck der Großmächte Frankreich, Spanien und Portugal musste Papst Clemens XIV. den weltumspannenden Orden am 21. Juli 1773 auflösen – erst 1814 konnten sich die Jesuiten neu konstituieren.

Maria Anna Bernarda von Aretin – Frömmigkeit und Politik

„Wir kämen an kein Ende, wollten wir alle Beweise höchster Huld, die uns geworden, aufzählen. Doch all diese menschlichen Huldbezeugungen,“ schreibt die Mutter Berchem, „sind gering gegen die Gnade, welche der Himmel selbst einer unserer Schwestern durch die mächtige Vermittlung des heiligen Franziskus Xaverius erweisen wollte.“ Wir geben den Bericht dieser Thatsache, wie er im Jahre 1759 in Druck erschienen und von den Ärzten bestätigt worden ist. VIII

Frau Maria Anna Bernarda von Aretin war im Jahre 1747 VII
(sechzehn Jahre alt) in den Orden eingetreten und hatte bis 1754 in demselben gelebt und bis dahin einer guten Gesundheit sich erfreut. Zu Anfang dieses Jahres hat sie sich infolge einer gewaltsamen Ausstreckung des Armes etwas unter der linken Achsel zersprengt. Es bildete sich ein Geschwür an der beschädigten Stelle, welches so zunahm, da es ihr gedünkte, es hänge ein schwerer Sack ihr inner den Rippen. Es folgten sehr empfindliche Schmerzen, die ihr nicht nur bei ihren Verrichtungen große Beschwernis machten, sondern auch in Genießung von Speis und Trank hinderlich waren; denn sobald sie ein wenig zu sich genommen, befiel sie ein Zittern an allen Gliedern. Dennoch verschwieg sie ihren Zustand zwei ganze Jahre, bis das Übel so überhand nahm, daß sie ohne Gefahr zu ersticken, nicht im Bett verbleiben konnte. Kein Mittel vermochte Hilfe noch Linderung zu verschaffen. So war der Zustand der Kranken vom 21. Oktober 1756 bis zum Monat Dezember, in welchem das Übel den höchsten Grad erreichte. Es schien der Kranken, man eröffne das Geschwür von innen mit einer Lanzette, und eine Menge siedend heißes Wasser ergieße sich durch ihren ganzen Körper. Letzteres währte etliche Stunden, so daß sie vor Schmerz in Ohnmacht fiel und der Arzt befahl, sie solle beichten, um der Gefahr zuvorzukommen. Solche mit Ohnmacht verbundene Ausgießungen wiederholten sich nun fast alle zwei Monate, ja noch öfter, zwei ganze Jahre hindurch. Die linke Seite der armen Schwester war nur eine große Geschwulst, die sich selbst über Hände, Füße, ja das ganze Angesicht ausbreitete, der linke Arm war lahm, Haupt, Zähne, Ohren voll Schmerz, die Augen außerordentlich geschwächt worden. Um nicht zu ersticken, brachte sie lange Zeit Tag und Nacht auf einem Sessel sitzend zu, und ward oft vor Schmerz laut aufzuschreien gezwungen. Der linke Fuß war durch Nerveneinziehung merklich kürzer geworden, sie war des Schlafes fast gänzlich beraubt, voll des Ekels vor Speise und Trank, dabei erlitt sie oft so heftige Convulsionen, daß alles um sie her erzitterte. Das war der elende Zustand der Kranken zwei Jahre fünf Monate

und sechzehn Tage lang, nämlich vom 21. Oktober 1756 bis 7. März 1759, wo es Gott gefiel, sie vollkommen genesen zu lassen. Etliche Wochen vor ihrer Genesung nahm ihr Übel in jeder Weise so zu, daß sie glaubte, in kurzem alles Sinnes und Verstandes beraubt zu werden und in äußerste Traurigkeit verfiel. Am 4. März wandte sie sich von ganzem Herzen
XI, XII zum heiligen Franziskus Xaverius und begann eine neuntägige Andacht zu ihm. Während drei Tagen zeigte sich nicht die geringste Veränderung. Am Morgen des 7. März nahmen ihre Leiden so zu, daß sie fast den ganzen Vormittag mit Weinen zubrachte bis zu ihrer glückseligen Stunde der Gnade, über die sie selbst also berichtet hat: „Weil das Übel immer mehr tobte, nahm ich das Bild des heiligen Xaverius in die Hand, benetzte es mit vielen Thränen, und weil ich ein absonderliches Vertrauen in mir empfand, bat ich ihn inniglich, er wolle sich doch meiner annehmen und mir die Gesundheit erlangen, wenn es zu meiner Seligkeit gereiche. Auf dieses hin schien es mir, das Bild des Heiligen bewege die Augen, sehe mich mitleidig an und wende sie dann zum Himmel hinauf. Innerlich war ich voll Trost und Freude und hörte eine Stimme, welche sagte: „Jetzt bitte ich bei Gott um deine Gesundheit." Darauf ward ich innerlich angetrieben, ich solle im Namen des heiligen Xaverius aufstehen, mich ankleiden und allein gehen." Sie that es und ging ins nächste Zimmer. Die zwei Krankenwärterinnen erschraken. Aber Schwester Anna Bernarda lachte, zeigte ihnen das Bild des heiligen Franz Xaver, ging hurtig im Zimmer auf und ab, und da ihr eine der Krankenwärterinnen mit dem Finger drohte, fiel sie ihr um den Hals und sagte, sie sei durch die Barmherzigkeit des heiligen Franz Xaver genesen und wolle nun im Chor vor dem hochwürdigsten Gut Gott Dank sagen. Die Krankenwärterinnen trauten ihren Augen nicht und holten die Oberin. Indes ging die Genesene eine kranke Mitschwester besuchen, welche sich so entsetzte, daß sie glaubte, Schwester Anna Bernarda sei von Sinnen gekommen. Nun kam die Mutter Berchem und die Schwester Assistentin Angelika Maximiliana von Pelkhoven. Sie eilte ihnen entgegen und ging ohne jegliche Stütze in den Chor, wo sie in Trost und Freude auf den Knien liegend mit ihnen Gott und dem heiligen Franz Xaver dankte. Dann führte man sie ins Gemeindezimmer wo alle Schwestern versammelt waren und sie ihnen erzählte, was der heilige Franz Xaver an ihr gewirkt. Alle staunten und weinten in heiliger Freude. Den andern Tag war Gemeindekommunion zur Danksagung für das große Wunder. Schwester Anna Bernarda wohnte im Chor kniend der heiligen Messe bei, empfing die heilige Kommunion und stimmte das Te Deum an. Zu Mittags wurde sie im Refektor als Gast traktiert[8]. Bisher schien die Genesung vollkommen zu

8 D.h. wie ein Gast behandelt.

sein: Geschwür und Geschwulst waren verschwunden, Haupt
und Augen frisch und ausgeheitert, Beine und Füße in na-
türlichem Stand, und dies alles war in etlichen Augenblicken
geschehen. Nach vierundzwanzig Stunden zeigte sich aber
wieder eine Geschwulst an den Füßen, vielleicht eine Wirkung der zu großen Behutsamkeit, die man brauchte und man
vielleicht eine Art Mißtrauens nennen konnte. — Obgleich
sie knieen, gehen und stehen konnte, fing sie doch, um auch
von diesem Überbleibsel frei zu werden, die Andacht der zehn
Freitage zum heiligen Xaverius zu verrichten an und weigerte sich, irgend welches natürliche Mittel anzuwenden. Da der
Arzt doch darauf bestand, nahm das Übel zu und wurde fest
und steinhart. Man sah, daß der heilige Franziskus Xaverius
alleine helfen wolle und ließ die Medizin weg. Am zehnten
Freitag waren die Füße von aller Geschwulst befreit, und sie
lebt heute noch in vollkommener Gesundheit." So weit der Bericht. Das wunderbare Bild des heiligen Franz Xaver ist leider nicht mehr da, wohl aber ein Gemälde des Heiligen, das IX
zum Dank für dieses Wunder gemalt worden, und den Heiligen am Meeresufer zeigt, wie ein Krebs ihm sein ins Meer
gefallenes Kruzifix zurück bringt. — Schwester Anna Bernarda Aretin versah zu verschiedenen Zeiten im Kloster das
Amt der Krankenwärterin, Pförtnerin, Novizenmeisterin und
war Ratsschwester und aufsehende Schwester der Gemeinde.
Immer heiter und gottergeben, auch in späteren Jahren eines
schmerzlichen Gichtleidens, war sie auch im Tode voll Freude
in der Hoffnung des baldigen Besitzes Gottes. Sie beurlaubte[9]
sich von jeder einzelnen Schwester und wiederholte öfters die
Worte: „Meine lieben Schwestern, lieben Sie einander." Eine
Herzwassersucht machte ihrem auferbaulichen Leben ein
Ende am 14. Februar 1785. Sie zählte erst vierundfünfzig Jahre, siebenunddreißig der heiligen Profeß und war die erste
Schwester unserer Gemeinde, welche in Indersdorf gestorben
ist. Ihr jungfräulicher Leib ruht beim Eingang in der Nikolauskapelle dortselbst.

Weitere Einzelheiten aus dem Klosterleben

In oben genanntem Circularschreiben erzählt die Mutter Berchem ferner, daß während ihrer beiden Triennale die Kirchenparamente sich „um etwas weniges" gemehrt haben. „Unter andern", sagt sie, „haben wir eine neue Monstranz machen

9 D.h. verabschiedete.

lassen, um unsern Herrn mit geziemender Ehrfurcht im heiligsten Altarsakramente aussetzen zu können. Ihr Wert ist von beinahe zwölftausend Reichsgulden. Eine unserer jungen Profeßschwestern, die einzige Erbin eines großen Vermögens, wollte ihren kostbaren Juwelenschmuck von Diamanten, Smaragden und Rubinen darauf verwendet wissen. Die Monstranz ist das Werk eines der berühmtesten Goldarbeiter von Augsburg. Einige unserer Schwestern (wohl die obenerwähnte aus Paris), die auf ihrer Reise nach Wien sich bei uns aufhielten, meinten, keine Kirche Frankreichs habe Ähnliches aufzuweisen. Aus dem Brautkleid, das genannte junge Schwester bei ihrer Einkleidung trug, wurde ein vollständiger Ornat für die drei Altäre gemacht. Wir erhielten davon drei Rauchmäntel, zwei Dalmatiken und drei Meßkleider, deren Mittelstück reich in Gold gestickt ist. Wir hatten nur für das Zugehör Sorge zu tragen. Überdies haben wir drei Antependien und drei Meßgewänder aus einem mit farbigen Blumen durchwirkten weißen Seidenstoff gefertigt; unsere Schwestern arbeiten eben an einem vierten Meßgewand von gelblicher Grundfarbe. Die Notwendigkeit erforderte diese Ausgabe, da unsere andern Ornate anfingen, alt und abgetragen auszusehen." Die reiche Erbin, von der die Mutter Berchem spricht, war unsere Schwester Theresia Benedikta Temper, von der in einer alten Schrift bemerkt ist, daß sie dem Kloster über dreißigtausend Gulden zubrachte – damals eine große Summe. Die sogenannte Temper'sche Messenstiftung in der Klosterkirche in München ist auch von ihr. Sie bestimmte dazu ein Kapital von achttausend Gulden zu vier Prozent. Für den Benefiziaten waren dreihundert Gulden ausgesetzt, wofür er wöchentlich sechs heilige Messen nach Intention zu lesen hatte, davon wöchentlich eine für die letztverstorbene Schwester und eine für die, welche zuerst sterben würde. Den Rest von zwanzig Gulden konnte die Oberin nach belieben verwenden. Die liebe Schwester bemerkt noch schriftlich, daß, falls das Kapital abhanden kommen sollte, auch die Verpflichtung der sechs heiligen Wochenmessen aufhöre.

Schwester Theresia Benedikta Temper, sagt das Gelübdebuch, hatte sich in blühendem Alter Gott geweiht (bei ihrer Einkleidung 6. Februar 1753 zählte sie erst fünfzehn Jahre) und großmütig alles verlassen. Sie war allezeit eine vorzügliche Ordensfrau und tüchtig in allen Ämtern, bis ihr der liebe Gott das Gedächtnis merklich schwächte und ihr Gemüt mit großer Furcht vor dem Tode erfüllt wurde. Dieser erreichte sie nach nur sechs Tagen der Krankheit unvermutet, während die Krankenwärterin sie am Palmsonntag (5. April 1789) ins Bett heben wollte, und man in der Kirche die Passion sang, – ohne alle Todesangst, vor der sie so viele Jahre gefoltert gewesen. Sie zählte zweiundfünfzig Lebensjahre, fünfunddreißig der heiligen Profession.

Die ehrwürdige Mutter Berchem lebte nach Vollendung ihres zweiten Triennals nur mehr kurze Zeit. Sie starb am 11. Januar 1766 einem Samstag um ½ 5 Uhr abends, voll heiligen Trostes, ihrem Gott durch den Empfang der heiligen Sakramente vereint, in Gegenwart unseres Extrabeichtvaters Pater Zimmerle, S.J., der Würdigen Mutter Franziska Xaveria Grässl und einiger Schwestern im vierundfünfzigsten Lebens- und vierundzwanzigsten Profeßjahre. Im Gelübdebuch wird nur kurz der großen Verdienste erwähnt, die sie durch ihre Mühewaltung als Oberin, als Ratsschwester, Hausmeisterin und Obermeisterin der Zöglinge sich gesammelt, und von der vollkommenen Ergebung in den göttlichen Willen gesprochen, womit sie ihre letzte Krankheit – eine Lungenentzündung – von Gottes Hand angenommen hat.

Was aus den Jahren 1761–1781 auf uns gekommen, beschränkt sich auf Weniges. Am 7. Mai 1761 wurde die Mutter Franziska Xaveria Gräßlin zum ersten und am 7. Juni 1764 zum zweiten Male zur Oberin gewählt. Diese zweite Wahl, welcher der Generalvikar der Diöcese, Weihbischof Baron von Wertenstein vorstand, wurde im Namen Seiner Päpstlichen Heiligkeit bestätigt, weil der neuernannte Bischof von Freising noch nicht konsekriert worden war. Nach derselben begab sich der Weihbischof mit seinem Kapellan und dem Beichtvater in's Kloster, das Gebäude zu besehen, was fortan nach jeder neuen Oberin-Wahl Gebrauch wurde.

Ein Circulaire aus Nancy erzählt aus dieser Zeit, daß unsere Schwestern Louise Beatrix Zuckmantel und Charlotte Eleonore von Viray, welche nach 10jährigem Aufenthalt in Wien in ihr Mutterhaus Nancy zurückkehrten, unser Kloster in München besuchten und dortselbst, wie auf der Heimreise im Jahre 1756 geschehen, auch jetzt wieder eine kleine Station machten und die liebenswürdigste, herzliche Aufnahme fanden.

Im August 1766 ließ die Mutter Gräßlin in unserm Kloster einen Kreuzweg errichten und von einem Konventualen der Minderen Brüder in München einweihen. Die schriftliche Erlaubnis des Kurbayr. Provinzials und des Bischofs zur Vollziehung dieses Aktes liegen noch vor.

Aus dem Gelübdebuch erfahren wir, daß genannte liebe Mutter Franziska Xaveria mit 19 Jahren die heiligen Gelübde abgelegt und das geistliche Leben mit solchem Eifer erfaßt habe, daß ihr schon mit 29 Jahren das Amt der Novizenmeisterin und Assistentin der Gemeinde anvertraut worden war. Von Allen hochgeschätzt und geliebt, bekleidete sie die Stelle der Novizenmeisterin ihr ganzes Leben, bis ein krebsartiges Geschwür ihre Gesundheit zerstörte. Auf Fürbitte der gottseligen Creszenzia von Kaufbeuern erhielt sie zwar die Gnade, daß das Geschwür nicht aufbrach, und sie Niemanden Ungelegenheiten machte, aber ihre Kräfte nahmen zusehends ab, und sie gab fast unbemerkt ihren Geist auf am 25. Februar 1792, dem 65. Jahre ihres Alters und dem 46. ihrer Profession.

Unter den elf lieben Schwestern, die während ihrer beiden Triennale in ein besseres Leben abberufen wurden, werden drei insbesondere gerühmt wegen ihrer Liebe zur Einsamkeit und zum Stillschweigen: die erst 36 Jahre zählende Chorschwester Anna Cajetana Hopfner, die 37jährige Laienschwester Maria Sebastiana Kray, deren angeborener heiterer Sinn ihre stille Arbeitsamkeit noch bewunderungswürdiger machte, und die 52jährige Chorschwester Franziska Bonaventura Ernst. Die letzte hatte mit 18 Jahren schon Profeß gemacht und seither im Dienste des Nächsten als Küchen- und Arbeitsmeisterin und Krankenwärterin ein in Gott verborgenes Leben geführt als beste Vorbereitung auf den Tod, der sie unerwartet am Feste des von ihr hochverehrten heiligen Sebastian 1766 ereilte. Tags zuvor hatte sie noch aus besonderem innern Antrieb die heiligen Sakramente empfangen.

Durch Vorliebe für die heilige Armut hatte sich Schwester Marie Angelika Heindlin ausgezeichnet, welche ein Alter von 64 Jahren erreichte. — Die Laienschwester Marg. Maria Hackenschmid starb 60 Jahre alt. Sie hat während ihres ganzen Lebens den ersten Eifer bewahrt und kürzte sich oft den Schlaf ab, um keine ihrer geistlichen Übungen zu versäumen. – Die Chorschwester Anna Theresia Lukhner wurde gleich nach ihrer Profession von einer Lungenkrankheit befallen und übergab alsogleich ihr jugendliches Leben ganz dem göttlichen Willen. Sie starb unerwartet schnell in den Armen der Mutter Gräßl. Pater Pergmayr versicherte aber die Gemeinde, daß sie zwei Tage vorher ihre Beicht zur Vorbereitung auf den Tod verrichtet und ihre Seelengeschäfte auf's Beste geordnet habe. – Wir nennen hier auch die ehrwürdige Schwester Franziska Salesia Metzger, die, nachdem sie bei Hof allen zur Erbauung gedient, mit 50 Jahren in den Orden trat, um dort in Gehorsam und Armut sich auf ihren Tod vorzubereiten, der zwei Jahre nach ihrer Profeß erfolgte am 4. Mai 1769.

Abbildungen — Fünftes Kapitel

I Maria Anna Carolina von Spreti (1735–1795), Oberin des Münchner Salesianerinnenklosters

II Graf Hieronymus von Spreti (1695–1772), Vater der Maria Anna Carolina

III Maria Caroline Charlotte von Ingenheim, verh. Gräfin von Spreti (1704–1749),
Mutter der Maria Anna Carolina

IV Benonia von Spreti (später Schwester Maria Anna Carolina) als Kind, 1736/37

V Graf Sigismund von Spreti (1732–1809), Bruder der Maria Anna Carolina

Ce Livre
De Priere fut Ecrit
Par
Son Altesse Madame
La Princesse Marie
Anne Née Landgraff
de Hessen Reinfels
feu ma tres honnorée Grande
Mere ✠.

Sigismong Comte Spreti

intension vor der messe

Almachtiger vatter, ich opfre dihr, durch das hertz Jesus vnd marie, alle heilig
mess opfer so heut gelesen werden, wie auch meine, vnd alle gutte meinung
gebet, vnd werck, vereiniget mit den verdiensten Christi, und mit der meinu
ng wie J: C: und alle heilligen, und die kirch dieselbige gott seinem himel
lischen vatter auf~~opfe~~ geopfert, auch zur höchsten Ehr, vnd glorie gottes
dem disses opfer allein gebührt zur gedachtnus deines o Jesus bitteres leiden
und sterben, weillen du dieses opfer zu diesem endt eingesetz zur genung
thuung meiner begangenen sünden, vnd zur erlösung der armen seelen
zur danck sagung vor alle empfangenen wohltahten, und bitte im nahmen
vnd durch die verdiensten J: C: durch die vorbitte der Englen der heilligen
vnd der armen seelen das gott mich, meine kinder freund wohltater, vnd
~~haus genossen~~, ~~vnd~~ alle menschen, uns im glauben mehr erleuchten, in der
hoffnung mehr stärcken, in der liebe mehr endzünden wolle, ein reines
hertz in uns erschaffen ein aufrichtigen geist in uns erneuren, und uns
genade geben die standtmässige tugenden zu üben, den nächsten wie uns
selber zu lieben, und durch gutes exempel zu erbauen, das wir der eigenen
lieb absterben, und die tugend der demuth, sanftmuht, keuscheit, gedult
~~und~~ andacht und gehorsame erlangen, wie auch die ergebenheit in deinen
gottlichen willen, ein wahres vertrauen auf deine gottliche vorsichtigkeit
die genade oft volkomene reü vnd leidt zu erwecken, niemahl die heillige
sacramenten unwürdig zu empfangen, die beharrlichkeit im gutten, und
ein selliges endt, das wihr den friden mit gott vnd mit ieder man habe
und in unsseren haus haben mögen, das wihr alle zeit gott gefelligen raht
so wohl in geistlichen als weltlichen sachen finden mögen, das gott unsere
hertzen so regiren wollen, das wihr den willen gottes erkenen, und mit fro
lichen hertzen vollbringen, das wihr in dem ort und standt, wo wihr vor gottes
augen am angenehmsten ~~sein~~ uns befinden mögen, das uns gott gottesfürchtig
verstandige gehorsame, treuwe leut geben, und erhalten wohle, uns genade geben
die bösse gewohnheite standthaftig zu uberwinden, uns in seinen schutz
erhalte, an leib vnd selle segenea vor sündthaften thaten, falschen

 Handgeschriebenes Gebetbuch aus dem Besitz der Familie Spreti, um 1700

Ordensschwestern von gereifter Tugend."

Anno 1733 legte Kurfürst Karl Albrecht und seine Gemahlin Amalia von Oesterreich am 31. Mai (: Dreifaltigkeitsfeste :) den Grundstein zu einer neuen, größeren und stattlicheren Klosterkirche, deren Bauleitung der kurfürstliche Hofbaumeister Gunzrainer übernahm. Es lag der Gemeinde sehr daran, dieselbe so recht zu einer Herz-Jesu-Kirche auszugestalten; das heiligste Herz wurde, in Stein gehauen, im Portale angebracht, und der berühmte Stukkateur Asam schmückte in hervorragender Weise den Tabernakel und die Kanzel mit diesem heiligen Symbole.

Anno 1729 fiel die Wahl auf Sr. Marie Angélique Maximiliane von Pelkhoven, deren weise, liebevolle Amtsführung viel dazu beitrug, die Gemeinde auf guten Wegen zu erhalten. Diese gute Mutter hatte eine besondere Andacht zum heiligsten Herzen Jesu und erwirkte bei ihrer Neuwahl anno 1738, daß das Fest des heiligsten Herzens feierlich begangen und die Commemoration genommen werden durfte. Von der Zeit an hielt die Oberin an diesem Feste das Offizium in diesem Kloster.

Die Bruderschaft des heiligsten Herzens Jesu war schon am 11. Mai 1713 in der Klosterkirche errichtet und von Papst Clemens XI. mit den gewöhnlichen Bruderschaftsablässen begnadigt worden.

Mère Marie Angélique Maximiliane de Pelkhoven wurde fünfmal gewählt, das letzte Mal anno 1752, jedoch stets in regulärer Weise.

Vom Jahre 1738 an wurde zu jeder Wahl ein Commissär von der Regierung gesandt, um sie im Namen des Kurfürsten zu approbieren; dies geschah im Sprechzimmer, nachdem die Wahl und die damit verbundenen Zeremonien im Chore vollendet waren.

Anno 1749 wollte man, daß unsere Schwestern statt des Pensionnates öffentliche Schulen übernehmen, und man drohte ihnen, die Renten des Stiftungskapitals einzuziehen, wenn sie sich dessen weigern sollten. Sie erholten sich Rat von Annecy, und da dies Kloster diese Neuerung sehr mißbilligte, widersetzten sie sich derselben standhaft und wendeten sich zu dem Zwecke an Ihre Majestät, die Kaiserin Maria Theresia, Gemahlin Franz I., durch deren Vermittlung sie für immer von dieser regelwidrigen Zumutung verwahrt blieben.

Im April des Jahres 1752 feierten sie die Seligsprechung unserer heiligen Stifterin Johanna Franziska von Chantal mit einem Triduum, das sehr festlich begangen wurde. Die Schlußpredigt hielt der hochwürdige Pater Pergmayr, S. J.

Im Jahre 1773 sollte den Ordenssta-

VII Schwester Maria Anna Bernarda von Aretin, 2. Hälfte des 18. Jahrhunderts

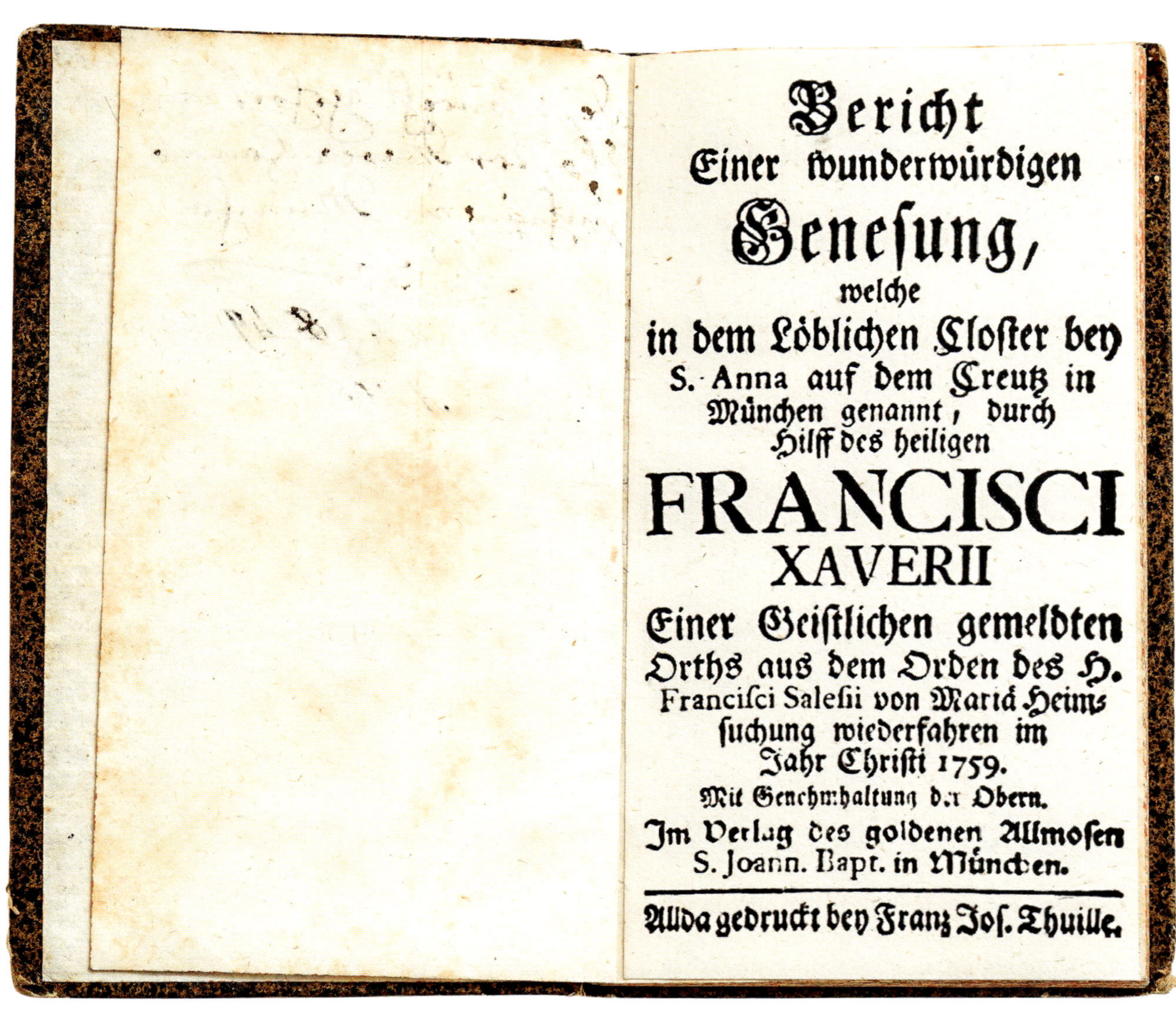

Bericht
Einer wunderwürdigen
Genesung,
welche
in dem Löblichen Closter bey
S. Anna auf dem Creutz in
München genannt, durch
Hilff des heiligen
FRANCISCI
XAVERII
Einer Geistlichen gemeldten
Orths aus dem Orden des H.
Francisci Salesii von Mariä Heim-
suchung wiederfahren im
Jahr Christi 1759.
Mit Genehmhaltung der Obern.
Im Verlag des goldenen Allmosen
S. Joann. Bapt. in München.

Allda gedruckt bey Franz Jos. Thuille.

VIII Bericht über die Wunderheilung der Schwester Maria Anna Bernarda von Aretin, 1759

IX Mirakelbild des hl. Franz Xaver, 2. Hälfte des 18. Jahrhunderts

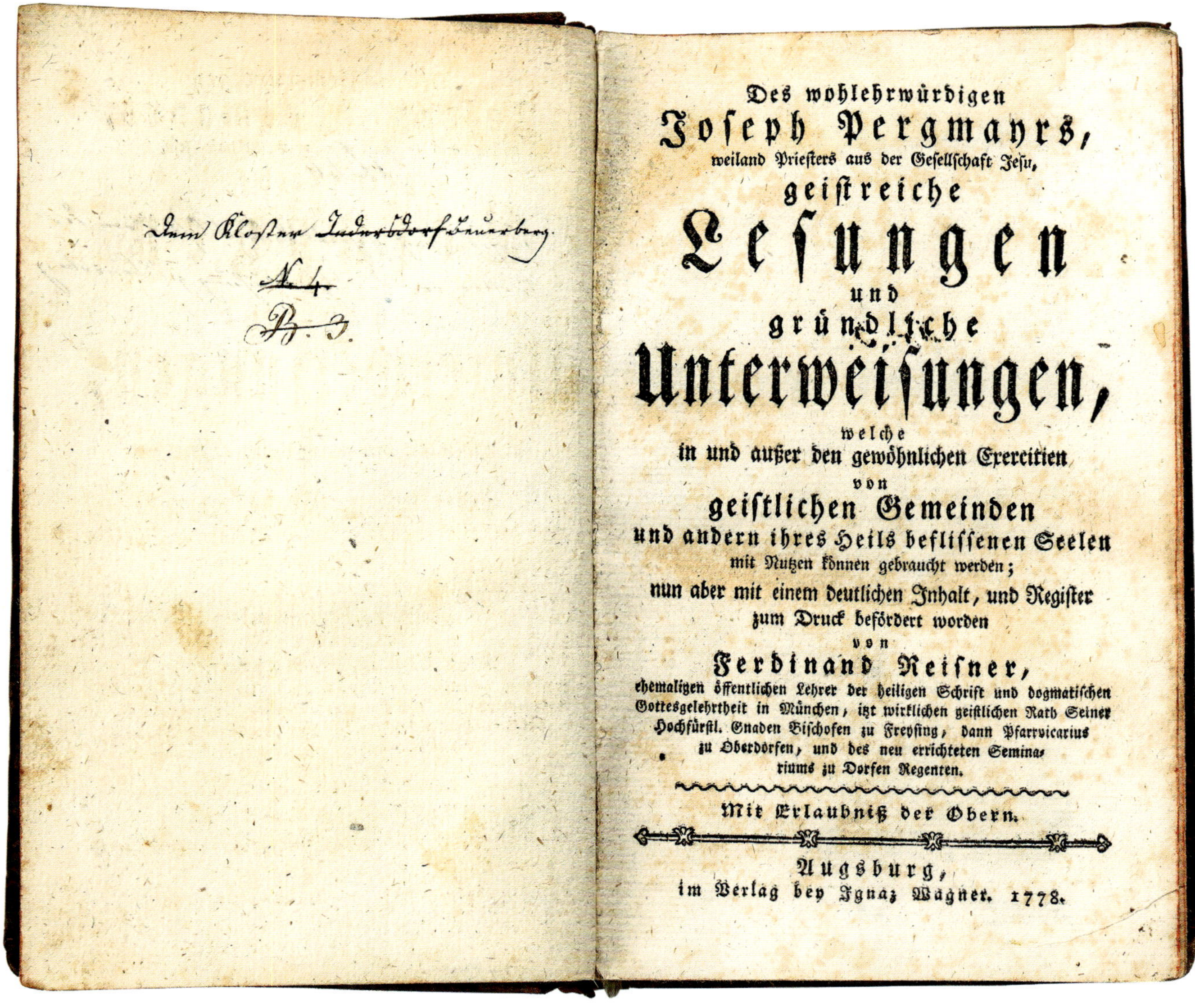

Des wohlehrwürdigen
Joseph Pergmayrs,
weiland Priesters aus der Gesellschaft Jesu,
geistreiche
Lesungen
und
gründliche
Unterweisungen,
welche
in und außer den gewöhnlichen Exercitien
von
geistlichen Gemeinden
und andern ihres Heils beflissenen Seelen
mit Nutzen können gebraucht werden;
nun aber mit einem deutlichen Inhalt, und Register
zum Druck befördert worden
von
Ferdinand Reisner,
ehemaligen öffentlichen Lehrer der heiligen Schrift und dogmatischen Gottesgelehrtheit in München, izt wirklichen geistlichen Rath Seiner Hochfürstl. Gnaden Bischofen zu Freysing, dann Pfarrvicarius zu Oberdorfen, und des neu errichteten Seminariums zu Dorfen Regenten.

Mit Erlaubniß der Obern.

Augsburg,
im Verlag bey Ignaz Wagner. 1778.

X Predigten des P. Pergmayr, Beichtvater im Münchner Heimsuchungskloster

XI Tod des hl. Franz Xaver, Mitte des 18. Jahrhunderts

XII Armreliquie des hl. Franz Xaver, 18. Jahrhundert

I

Schwester Maria Anna Carolina von Spreti (1735–1795)
München, 2. Hälfte des 18. Jahrhunderts
Öl auf Leinwand, 105,5 × 86,5 cm
Kloster der Salesianerinnen, Dietramszell

Das seltene Porträt einer Ordensfrau des 18. Jahrhunderts belegt den besonderen Status, den die Gräfin Benonia von Spreti auch als Schwester Maria Anna Carolina im Münchner Heimsuchungskloster besaß. Sie ist dargestellt als idealisierte Ordensfrau mit dem brennenden Herzen der Gottesliebe in der Hand. Vielleicht ist das Bild anlässlich ihrer ersten Amtszeit als Oberin (1775–1781) entstanden.

II

Graf Hieronymus von Spreti (1695–1772)
München, um 1760
Öl auf Leinwand, 68 × 54 cm
Privatsammlung

Das repräsentative Porträt zeigt den Vater der Salesianerin Anna Carolina, den kurfürstlichen Kammerherr, Feldmarschall-Leutnant und Geheimer Rat Graf von Spreti. Es entstand wohl anlässlich seiner Aufnahme in den St. Georgs-Ritterorden 1759.

III

Maria Caroline Charlotte von Ingenheim, verh. Gräfin von Spreti (1704–1749)
München, um 1720/25
Öl auf Leinwand, 72 × 56 cm
Privatsammlung

Das Porträt zeigt die junge Freiin von Ingenheim, die Mutter der Salesianerin Anna Carolina von Spreti, vermutlich während ihres Aufenthaltes am Münchner Hof ab 1719. In dieser Zeit, in der sie als Hofdame der Kurfürstin Therese Kunigunde diente, begann ihre Beziehung mit dem Kurprinzen Karl Albrecht, dem sie später zwei Kinder gebar.

IV

Benonia von Spreti als Kind
München, 1736/37
Öl auf Leinwand, 78 × 61 cm
Privatsammlung

Das reizende Kinderbild der späteren Schwester Anna Carolina von Spreti zeigt sie als Kleinkind mit einer Blumengirlande in der Hand vor einem Vorhang als herrschaftlichem Symbol. In ähnlicher Weise werden in dieser Zeit auch die jüngeren Kinder des Kurfürsten Karl Albrecht porträtiert.

V

Graf Sigismund von Spreti (1732–1809)
München, spätes 18. Jahrhundert
Öl auf Leinwand, 70 × 54 cm
Privatsammlung

Der ältere Bruder der Oberin Anna Carolina von Spreti hatte als Hofrat, Präsident des Geistlichen Rates und Vizepräsident von Neuburg an der Donau wichtige politische Ämter inne; er stand den Idealen der Aufklärung nahe und stand zeitweilig auch der Bayerischen Akademie der Wissenschaften vor. Dennoch war der tief gläubige Graf auch immer ein bedeutender Förderer des Münchner Heimsuchungsklosters. Seine Tochter Walburga wurde 1796 ebenfalls Salesianerin.

VI

Gebetbuch aus der Familie Spreti
Tinte auf Papier, um 1700
Privatsammlung

Wie der Eintrag auf der ersten Seite belegt, gehörte dieses handgeschriebene Gebetbuch Maria Anna von Hessen-Wahnfried, verh. Freiherrin von Ingenheim. Die Großmutter der späteren Salesianerin Anna Carolina von Spreti pflegte offenbar bereits jene tiefe persönliche Frömmigkeit, die auch die späteren Generationen dieser Adelsfamilie auszeichnete und die enge Verbindung zu den Münchner Salesianerinnen erklärt.

VII

Schwester Maria Anna Bernarda von Aretin (1731–1785)
2. Hälfte des 18. Jahrhunderts
Öl auf Leinwand, 86 × 77 cm
Sammlung G. Adam Freiherr von Aretin

Porträts von Schwestern sind äußerst selten angefertigt worden. Anlass für dieses Gemälde ist neben ihrer adeligen Herkunft die Bekanntheit, die Maria Anna Bernarda von Aretin durch ihre wundersame Heilung 1759 schon zu Lebzeiten erlangte.

VIII

Bericht einer wunderwürdigen Genesung [...]
München: Franz Jos. Thuille, 1759
Papier, bedruckt, gebunden
Kloster Beuerberg

Mit diesem gedruckten Mirakelbericht wurde das Wunder der Heilung der Schwester Maria Bernarda von Aretin in München verbreitet. Die Schwester schildert in dieser Veröffentlichung ihre wunderbare Heilung selbst: „Innerlich ware ich voller Trost und Freud / und hörte eine Stimm / welche sagte: Jetzt bitte ich bey Gott um dein Gesundheit. Darauf merckte ich einen innerlichen Antrieb / ich solte auffstehen im Namen des Heili. Xaverii: mich ankleiden / und allein gehen."

IX

Hl. Franz Xaver
2. Hälfte des 18. Jahrhunderts
Öl auf Leinwand, 97,5 × 76 cm
Kloster der Salesianerinnen, Dietramszell

Bei diesem Bild handelt es sich wohl um jenes Gemälde des Jesuitenheiligen, das die Schwestern nach der Wunderheilung der Maria Anna Bernarda von Aretin anfertigen ließen. Das Bild, offensichtlich gemalt nach der Vorlage eines kleinen gedruckten Andachtsbildchens, zeigt den Heiligen umgeben von Symbolen und Attributen seines Lebens und Wirkens, u.a. der Krebs, der sein ins Meer gefallenes Kreuz wiederbrachte.

X

Des wohlehrwürdigen Josef Pergmayrs, weiland Priester aus der Gesellschaft Jesu, geistreiche Lesungen und gründliche Unterweisungen
Ferdinand Reisner (Hrsg.), Augsburg:
Verlag Ignaz Wagner, 1778
Kloster Beuerberg

Im 18. Jahrhundert war die Spiritualität der Salesianerinnen stark von ihren jesuitischen Beichtvätern geprägt. Besonders einflussreich wirkten die „kernichten Unterweisungen" Pater Joseph Pergmayrs SJ (1713–1765), der erst außerordentlicher, dann von 1753 bis 1763 ordentlicher Beichtvater des Konvents war. Sie wurden von den Schwestern aus dem Gedächtnis niedergeschrieben und editiert.

XI

Tod des hl. Franz Xaver
Mitte des 18. Jahrhunderts
Gouachebild in Klosterarbeit, 15 × 11 cm
Diözesanmuseum Freising, Bl 794

Durch seinen einsamen, aber gottgefälligen Tod während seinen Missionsreisen vor der Küste Chinas wurde der hl. Franz Xaver zu einem der wichtigsten Sterbepatrone des barocken Bayern. Sein Vorbild sollte in der Sterbestunde Trost und Zuspruch spenden, und sein Tod war deshalb ein beliebtes Motiv in Gemälden und Andachtsbildern. Dies erklärt auch die Rolle, die dieser Heilige bei der Wunderheilung der Schwester Maria Bernarda von Aretin 1759 spielte.
[Foto: Christoph Schalasky]

XII

Armreliquie des hl. Franz Xaver
Kupferstich in Klosterarbeit, 16 × 11 cm
Diözesanmuseum Freising, D 7799

Die Verehrung des hl. Franz Xaver wurde im 18. Jahrhundert auch über entsprechende Andachtsgrafik verbreitet. Klosterarbeiten wie diese, welche die in Rom (Il Gesù) aufbewahrte Armreliquie des Heiligen zeigen, sind in Süddeutschland relativ weit verbreitet und werden auch den Münchner Salesianerinnen bekannt gewesen sein.

Sechstes Kapitel

Vertreibung und Rettung: Die Zeit in Indersdorf von 1784 bis 1831

Das Ende des Münchner Salesianerinnenklosters 1784 kündigte sich durch eine Reihe staatlicher Maßnahmen an, die im Sinne eines aufgeklärten Absolutismus Macht und Besitz von Kirchen und Klöstern beschneiden und einer „sinnvollen“ Verwendung zuführen sollten. In Bayern hatte sich Kurfürst Max III. Joseph (reg. 1745–1777) um längst überfällige Reformen bemüht, die das ausgelaugte und verarmte Kurfürstentum Bayern modernisieren sollten. Angesichts leerer Kassen – er hatte von seinem Vater eine Schuldenlast von 32 Millionen Gulden geerbt – galt das besondere Augenmerk der Sanierung des Haushaltes, um den Staat wieder handlungsfähig zu machen. Über eine zehnprozentige Sondersteuer („Dezimalsteuer“) wurden ab 1757 die Klöster mit ihrem zum Teil beträchtlichen Besitz zu einer lukrativen Geldquelle für den Staat. Mit neuen Gesetzen, beispielsweise dem Verbot größerer Vermächtnisse, wurden die Klostervermögen de facto von Staat kontrolliert. In einem Klima zunehmender kirchenfeindlicher Maßnahmen – Abschaffung zahlreicher kirchlicher Feiertage 1772, weltweites Verbot des Jesuitenordens 1773 – wagte kaum ein Orden aufzubegehren.

Im benachbarten Österreich setzte Kaiser Joseph II. (reg. 1780–1790) seine noch weitaus tiefer gehenden Reformen um; letztendlich wurden dort 800 Klöster jener aus staatlicher Sicht „überflüssigen“ Orden aufgehoben, die nicht karitativ, seelsorglich oder im Schulwesen tätig waren. Auch in Bayern kam es in diesen Jahren zu ersten Zwangsauflösungen. Ein exemplarisches Beispiel ist das alte Augustiner-Chorherrenstift zu Indersdorf, 1120 gegründet und nach Scheyern und Ensdorf das dritte Hauskloster der Wittelsbacher. Mit seinem Grundbesitz, der über vierhundert Anwesen in der näheren Umgebung umfasste, stellte das Stift einen beachtlichen Wirtschaftsfaktor in der Region dar und betreute in seiner Glanzzeit 21 Pfarreien mitsamt deren Filialen. Durch die großen Ausgaben bei der aufwändigen Barockisierung stiegen die Schulden, gleichzeitig erhöhte Kurfürst Karl II. Theodor (reg. 1777–1799) beständig die klösterliche Steuerlast. In der Amtszeit von Propst Johann Sutor erreichte der Kurfürst im Jahr 1783 mit päpstlicher Genehmigung die Auflösung des Stifts, das für bankrott erklärt worden war. Die umfangreichen Güter im Wert von einer Million Gulden ließ der Kurfürst dem Münchner Liebfrauenstift einverleiben; das vom Staat gepfändete Klostergebäude wurde anschließend den salesianischen Schwestern als neue Heimstatt zugewiesen, nachdem ihr eigenes, selbst finanziertes und abbezahltes Münchner Kloster 1783/84 enteignet und zur Gründung eines Damenstifts herangezogen wurde.

Wieso die Kurfürstinwitwe Maria Anna von Sachsen (1728–1797) ausgerechnet das angesehene Salesianerinnenkloster als Sitz für ihre neue Stiftung auserkoren hatte, wird man nie vollständig beantworten können. Lag es am reich ausgestatteten, repräsentativen Gebäude in zentraler Lage, das für ein adeliges Damenstift nur zu geeignet erschien? Wollte sie mit dieser Wahl das Andenken an ihre vielgerühmte Vorgängerin Henriette Adelaide verdrängen? Jedenfalls war die Einrichtung als solche charakteristisch für die Epoche des aufgeklärten Absolutismus. Im Gegensatz zu einem Frauenkloster hatten Damenstifte weniger einen geistlichen als vielmehr den praktischen Zweck, eine Versorgungsanstalt für Adelstöchter zu sein. Die „Präbendinnen“ genannten Mitglieder bezogen ein Gehalt, waren meist zu gemeinschaftlichem Leben und – je nach Satzung – geringen geistlichen Übungen verpflichtet, konnten jedoch auch heiraten. Das Tragen der Ordenstracht, ein schwarzes Kleid mit Spitzenbesatz und dem Stiftsorden am Band, war nur beim gemeinschaftlichen Chorgebet oder beim Erscheinen am Hof verpflichtend. Solche Einrichtungen zur Verbesserung der Lebensbedingungen verarmter weiblicher Adliger, die ja im Gegensatz zu ihren Brüdern keine Möglichkeit hatten, im Kirchendienst oder in der Armee für ihren eigenen angemessenen Lebensunterhalt zu sorgen, gab es seit dem Mittelalter. In der zweiten Hälfte des 18. Jahrhunderts setzte aber eine regelrechte Welle von Neugründungen ein, angefangen mit den beiden Stiftungen der Kaiserin Maria Theresia in Prag (1755) und Innsbruck (1765). Dass Maria Anna von Sachsen ihr Vermögen auf eine solche Stiftung verwendete, lag somit im Zeitgeist und entsprach sicherlich auch den gesellschaftlichen Erwartungen, die an die kinderlose Witwe gestellt wurden. Als Äbtissin stand sie selbst dem von ihr gegründeten Stift nominell vor, während das gemeinschaftliche Leben der Stiftsdamen von einer Stifts-Dechantin beaufsichtigt wurde.

Für die Schwestern der Heimsuchung Mariens war der Befehl, ihr Kloster in München zu verlassen, ein Schock, der auch in den ein Jahrhundert später verfassten Annalen noch deutlich zu spüren ist.

16. Kapitel.

1795 — 1801.

Außerordentliche Staats Forderungen unter Kurfürst Karl Theodor.

Bemühungen der Mutter Wambacher für ihre Gemeinde.

Kriegscontributionen unter Maximilian Joseph IV.

Wahl der Mutt. M. A. v. Guttenberg.

Letzte Jahre in München und der Beginn staatlicher Repressalien

Während ihrer beiden Triennale hatte die Mutter Berchem den Schmerz, sieben Schwestern durch den Tod zu verlieren – darunter die ehrwürdige Mutter Barnabej, die beiden goldenen Jubilarinnen des Jahres 1749 und die auf Anrufung unserer heiligen Stifterin wunderbar geheilte Schwester Maria Stanislaus Gollerbeck. Letztere war vom Himmel mit einem „vollkommenen Herzen" begabt worden und hatte sich in besonderer Weise die Liebe und Achtung der Gemeinde erworben. Die erst vierzig Jahre zählende liebe Schwester wurde allgemein betrauert und beklagt.

„Ungeachtet so vieler Todesfälle und der sich zahlreich meldenden Postulantinnen," schreibt die Mutter Berchem, „haben wir augenblicklich keine Novizinnen, da die große Teuerung uns nicht gestattet, unsere Gemeinde zu vermehren, zumal wir gleich allen religiösen Ordenshäusern in Bayern verpflichtet sind, dem Landesfürsten fünf Jahre lang einen bestimmten Tribut zu zahlen. Wir wollen uns demnach für die Zukunft auf die vorgeschriebene Zahl von dreiunddreißig Schwestern beschränken, die wir jetzt noch um sechs übersteigen." Der hier angedeutete Tribut war eine 1757 vom bischöflichen Ordinariat auf fünf Jahre ausgeschriebene Dezimationssteuer. [...] Während dieser Zeit nahm das Klostervermögen infolge der vielerlei Staatsforderungen immer mehr ab, so daß auf wiederholte Eingaben und nach Fertigung verlangter neuer Fassionstabellen[1] die Dezimationssumme anno 1772 auf siebenhundertsiebenundvierzig Gulden, und 1787 auf fünfhundertvierundvierzig Gulden herabgesetzt wurde. [...]

Im Jahre 1768 nahm die Mutter Josepha Aloysia[2] mit Bewilligung sämtlicher Schwestern die Ursulinerin, Frau Generosa Attenkofer, in unsere Gemeinde auf, in der sie 50 Jahre lang bis zu ihrem Tode zur allgemeinen Erbauung verlebte. Sie war die Tochter eines verdienstvollen kurfürstlichen Rates und Archivars, hatte 1756 im Ursulinenkloster zu Landsberg[3] die heiligen Gelübde abgelegt und fühlte sich glücklich in ihrem Berufe. Indeß brachte ein kostspieliger Bau, der alle Hilfsmittel verschlang, große Not in's Haus. Man sah keinen andern

1 Vermögensangaben

2 Schwester Josepha Aloysia von Ruffin (oder Ruffini), Oberin von 1767 bis 1770.

3 Die seit 1719 in Landsberg am Lech tätigen Ursulinen errichteten unter großen Schwierigkeiten in den 1760er Jahren den Neubau ihres Klosters und der Klosterkirche. Trotz finanzieller Nöte – 1770 wurde das Kloster bankrott erklärt – bestand der Konvent mit der dazugehörigen Mädchenschule weiter und wurde erst 1809 wirklich aufgelöst. Das Kloster war von 1845 bis 1985 von Dominikanerinnen bewohnt; heute Altenheim, Volkshochschule, Musikschule.

Ausweg, als die Nonnen in verschiedene Klöster zu verteilen oder ihren Familien zurückzugeben. Frau Generosa erbat sich, als Laienschwester Tag und Nacht zu arbeiten, wenn sie nur im geliebten Kloster verbleiben dürfe. Die Gemeinde konnte sich aber nicht halten trotz einer mit Erlaubnis des Kurfürsten gemachten Geldsammlung. Die Oberin starb aus Gram, und die Ordensfrauen zerstreuten sich. Frau Generosa, die in's väterliche Haus zurückkehren sollte, fand durch Vermittlung des ihrem Vater wohlgewogenen Kurfürsten Aufnahme bei uns, die ihr aus Achtung für die Treue, womit sie bisher ihren Beruf erfüllt hatte, gerne gewährt wurde. Die Schwestern wünschten ihren Übertritt in unsern Orden und sie machte im Ursulinenkleide ihr Noviziat durch. Als aber die Zeit kam, in der sie den Ordenshabit der Ursulinen mit dem unserigen vertauschen sollte, befiel sie große Traurigkeit und sie bat, den Orden nicht verlassen zu müssen, in dem sie ihr Glück gefunden, „doch würde sie sich überglücklich schätzen, wenn man ihr die Barmherzigkeit erweisen wollte, sie als Ursulinerin in der Gemeinde leben zu lassen." Man gab diesem ihrem Wunsche nach und hatte es nicht zu bereuen, indem sie sich eifrig in allen klösterlichen Tugenden übte. Sie hatte einen lebendigen Glauben, eine unerschütterliche Hoffnung und insbesondere eine grenzenlose Gottes- und Nächstenliebe. Still und fröhlich in Freuden und Leiden lebte sie bis zum 13. Juli 1819, wo sie, gebeugt von hohem Alter, im 83. Lebensjahre sanft entschlief.

Während der Amtsführung der Mutter Ruffin nahmen die traurigen Eingriffe der Regierung in die Rechte der Kirche ihren Anfang. Veranlassung dazu gab die in der zweiten Hälfte des 18. Jahrhunderts erschienene, gegen die päpstliche Gewalt gerichtete Schrift des Weihbischofs von Trier Johann Nik. von Hontheim.[4] Sie forderte die katholischen Fürsten auf, sich des „Plazets" zu bedienen[5] und die Obergewalt über die Geistlichkeit und in Kirchensachen sich anzueignen. Die Schrift wurde in Bayern mit Beifall aufgenommen, und der edle an sich tiefreligiöse Kurfürst Max III. ließ fortan, durch seine Räte betöhrt, gegen die Verwahrung des Bischofs von Freising-Regensburg Prinz Clemens von Sachsen[6], einen von ihm (dem Kurfürsten) über das Kirchenwesen eingesetzten

4 Johann Nikolaus von Hontheim (1701–1790), ein den Idealen der Aufklärung nahe stehender Priester und (seit 1748) Weihbischof von Trier, verfasste 1763 unter dem Pseudonym Justinus Febronius das Buch „De statu ecclesiae" (Über den Zustand der Kirche), in dem er die Vormachtstellung des Papstes angreift und dagegen die Vorstellung eines Bischofsgremiums als höchster Instanz setzt.

5 Staatskirchenrechtlicher Begriff: das aus der eigenen Macht abgeleitete Recht des Landesherren, kirchliche Angelegenheiten zu kontrollieren.

6 Clemens Wenzeslaus von Sachsen (1739–1812), Sohn des Kurfürsten Friedrich August II. von Sachsen, war von 1763 bis 1768 Fürstbischof von Freising und Bischof von Regensburg; er wurde später der letzte Erzbischof und Kurfürst von Trier, wo er eine aufklärerische Reformpolitik verfolgte, aber dennoch viele kirchliche Rechte und Traditionen verteidigte.

„Geistlichen Rat" mit unbeschränkter Willkür schalten. Es durften keine neuen Bruderschaften und Vereine eingeführt und mußte über die bestehenden peinlich genauer Bericht gegeben werden z. Beispiel: Was bei Begräbnis eines Mitgliedes für das Bahrtuch gefordert werde? Die Feiertage wurden mit Zustimmung Papst Clemens XIV. (1772) vermindert. Zu der damals schon von genannten Beamten geplanten Sekularisierung der Kirchengüter konnte sich Max III. Gerechtigkeitsliebe nicht entschließen, gab aber zu, daß die Veräußerung und Vererbung von Grundstücken an einen Orden beschränkt werden müsse, um „der Erbschleicherei vorzubeugen und die Pflichtteilberechtigung der Kinder zu schützen."

Infolge des am 13. Oktober 1764 erlassenen Amortisationsgesetzes erging an alle Klöster und Korporationen der Befehl, daß sie kein höheres Legat als 2000 Gulden erwerben und nur so viele Mitglieder aufnehmen dürften, als ihnen vom „Geistlichen Rat" zugestanden werde. Sämtliche Einsiedler, die sich nur vom freiwilligen Almosen ernährten, wurden zusammengefangen und in ein Arbeitshaus gesteckt, den Orden wurde der Verkehr mit ihren Generalen in Rom und den ausländischen Obern untersagt. Alle Klöster mußten ihre Stiftungsbriefe, ein genaues, vollständiges Verzeichnis ihrer Besitzungen und die Zahl ihrer Ordensmitglieder beim Geistlichen Rat einsenden. Ferner mußten auf Regierungsbefehl vom 14. Hornung[7] 1769 alle geistlichen Kommunitäten eine genaue Anzeige der Kapitalien und Interessen, die sie schuldig waren, an den Geistlichen Rat einschicken, und wurde bei Strafe des Verlustes des Darlehens Jedermann verboten, ihnen ohne Erlaubnis genannten Geistlichen Rates ein Darlehen zu machen. [...]

Im Jahre 1773 erfolgte die besonders für Bayern, dessen Studienanstalten unter Leitung der Jesuiten in herrlicher Blüte standen, so nachteilige Aufhebung des Jesuitenordens. Die bayrische Bevölkerung war tief ergriffen, der Kurfürst, an dessen streng gesitteten Hof sie als Beichtväter in hoher Achtung standen, ließ mit betrübtem Gemüte die Bulle verkünden. Die 546 in Bayern lebenden Jesuiten wurden zum Lehrfach und in der Seelsorge verwendet oder erhielten eine Pension und lebenslängliche Versorgung. Auch für unser Kloster in München war die Aufhebung des Ordens ein großer Verlust. Seit seinem Bestehen, 116 Jahre lang, waren die Jesuiten unserm Hause Extrabeichtväter und Rat und Hilfe gewesen, seit 1738 ordentliche Beichtväter der Gemeinde. Pater Augustin Tretscher, der seit 1769 die Stelle des Beichtvaters vertrat, blieb in diesem seinem Amte 25 Jahre lang bis zur Übersiedlung der Gemeinde nach Indersdorf. [...]

7 Februar

Obgleich der Wohlstand des Klosters immer mehr abnahm, und seine Mittel, die in den vergangenen Kriegsjahren durch Brandschatzungen und Quartierbeiträge schon gemindert worden, nun völlig erschöpft wurden, sorgte die göttliche Vorsehung immer wieder für das Nötige. Die Schwester erzählen mit ruhiger Ergebung, wie es die Not des Staates verlangt habe, daß ihnen während zwei Jahren alle ihre Einkünfte entzogen wurden und erwähnen zugleich mit Rührung und Dank eines Geschenkes von 150 livr., dass ihnen gerade um diese Zeit durch einen unbekannten Wohlthäter zugekommen. Nur Eines empfinden sie schmerzlich: die armen Gemeinden unseres Ordens nicht mehr wie sonst unterstützen zu können. Sie glauben sich sicher in ihrem stillen Domizil auch unter dem Schutze des neuen Kurfürsten[8], seiner erlauchten Gemahlin[9]
I und der Kurfürstin-Witwe Marianna.

Die Vertreibung der Schwestern aus München

Ganz unerwartet, mitten im tiefsten Frieden treu ihrem beseligenden Berufe nachlebend, traf im Jahre 1783 unsere Gemeinde der härteste Schlag. Sie mußte auf Befehl des Kurfürsten ihr schönes, „mit keinem häller Schulden Beladenes, auf eigene Kosten Neu und prächtig erbautes Kloster“ nach nicht länger als vierundvierzig Jahren ruhigen Besitzes verlassen.

In einem auf der Münchner Hof- und Staatsbibliothek im Manuskript erhaltenem Bericht unserer Schwestern über das Münchner Kloster heißt es: „1783 ist jäner betrübte Zeitpunkt angenähert, wo unter der Regierung unsers Chur- und Landesfürsten Carl Theodor auf Begehren der verwittibten Churfürstin aus Baiern Maria Anna, König Pollnisch- und Churfürstlichen Prinzessin, dieses wahre Eigenthumb zur Wohnung des von ihr, der Verwittibten Frauen Churfürstin,
II neu zu errichten vorhabenden adeligen Damen Stiffts anverlangt worden. Dessentwegen ist Sr. Excellenz Titl. Herr Casimir von Häffelin den 27. August erwenten 1783 Jahres zwischen 10 und 11 uhr Vormittags von Höchst Sr. Churfürstlichen Durchlaucht Carl Theodor abgeordnet worden, uns die Traurig- und schmerzvolle Nachricht anzukünden: Der Churfürst wolle unser Kloster als ein großes, tauglich Gebäude für das zu errichtende Damenstifft bestimmt haben, uns aber an

8 Karl II. Theodor (1724–1799) aus der pfälzischen Linie der Wittelsbacher trat 1777 die Nachfolge des kinderlos verstorbenen Max III. Joseph als Kurfürst von Bayern an.

9 Elisabeth Augusta von Pfalz-Sulzbach (1721–1794).

ein anderes Orth übersetzen. Wür sollten also aus Zwey aufgehobenen Klöstern eines erwählen. Eines war Inderstorff, in welchem schon mehr als 500 Jahre Canonici Reg. des Heiligen Augustin wohnten. Diese Herren wurden in die Pension gesetzt, alle ihre Güter aber dem Chor-Stifft U.L. Frau zu München beigelegt. Das andere war ein Kloster der Frauen Ursulinerinnen zu Landsperg, welche Schulden halber schon vor etwelchen Jahren in andere Klöster seynd verteilet worden." „Was Schröckhen und billige Bestürtzung diese Ankündigung in mir und alles meinen Conventualinnen erweckhet, kann von selbsten besser erachtet, als mit Worthen erkläret werden", schreibt die Mutter Lambacherin[10] in einem Briefe. Sie nennt die Verfügung des Kurfürsten einen „harten Befelch", „der schwer abzuwenden sein wird."

Welche Schritte unser Kloster gethan, diesen Befehl rückgängig zu machen, blieb uns unbekannt. Nur einzelne vorhandene Dokumente beweisen, daß es sich auch an das Mutterhaus Vercelli gewandt. Alle die Stiftung betreffenden Briefe der Churfürstin Henriette Adelheid und anderer Glieder der kurfürstlichen Familie wurden ihnen von dort gesandt und versprochen, durch ihren Kardinalbischof die Vermittlung des Turinerhofes bei der Churfürstin für sie zu erwirken. Das war leider zu spät. „Weder bitten noch beten samt sorgsamer Verwendung unserer besten Freunde", sagt das Kapitelbuch, „waren mehr fähig, dies zu ändern, in dem die verwittibte Frau Kurfürstin alle gemachten Vorschläge vereitelte, und dieselbe unser Kloster und kein anderes Gebäude zur Errichtung des neuen Damenstiftes haben wollte."

[Zu den Verhandlungen zwischen Kurfürst und Bischof.]

Am 4. Hornung 1784 erfolgt die bischöfliche Bewilligung, das alle Personen, welche die Churfürstin Maria Anna zur Besichtigung des Klosters wegen den Bauanstalten für die Stiftsdamen abordnen werde, darin eingelassen werden mögen. „Wür sahen uns gezwungen", heißt es im oben angeführten Bericht der Schwestern, „denen höchsten Verordnungen seiner Durchlaucht uns zu Untergeben, Indeme wür kein Mitl könten ausfündig machen, unser liebes Profeshauss Zu behaubten, dan seiner Päpstliche Heiligkeit, wie auch seiner Bischöfliche Gnaden Zu Freysing hatten ihren Consens wegen unserer translation, schon von sich gegeben, bevor uns etwaß davon bewust ware." Im April 1784 erklären sie sich zur „Unterthänigsten Bevollgung" des Befehles ihrer Übersiedelung bereit, es „Unterwirft sich das gesamte Salesianische Frauen Convent mit unterthänigster Bitt, das das nun wirklich secularisirte Herrnkloster zu Indertorff pro equivalente" ihnen

10 Schwester Maria Floriana Lambacher, Oberin von 1781 bis 1787.

nebst gnädigster Zusicherung von fünf nachstehenden Punkten möge zuerteilt werden. Diese 5 Punkte wurden sämtlich bewilligt wie aus einem Dekret vom 3. Oktober 1783 zu ersehen, welches die Ubersetzung unserer Gemeinde nach Inderdorf von höchster Stelle aus feststellt.

[Es folgt der Wortlaut des Dekretes.]

„Da in Indersdorf die Clausur und noch anderes mußte hergestellt werden," heißt es im Kapitelbuch, „so hatten wir in unserm Kloster bis künftiges Jahr zu verbleiben. Im Jahre 1784 mußten aber die Würdige Mutter, die Schwester Assistentin, Schwester Anna Viktoria Mercklin (wahrscheinlich Hausmeisterin) und 2 Ratsschwestern zu zwei malen das Gebäude in Indersdorf besichtigen, ob es nach unserer Form und Satzungen gemäß hergestellt sei."

Als zu ihrer Wohnung benötigt erachteten unsere Schwestern folgendes:

„Einen mit Chor stühlen Versehenen geheitzten Chor, welcher aber wegen Empfangung der heiligen Communion zu Ebner Erd seyn muß.
Ein oberes Oratori oder Tribun vor die Unbässlichen[11].
Ein Sacristey sambt Neben Zimmern, die Paramenta darin aufzubehalten.
Ein schönes Orth zur Haus kapell Maria von Einsidl.
Ein Beicht Zimmer zum Beichten und Beicht hören, so beiderseits geheizt werden kann.
Ein Zimmer vor die Oberin.
Ein Kapitl Zimmer.
Daß Noviziat.
Eine Liberi oder Bücherzimmer.
Vier oder sechs kleine Krankhen Zimmer, und in der Mitte ein Kapell vor die krankhe, die heilige Meß Lessen zu können, sambt einem Seperaten Krankhen Zimmer vor Erbliche[12] Krankheiten.
Ein ziemlich groß und liechtes gemeind oder Recreations Zimmer.
Ein angenehmmes Aderlaß Zimmer.
Daß Refectorium sambt einem kleinen Neben Cabinet zum Einschänkhen und das Nöthige darinnen aufzubehalten.
Nahe darbey die Kuchl[13], sambt einer Speiss zum Anrichten und einnem offerl, die Speissen zu wärmen.
Ein oder zweÿ Bach öffen[14] Nache Bey der Kuchl.
Ein kleines zu heizentes Zimmerl vor die Köchinnen.

11 D.h. für die Kranken, Unpässlichen
12 D.h. chronische
13 Küche
14 Backöfen

Ein anständiges orth zur Hausmaistereÿ.
Ein kleines ungeheiztes Zimmer zum archiv.
Ein Zimmer vor die schrifften und vor die schreiberin.
Zweÿ Zimmer Zimlich gross vor das Laingewand.
Zweÿ Zimmer Zur Schneidereÿ.
Ein Arbeith Zimmer, und ein kleinnes Zum Blumenmachen.
Wenigist 34 Zehln[15] zum Heizen.
Zweÿ oder dreÿ redtzimmer und eben so vill gast Zimmer, wenn der Medicus oder sonst jemand ybernacht Verbleiben mueß, welche Letztere nemlich die gast Zimmer nicht Innerhalb der Klausur sein derffen.
Ein in und Eusseres Porten Zimmer.
Einen Zur Kuchl gehörigen Fleisch Keller.
Ein Kühles speis gewölb, Mehl, schmalz und dergleichen darin guett aufbehalten zu können.
Einen guetten Bier Keller.
Ein anständiges Wasch Haus sambt genugsammen Wasser Zufluss.
Ein Zimmer die Nasse Wösch zusammen Zu Legen, sambt einnen guetten Lifftigen orth Zum aufhängen.
Einnen Obst und Kräuttl gartten Innerhalb der Klausur.
Ein geheiztes Zimmerl vor die gärttnerinnen und einne Wüntter Einsez[16].
Einnen gartten Keller, daß Kräuttl Werch ÿber Wüntter darin zu bewahren.
Einne Einfahrt, Holz so anderes Einführen zu können.
Einne Holz Leg[17] Zur Kuchl, und vor die Zelln.
Einne Wohnung vor die Kostgeherinnen[18] sambt einnem Redtzimmer, und einnem Krankhen Zimmer vor selbe.
Ausser der Clausur einne Wohnung vor den Beicht Vatter.
Zweÿ Zimmer vor die Ausgeherinnen[19] und Einnes vor Unseren Messner.
Ein Badel sambt einigen Neben Zimmern.
Letzteres wenn es Möglich ein kleines Besonders gärttl vor die Kostgherinnen, so aber Innerhalb der Klausur seyn mießte."

Aus einem Schreiben des bischöflichen Kommissarius A. Fr. X. von Blindham, Can. Cajet. ad. D.V., an den Bischof d.d. 1. März 1784 erfahren wir, daß die Translation „längstens bis Ende Mai oder Anfangs Juni für sich gehen soll." Der Kommissarius befürwortet ferner das Ansuchen unserer Schwes-

15 Zellen
16 Treibhaus, um im Winter Setzlinge zu ziehen
17 Holzlege, ein Schuppen oder Bretterverschlag zur Aufbewahrung des Brennholzes.
18 Pensionärinnen, Zöglinge
19 Windenschwestern

tern, daß, wenn sie von ihren Geräthschäften etwas zu transportieren einmal angefangen, so oft es nötig sein wird, einige Nonnen mit solchen herausreisen derffen, um für selbige Fürsorge zu treffen. Er beantragt ferner, daß „keiner Nonne erlaubt seÿn soll, sie seyn hoher oder niederer Geburt, vor ihrer Abreise bei ihren Freunden zu speisen, in ihren Häusern Abschied zu nehmen oder irgend welche Kirchen zu besuchen." Es mochte wohl ein oder anderes dergleichen Bittgesuch von auswärts an ihn gekommen sein.

Die Umsiedlung nach Indersdorf

„Den 24. Mai kamen die ersten Fuhren von denen Inderstorffischen Underthanen, unsere Mobilien und Hausgeräthschaften dahin abzuführen, wovon an der zahl 170 Wagen schwär beladen würcklich abgeschickt wurden, biß auch jener betrübte Tag angebrochen, wo der erste Personal-Transport seinen Anfang nehmen sollte. Es war der 17. Junius, an welchen eben 1784 der Vorabend des göttlichen Herzens Jesu eingefallen. Um ein Uhr Nachmittag kamen Titl. Herr Stifts Decanus von Effner und Herr Canonicus von Blindham, die Reisenden zu begleiten. Zwölf an der Zahl waren die ersten, das hiesige Kloster zu verlassen, alß nemlich:

Sor: Anna Victoria Mercklin,
Sor: Maria Amalia de Feury,
Sor: Maria Regina de Dellinger,
Sor: Maria Crescentia Klerrin,
Sor: Maria Francisca Blondeau,
Sor: Maria Xaveria Michlin,
Sor: Maria Ignazia Pachmayrin,
Sor: Maria Josepha Rothin,
Sor: Maria Generosa Attenkoferin, eine Ursulinerin aus Landsberg.

Dann kamen auch drey Convers- oder Layen- Schwestern:

Maria Ursula Thalmayerin,
Maria Theresia Gschlösslin,
Maria Alexia Angerin.

Die Beurlaubung[20] geschah beyderseits mit villen Thränen, welche auch dem häffig zu schauenden Volck in Menge über die Wangen herunter rollten.

20 Verabschiedung

„Sieben Tag darnach alß den 25. Juni mußten wiederrum 12 unter der nämlichen Begleitschaft von hier abreisen. Deren Nämen sind:

Sor: Maria Antonia Huberin,
Sor: Johann. Nepum. Hupfauerin,
Sor: Maria Adelhaidis de Pelkhofen,
Sor: Theresia Benedikta de Temperer,
Sor: Maria Clementia de Blindham,
Sor: Maria Aloysia de Guttenberg,
Sor: Josepha Bennonia de Hochholzer,
Sor: Theresia Margerita Hörmannin,
Sor: Josepha Theodora de Lintnern.

Dann widerum drey Convers Schwestern:

Maria Katharina Keissin,
Josepha Antonia Baaderin,
Anna Magdalena Wintersbergerin.

Endlich den 30. Junius war der ewig Trauer Volle Tag, an welchen die noch übrige zwölf ihr geliebtes Profess Haus verlassen mussten. Die letzte Minuten, da wür uns noch in Unseren eigenen kloster Befanden, wurden die clausur und andere Schlüssel, von Uns abgeforderet, welche der Herr von Häffelin der churfürstin überreichen mußte. Wie schwär dieser Akt vor uns ware, können sich alle nachkommente leichter einbilden, als wür Beschreiben. Die zu letzt Reisende waren:

Sor: Maria Floriana Lambacherin, dermal. Oberin.
Sor: Francisca Xaveria Grässlin, Assistentin.
Sor: Anna Constantia Anderer.
Sor: Anna Bernardina de Aretin.
Sor: Francisca Ferdinanda Lechnerin.
Sor: Maria Anna Carolina de Spreti.
Sor: Carolina Theresia de Raab.
Sor: Francisca Theresia Jansens.
Sor: Johanna Franzisca Geigerin.

Und noch drey Layen Schwestern:

Maria Walburga Keissin
Maria Scholastica Mayrin
Francisca Josepha Keissin.

Die zuschauende Volksmenge war bei diesem letzteren Transport so groß, das man die Militär Wache zu hilf nemen muste, um das große Klausur-Thor eröffnen zu können, um von der Haupt und Residenz Statt München ohn verschuldter abzuziehen, da wür 117 Jahr weniger 30 Tag von 7. August nemlich 1667 bis 30. Juni 1784 ruhig alle gewohnet haben.“ [...]

Das Kloster der Salesianerinnen wurde nun zum „Damenstifte“ umgetauft, die Skt. Annakirche zur „Damenstiftskirche“. Kirche und Gebäude wurden sehr ansehnlich hergerichtet und am 15. Januar 1785 von der Stifterin und ersten Vorsteherin Churfürstin Maria Anna Sophia feierlich an das neue Damenstift übergeben. Es sollte ein „Probe-Damen-Stift“ für den bayrischen Landadel sein mit einer Abtissin, Dechantin und zehn Kapitular-Damen, welche je acht väterliche und acht mütterliche Ahnen nachweisen mussten. (Bald wurde die Zahl der Ahnen auf die Hälfte ermäßigt.)

Die Churfürstin dotierte die Stiftung mit 220.000 fl., welchem Fonds Karl Theodor noch die Einkünfte des wegen Schulden aufgehobenen Prämonstratenserklosters zu Osterhofen beifügte. Im Kloster der Salesianerinnen rauschten nun mehr die seidenen Kleider der Stiftsdamen. Aber nicht lange. Durch Ordre vom 18. Februar 1802 wurde die Gemeinsamkeit des Lebens aufgehoben, den Stiftsdamen unter Fortbezug der Präbende das Heiraten gestattet und der „Orden“ in eine adelige Abteilung mit Ahnenprobe und 1000 fl. jährlicher Revenuen und eine unadelige für Töchter von Collegiaträten und Stabsoffizieren mit 500 fl. Rente geschieden. Verpflichtungen sind nicht damit verbunden. Das Gebäude wurde für weltliche Zwecke verwendet. Die Kirche wäre demoliert worden, wenn nicht zwei kleine Stiftungen in ihr vorhanden gewesen wären, denen man ganz unerwartete Rechnung trug.

Das Leben der Schwestern in Indersdorf gestaltete sich nach dem erzwungenen Umzug zunächst in den alten Bahnen. Das Klostergebäude wurde den Bedürfnissen des Frauenordens angepasst, Novizinnen traten ein – darunter Johanna Carolina von Spreti, die später als Oberin die Gemeinschaft in der Säkularisation bewahren und erhalten wird –, ältere Schwestern starben. Kriegsgefahr und Französische Revolution wurden im entlegenen Bayern durch die Aufnahme französischer Flüchtlinge gegenwärtig. Der grundlegende Unterschied zum bisherigen Münchner Klosterleben lag jedoch darin, dass das Pensionat, in dem bislang die Töchter der Münchner Hofelite ihre Erziehung erhielten, in Indersdorf nicht fortgeführt werden konnte. Statt ihr Kloster mit etwa einem Dutzend „Schwestern des kleinen Habits“ zu teilen, waren die Schwestern in Indersdorf auf sich allein gestellt.

Paradoxerweise war es nun das neue Bildungsverständnis der Aufklärung, das den Schwestern 1801 eine neue Aufgabe bescherte: die Übernahme der Mädchenklassen der Indersdorfer Volksschule. Schulische Reformen und die allgemeine Bildung der Gesamtbevölkerung – in protestantischen Gebieten seit dem 16. Jahrhundert eine Selbstverständlichkeit – setzten sich nun auch in katholischen Herrschaftsgebieten durch, in denen Schulbildung lange Aufgabe der Kirche und nur den höheren Gesellschaftsschichten zugänglich gewesen war. In Bayern hatte der Benediktiner Heinrich Braun als Landeskommissar für das Volksschulwesen bereits 1771 die allgemeine Schulpflicht verordnen können. Doch erst als dem Staat 1802 durch die Säkularisation die entsprechenden räumlichen und finanziellen Mittel zur Verfügung standen, konnte diese sechsjährige Schulpflicht für alle Kinder bis zwölf Jahren auch wirklich durchgesetzt werden. In Indersdorf scheint der Volksschulbesuch aber bereits in den 1790er Jahren in vielen Familien zu einer Selbstverständlichkeit geworden zu sein, denn 1801 mussten wegen des großen Andrangs die Mädchenklassen ausgelagert werden. Die Übernahme dieser Mädchenvolksschule, für die eine neue Generation von jungen Schwestern als Lehrerinnen herangezogen wurde, erwies sich in der Säkularisation 1802/03 für die Gemeinschaft als Rettung: als Schulorden durften die Salesianerinnen weiter bestehen bleiben. Neben den pädagogischen Erfolgen, die ihre Mädchenschule vorweisen konnte, verdankten die Schwestern dies aber auch einer neuen Gönnerin, die der Gemeinschaft ihren Schutz zusagte: die Kurfürstin und spätere Königin Karoline von Bayern. Die geborene Prinzessin von Baden, der bei ihrer Eheschließung 1797 zugesichert worden war, weiterhin evangelisch bleiben zu dürfen, sah trotz ihres persönlichen Glaubens kein Hindernis in der Erziehung ihrer Landesjugend durch katholische Klosterfrauen. Für die pragmatische Landesfürstin zählten allein die schulischen Leistungen der Indersdorfer Schwestern – erstes Anzeichen für eine neue Zeit, die den drastischen kirchenfeindlichen Maßnahmen der Aufklärung nun ein neues, gleichermaßen von Nützlichkeit wie Innerlichkeit geprägtes Verständnis vom Verhältnis zwischen Staat und Religion entgegen setzte.

Was den Schwestern, und hier insbesondere der unermüdlichen Oberin Johanna Carolina von Spreti, nun in den ersten Jahrzehnten des 19. Jahrhunderts zum wichtigsten, ja geradezu überlebenswichtigen Anliegen wurde, war die Erlaubnis, wieder neue Postulantinnen aufnehmen zu dürfen. Denn auch jene wenigen schulisch tätigen Ordensgemeinschaften, die wie sie in der Säkularisation bestehen bleiben durften, waren durch das Verbot des Ordensnachwuchses zum „Aussterben“ verurteilt. Es ist der hartnäckigen Lobbyarbeit der Mutter Johanna Carolina zu verdanken, dass die Salesianerinnen als erster Orden in ganz Bayern ab 1821 erstmals wieder Novizinnen aufnehmen durften, wenn auch nur unter bestimmten Bedingungen. Mit dem Regierungsantritt König Ludwigs I. (reg. 1825–1848), der insgesamt dem Ordensleben und den kirchlichen Traditionen aufgeschlossener gegenüberstand als sein Vater, konnten die Schwestern 1830 – wiederum als erster unter allen bayerischen Frauenorden – ihre endgültige Wiedererrichtung mit der Ablegung der ewigen Gelübde erreichen. Das Andenken an diesen Verdienst der Mutter Johanna Carolina von Spreti wird in der Ordensgemeinschaft bis heute bewahrt und gepflegt.

Klosterleben in Indersdorf

Im Jahre 1784 wurden in Indersdorf nur mehr die unbedingt nötigen Bauveränderungen vorgenommen, das Übrige auf kommendes Frühjahr verschoben. Der Schwesternchor befand sich hinter dem Hochaltar der Klosterkirche, die zugleich Pfarrkirche war. Zu diesem Zweck ward der Hochaltar vorgerückt und der frühere Herrnchor-Raum wurde nunmehr Presbyterium. Die Oratorien über dem Kirchenpresbyterium,
III je drei auf einer Seite, gehörten den Schwestern. [...]

„Die Clausur" heißt es im Kapitelbuch, „konnten wir etliche Tage nicht beobachten, weil noch viele Handwerksleut vorhanden. Aber am Sonntag, als dem 4. Juli, fingen wir an, das Chorgebet gemeinschaftlich zu verrichten, und zwei Tage darauf, 6. Juli, die Clausur zu halten. Von diesem Tag an befolgten wir in allem, was die heiligen Regeln und Satzungen uns vorschreiben. Den 17. August, nach der schon ohnehin von uns allen beobachteten Clausur, kamen von Freising zwei Herren Commissare, Herr Erdmanus von Inobler, bischöflicher Sekretär und Geistlicher Rat, und Herr Hoffmann, uns im Namen Seiner Bischöflichen Gnaden die Clausur aufzutragen. Die ganze Ceremonie bestund in diesem, daß sie das Kloster durchgingen und alles besichtigten, ob sich nichts wider die Clausur vorfände. Bei der Pforte übernahm Herr von Inobler von der Oberin die Clausurschlüssel, und in dem Refektori händigte er ihr selbige wiederum ein, zu uns allen sagend, wir sollten die Clausur hier wie in München beobachten."

Leider ist über Einteilung und Zahl der unseren Schwestern in Indersdorf überwiesenen Räume nicht das Geringste hinterlassen.

Was ihr Erziehungsinstitut betrifft, so war allerdings dessen Fortbestand in Indersdorf geplant, aber nicht möglich. Die Mutter Johanna Carolina von Spreti sagt hierüber in ihrem Berichte über Indersdorf (München 1822): „Sie mußten also ihr liebstes – ihre Erziehungsanstalt – verloren sehen. In München hatte sich dieselbe stets des höchsten Beifalls ihrer kurfürstlichen Durchlaucht erfreut. Die adeligen und bürgerlichen Eltern ihrer Pensionärinnen besuchten auch nach deren Austritt aus dem Institut noch häufig das Kloster, ihre bleibende Dankbarkeit kundzugeben. Die schon versorgten Töchter hielten sichs zum süßesten Vergnügen, ihre ehemaligen Lehrerinnen wiederzusehen. Ihre Kinder und Kindeskinder mußten, wenn sie sich in der Nähe von München befanden, auch wieder im Kloster der Salesianerinnen erzogen werden."

Nun waren die Verhältnisse andere geworden. Die Eltern – fast alle von München – konnten sich nicht entschließen, ihnen ihre Kinder auf dem Lande in diesen traurigen Revolutions- und Kriegszeiten anzuvertrauen. Durch Errichtung einer eigenen Mädchenschule würde sich der Schullehrer beeinträchtigt gefunden haben. Darum mußten sie ihre gewohnte Thätigkeit vorläufig auf eine Arbeitsschule beschränken, die sie für die Mädchen und Jungfrauen der ganzen Umgegend unentgeltlich eröffneten, und die auch ununterbrochen besucht wurde. [...]

„Am 15. September 1784," sagt uns das Kapitelbuch, „wählten wir den Expropst Sutor zu unserm geistlichen Vater." Er IV
war für das Wohl der Gemeinde stets äußerst bedacht. „Den 3. November 1785 haben wir mit bischöflicher Erlaubnis einen in unserem Garten dazu bestimmten und vom bischöflichen Kommissar von Blindham besichtigten Ort zu einem
Friedhof einweihen lassen. Diese Einweihung geschah durch V, VI
den Geistlichen Vater Sutor. Um acht Uhr morgens kam er ins Kloster mit Inful und Stab, in Begleitung zweier Herren Leviten und aller Hochwürdigen Herren des Priesterhauses. Wir alle folgten ihnen zum Gottesacker. Nach einer kurzen Exhortation über die Bedeutung und Heiligkeit des Ortes fanden die kirchlichen Ceremonien statt. Die ansehnliche Zahl der psallierenden und respondierenden Geistlichkeit gab dem an sich ergreifenden Akt eine noch erhöhte Feierlichkeit. Dann begab sich der Expropst mit gesamter Geistlichkeit in die Kirche, hielt die heilige Messe und beschloß so die Ceremonie.

Die erste, welche ihre Ruhestätte in diesem Gottesacker fand, war Schwester Carolina Theresia Raab[21]. Aus Andacht zur schmerzhaften Mutter wollte sie mit deren Bildnis begraben werden. Sie hielt alle Samstage zu Ehren Mariens einen freiwilligen Fasttag. Alle Stunden des Tages, die ihr erübrigten, waren dem Gebete geweiht und ebenso ein großer Teil der Nacht. Sie bekannte einst, daß ihr Schlaf sich höchstens auf vier Stunden erstreckte, die übrige Zeit betete sie. Bereichert mit vielen Verdiensten, verschied Schwester Carolina Theresia nach dreizehn langen Leidensjahren sanft und friedlich im Herrn an der Lungensucht. Die liebe Schwester zählte zweiundfünfzig Lebensjahre, siebenundzwanzig der heiligen Profession. Neben ihr wurde nicht lange darnach die erst neunundvierzigjährige Laienschwester Maria Alexia Anger beerdigt, die, nachdem sie acht Jahre dem Kloster München als Magd gedient, durch ihre Treue die Gnade der Aufnahme erhalten hatte. [...]

21 Als erste Schwester in Indersdorf war 1785 Maria Anna Bernarda Aretin verstorben, noch vor der Errichtung des neuen Schwesternfriedhofs. Ihre Grabplatte ist noch in Indersdorf vorhanden. Der Ort der Begräbnisstätte der Salesianerinnen ist heute in Indersdorf nicht mehr erhalten.

Im Jahre 1787 war die erste Oberinwahl in Indersdorf. Die Wahl im Jahre 1784 hatte kurz vor Übersiedelung der Gemeinde noch in München stattgehabt. Es mußte, seit Aufstellung des „Geistlichen Rates" bei Erholung der landesherrlichen Erlaubnis zur Wahl dem Kurfürsten stets der Katalog der Votantinnen mit Angabe des Alters, Zunamens und Amtes einer jeden Nonne eingesandt werden. Die Schwester Anna Carolina von Spreti wurde am 24. Mai 1787 die würdige Nachfolgerin der Mutter Lambacher. Ihre Assistentin ward Schwester Franziska Ferdinanda Lechner.

Immer trauriger lauteten die Nachrichten aus Frankreich. Unsere Schwestern litten mit den so gefährdeten französischen Ordenshäusern. Im Jahre 1789 zeigten sich außerordentliche Erscheinungen an dem in Moulins bewahrten Herzen unserer heiligen Stifterin. Man deutete es auf bevorstehende schwere Heimsuchungen. Wirklich war auch in späteren Jahren das Anschwellen, ja Blutvergießen des Herzens unserer heiligen Mutter immer ein Anzeichen bald folgender göttlicher Strafgerichte. [...]

Aber nicht nur fürbittweise, auch thatkräftig kam unsere Gemeinde den durch die Revolution so hart geprüften Schwestern zu Hilfe. Sie nahm trotz ihrer Armut drei Flüchtlinge in ihr Kloster auf: die Schwestern Anna Catharina Pallu und Marie Stephanie Gayet aus unserem Kloster von Bourg en Bresse und die Schwester Marie Clotilde Dode, Profeß des Klosters von Chambery.

[Es folgen ausführliche Biografien der drei französischen Schwestern.]

Am 16. Juli 1794 kamen die drei Flüchtlinge in Begleitung der emigrierten Gräfin von Hautefort und dreier junger Gräfinnen Spreti – Nichten unserer Mutter Anna Carolina – in Indersdorf an. Es war dies ein Freudentag für unsere dortige Gemeinde. „Mit innigem Troste", schreiben unsere Schwestern, „empfingen diese drei guten Seelen wieder das Ordenskleid, folgten sogleich allen geistlichen Übungen und wurden für uns Muster der Vollkommenheit." [...]

Bald nach dem Tode der Mutter Anna Karolina Spreti trat die Tochter ihres Bruders Sigismund, die neunzehnjährige Gräfin Walburga Spreti im Noviziat in Indersdorf ein. Ihr Beruf, wie sich in der Folge zeigte, ein Gnadengeschenk für unsere ganze Gemeinde, war allem Anschein nach ein Lohn der in unserm Kloster jederzeit so großmütig geübten Barmherzigkeit. Die junge Gräfin kam, wie im vorigen Kapitel erzählt worden als Begleiterin der drei emigrierten Schwestern nach Indersdorf. Der Sehnsuchtsdrang der armen Flüchtlinge, sich auf's neue mit dem Ordenshabit zu bekleiden, und die Herzlichkeit, womit sie aufgenommen wurden, machten ihr die Glückseligkeit eines gottgeweihten Lebens recht anschaulich. Bald war ihr Entschluß gefaßt, auch sie wollte Klosterfrau werden. Die Ausführung aber verzögerte sich bis August 1795. Um so eifriger begann sie dann das geistliche Leben. Sie fand im Noviziat 3 liebe, tugendhafte Gefährtinnen: Schwester Maria Cäcilia von Adam, Schwester Maria Sebastiana Schmalzhofer und Schwester Maria Innocentia Huß, die gleich ihr ausharrten in der Zeit schwerer Prüfung. Am 19. Juni 1796 erhielt Walburga das geistliche Kleid und den Namen Johanna Carolina.

Am 27. August 1798 legte sie die heiligen Gelübde ab. An diesem Tage wurde in der Pfarr- und Klosterkirche das Fest der heiligen Johanna Franziska von Chantal gefeiert. Der Prediger, Pater Heladius Möck, vergleicht das Opfer der Braut mit dem ihrer heiligen Ordensmutter. Auch sie war nie ein Weltkind, sondern immer eine Tochter Gottes gewesen. Sie hat nun aus Liebe zum Gekreuzigten eine Lebensart erwählt, welche die heiligen Väter ohne Bedenken eine langsame Marter nennen. Sie will an dem Werk ihrer Seligkeit mit allen Kräften arbeiten. — Was der Prediger ausgesprochen, hat Johanna Karolina mit ihrem ganzen Leben unverbrüchlich erfüllt. Und wir, die ihre gesegnete Wirksamkeit überschauen, können auch jene weiteren Lobsprüche der heiligen Stifterin auf sie anwenden, „Johanna war nicht zufrieden, in einem Kloster eine Freistätte für ihre Tugend gefunden zu haben und an ihrer eigenen Seligmachung zu arbeiten, sie wollte auch ein zahlreiches Chor unbefleckter Bräute ihrem göttlichen Bräutigam zuführen, sie wollte ihrem Geschlechte eine ausgebreitete Pflanzschule der Tugend und evangelischer Vollkommenheit eröffnen und zubereiten." Die Profeßceremonien nahm Herr Expropst Sutor vor. Seine kleine Ansprache am Gitter, sowie auch die Festpredigt wurden im Druck herausgegeben. X

Dieser freudigen Festfeier folgten bald Tage ernster Sorge durch unerschwingliche Staatsforderungen an die bayrischen Klöster. [...] In diesen Zeiten schwerer Prüfung ließ Gott die Gemeinde nicht ohne Stütze. Er gab ihr in der Person des Herrn Franz Xaver Stickhl einen treuen Freund und sichern Rathgeber. Früher Hofmeister bei Freiherrn von Lerchenfeld in Ingolstadt, dann Pfarrer in Weichering, resignierte er auf seine Pfarrei und nahm die Stelle des Klosterbeichtvaters in Indersdorf an. Das Kloster gab ihm mit landesherrlicher und bischöflicher Bewilligung den Tischtitel. (Versicherung, dass für seinen Unterhalt gesorgt werde, falls er zur Seelsorge untauglich würde)
Gemäß schriftlich abgefaßter Übereinkunft erhält er von den Salesianerinnen:

a) jährlich 400 fl. Salarium, wovon 300 vom Temperischen Benefizium,

b) freie Wohnung und 5 Klftr. Brennholz
c) priesterliche Kost und täglich 2 Maß Bier.

Er verspricht:

1) das ganze Convent sowohl an den wöchentlichen zweimaligen gewöhnlichen als außergewöhnlichen Beichttagen, die jedesmal angezeigt werden, Beicht zu hören.
2) die Exercitien und anderes Benötigte nach Bedürfnis und Thunlichkeit vorzunehmen,
3) die 4 Temperschen Benefiziumsmessen nach gestifteten Intentionen zu lesen und überdies noch 2 Wochenmessen, eine für die verstorbenen Ordensschwestern, die zweite zu Ehren des hl. Stifters, um Erbittung zeitlicher und geistlicher Wohlfahrt des Klosters. Letztere werden a 30 Kr. extra bezahlt. Nach dieser täglichen Conventmesse kommunizieren die Schwestern.
4) die Predigten, d. jährl. u. außerord. z. halt.

Welch hohes Ansehen Herr Stickhl damals schon genoß, beweist, daß er vom Bischof Joseph Konrad von Freising und Regensburg[22] die Fakultät erhielt, alle Gläubigen von den dem Bischof vorbehaltenen Reservatfällen zu absolvieren, und welche erhebliche Dienste er unserm Kloster leistete, zeigt der weitere Verlauf unserer Annalen.

Übernahme der Mädchenschule

Zu Ende des Jahres 1801 suchte die Landesdirektion von Amberg zu bewirken, daß die Einkünfte des Gutes Gnadenberg zu andern öffentlichen Anstalten (Errichtung eines Fonds für Hebammen und Ärzte) verwendet würden, das Kloster der Salesianerinnen zu Indersdorf aber gegen lebenslängliche Pension des Klosterpersonals aufgehoben werden dürfte: weil solches dem Lande ohnehin unnütz sei und sich dem Unterricht der Jugend nicht unterzöge. Da kam die göttliche Vorsehung unsern Schwestern zu Hilfe. Das Schulhaus in Indersdorf konnte nicht mehr alle Kinder bergen. Die Knaben- und Mädchenschule sollte getrennt werden, ohne daß das Gehalt des Schullehrers dadurch geschmälert wurde.

Die Mutter M. Aloysia von Guttenberg bot bereitwilligst ihr Kloster und dessen Kräfte zur Übernahme der Werktags-

22 Joseph Konrad Freiherr von Schroffenberg (1743–1803), der letzte Bischof des Fürstbistums Freising (ab 1789) sowie von Regensburg (ab 1790) vor der Säkularisation.

und Feiertagsschule der Landmädchen an. Sie sagt in einem Schreiben vom 24. Oktober 1801, daß ihr Institut seit 16 Jahren gezwungen, mit einer minderzähligen Arbeitsschule sich zu begnügen, nie den Wunsch aufgegeben habe, im Erziehungsfache umfassender zu wirken, wenn Zeit und Umstände es erlaubten. Endlich spricht sie die Hoffnung aus, das Chorstift werde, angesehen der Vorteile, die ihren Hofmarchsunterthanen daraus erwachsen, die Kosten für Beheizung der Schule und die nötigen Schulapparate bestreiten. Durch Vermittlung der Kurfürstin Karoline, Gemahlin Max IV. Joseph, wurde ihr „uneigennütziges Anerbieten mit höchstem Wohlgefallen" aufgenommen. Vom Chorstift sollten die Nonnen außer einem ergiebigen Holzbeitrag und dem Schulapparat auch Unterstützung für angemessene Schankungen zur Aufmunterung der Schülerinnen erhalten.

Die alten Lehrerinnen des Instituts waren zwar inzwischen gestorben, allein „der damalige Beichtvater Fr. Xaver Stickhl, ein Mann von rastloser Thätigkeit und ausgezeichnet pädagogischen Kenntnissen wie er durch mehrere Schriften bewies, las die gebildetsten und thätigsten Nonnen aus, sieben an der Zahl und weihte sie in die Unterrichts- und Erziehungskunde ein, und Lehrer und Schülerinnen hatten so freudigen Eifer, daß sie schon am 28. November 1801 eine unentgeltliche Mädchenschule in drei schönen großen Zimmern feierlich eröffnen konnten, die sich in kurzem das Vertrauen aller Eltern und den Beifall der hohen und höchsten Stellen erwarb und weit umher berühmt wurde."

Wie sie arbeiteten und wie ihre Arbeit von gesegnetem Erfolge war, das beweisen dem Vaterland die „Schulgeschichten", drei Bändchen, gesammelt in der Mädchenschule zu Indersdorf, erschienen im kurfürstlichen deutschen Schulbücherverlag, München 1805 und 1806.[23] Diese, als Geschenk für Schulkinder von unsern Schwestern zusammengestellten Erzählungen teilen uns in einfach anziehender Weise wirkliche Vorkommnisse aus der Indersdorfer Schule mit: Beispiele des Eifers der Schulmädchen, einzelne Tugendakte, kindliche Fragen und gelöste Zweifel, auch vorgekommene Fehler und Zurechtweisungen. Sie sagen von einer künstlichen Brücke, die einzelne Mädchen mit Heckenstangen über dem Eise gebaut, um die Schule nicht zu versäumen, von der Freundlichkeit, womit die Bauern ringsum ihnen zum Schulgehen behilflich, hier sie mit einem Schifflein überführen, dort auf dem Schlitten aufsetzen ließen p.p.

23 Kurze Schulgeschichten: gesammelt aus der Mädchenschule zu Indersdorf; ein Geschenk für Schulkinder. 6 Bde., München: Churfürstl. Dt. Schulbücherverl., 1805/1806.

Auch in ihre fröhlichen Feste werden wir eingeweiht, lauschen ihren Spielen an Faschingstagen, ihren freudigen Gesängen bei Begrüßung der Schulfreunde. Am 24. Juni 1802, dem Namenstag unseres geistlichen Vaters z.B. empfangen sie den Erzprobst festlich gekleidet. Fünf überreichen ihm Blumen und Wünsche. Ein Mädchen von Glonn vertritt des Prälaten Geburtsort Glonn, zwei andere seine ehemalige Pfarrei Langenpöttenbach, ein viertes Indersdorf, das fünfte die ganze Schule. Es überreicht die Dankschrift der Lehrfrauen. Die hiezu von unsern Schwestern verfaßten Gedichtchen sind sinnig und ansprechend. Unter den selbstgemachten Liedern für die Indersdorfer Schule ist besonders eins allerliebst, das alles aufzählt, was man in der Schule lernt. Die genaue Anzeige, wie die Prüfung am 17. Juli 1804 stattgefunden, führt uns in den Unterricht ein und erweckt unser Interesse für Lehrerinnen und Schülerinnen aufs Lebhafteste.

In unserem Archiv finden sich unter anderem die „Verhaltungsmaßregeln für Belohnungen und Züchtigungen“. Es gab Anstands-, Fleiß- und Sittlichkeitstafeln, Ermunterungs- und Ehrenbuch. Endlich wurden die Namen jener Mädchen, welche sich allgemeine Zufriedenheit verdient, nach jedem Vierteljahr, wo auch eine feierliche Quartalsprüfung stattfand, auf zwei Ehrentafeln eingetragen. Für mürrische Äußerungen bei Zurechtweisungen und andere Unarten gab es, den Belohnungen entsprechend, eine Tabelle des Ungestümmes, Tafel der Unreinlichkeit, Bücher der Schande und Unehre. Bei den wöchentlichen Schulgerichten wurden die zwei Ehrentafeln und die Zuchttafel abgelesen.

Die den Schwestern durch Übernahme dieser Schulen gewordene schwere Aufgabe bewog den Bischof Joseph Konrad jene Nonnen, welche sich mit dem Schulhalten beschäftigten, nicht nur von allen Ämtern im Kloster, sondern auch vom gemeinschaftlichen Chorgebet und von der Abendbetrachtung zu dispensieren. Der Eifer der Schülerinnen brachten herrliche Früchte. „Schon die erste Jahreskurs-Ernte“, schreibt die Oberin Guttenberg, „fiel so reichlich aus, daß sich jedermann des Segens erstaunte und die Regierung sie wegen ausgezeichneter Prüfung belobte.“ Die Oberin nahm davon Veranlassung in einem Dankschreiben des kurfürstlichen General-Schul-Studien-Direktorium zu bitten, es möge zu ihrer ferneren Existenz und Subsistenz alles Mögliche beitragen.

Überleben in der Säkularisation mit Unterstützung der Königin Karoline von Bayern

Die politischen Verhältnisse gestalteten sich für die Ordensleute immer düsterer. Der schon in früheren Jahren wiederholt angeregte Säkularisationsplan mit den Kirchengütern wurde von Napoleon I. in's Werk gesetzt. Unsere Schwestern hofften auf Grund ihrer Schulthätigkeit „die Bande der schwesterlich liebenden Gesellschaft nicht aufgelöst zu sehen“, und wandten sich wiederholt an ihre hohe Gönnerin, die Kurfürstin Caroline, auf daß sie ihre Fürsprecherin sein möge. VII
Herr Cabinets-Prediger Schmidt[24], unsrer Schwestern gütiger Vermittler, kündigte ihnen am 3. März 1802 an, daß alle Gefahr für ihr Kloster verschwunden sei, die Verwendung der Kurfürstin habe die glückliche Wirkung gehabt, daß der Kurfürst alle Klöster der Salesianerinnen von der Aufhebung ausgenommen, und sie gleich den Englischen Fräulein für die Erziehung der weiblichen Jugend beizubehalten befohlen habe.

Die hohe Frau selbst schreibt am 6. März: „Die Verdienste, die sich der Orden der Salesianerinnen um die Erziehung der Jugend bisher erworben hat, sind dem Staate nicht unbekannt, und derselbe wird daher auch fernerhin einem für die Menschheit so nützlichen Institute den kräftigsten Schutz angedeihen lassen. Ich bin zum voraus versichert, daß diese Nachricht der Oberin und dem Convent zu Inderstorf nicht nur zur Beruhigung dienen, sondern dieselbe auch aufmuntern wird, mit verdoppelten Kräften dem in sie gesetzten Vertrauen des Vaterlandes vollkommen zu entsprechen. Mir wird es übrigens besonders angenehm seyn, bey einer jeden schicklichen Angelegenheit das Kloster von dem aufrichtigen Anteil, den ich an dessen Erhaltung nehme, so wie von denjenigen unveränderlichen Gesinnungen zu überzeugen, mit welchem ich demselben zu fortdauernden Hulden geneigt verbleibe. Caroline Churfürstin.“ VIII

So war denn das dauernde Zusammenleben der Klostergemeinde gesichert und der Fortbestand der Genossenschaft von Staate anerkannt. Trotz dieses Versprechens aber wurden unsere Klöster in Amberg und Sulzbach vollständig aufgelöst und unser Kloster in Indersdorf – wenn auch als geschlossene Körperschaft anerkannt – war gleich den andern der Gütereinziehung verfallen und von dem Verbote, neue Ordensglieder

24 Der badische Pfarrer und Theologe Ludwig Friedrich Schmidt (1764–1857) wurde 1799 Hof- und Kabinettsprediger der Kurfürstin Karoline in München und somit der erste evangelische Geistliche in Bayern.

aufzunehmen, worin die wahre Fortdauer der Klöster beruht, nicht ausgenommen. Es wurde Schritt für Schritt mit der Säkularisation vorangegangen. [...]

Während der sechsjährigen Regierung der Mutter Guttenberg starben zehn liebe Schwestern. Schwester Maria Xaveria Michlin, welche mit heroischer Liebe eine Krebskranke Tag und Nacht gepflegt hatte, starb noch vor der Säkularisation. Nach derselben: drei emsige treue Hausschwestern, deren eine erst dreiundvierzig Jahre zählte, die Schwester Seniorin Maria Antonia Huber, die ehrwürdige Soeur la Déposée Marie Floriana Lambacher, Schwester Marie Amalia von Feury, Schwester Marie Dominika Baumgartner und Schwester Marie Ludovika von Dittrich.

Schwester Marie Dominika hatte im Alter von siebzehn Jahren ihre Mutter bewogen, sie aus der Pfalz, wo kein Kloster war, nach Indersdorf zu bringen. Mit einunddreißig Jahren wurde die eifrige liebe Schwester unserer Gemeinde duch den Tod entrissen.

Schwester Marie Ludovika starb schon mit achtundzwanzig Jahren. Bei ihrer schwachen Brust und ihrem Berufseifer hatte sie sich durch angestrengtes Lehren die Lungensucht zugezogen. Die Schwestern nennen sie eine ganz geniale, zu allen Lehrfächern geeignete Lehrerin. Die schon angeführten Schulgeschichten widmen ihrem Andenken sieben ganze Seiten. Sie sprechen von ihrem Verständnis für jedes Kind. „Immer trat froher Ernst mit ihr in den Kreis der Schulmädchen. Bei herablassender Liebe wußte sie ihr Ansehen zu bewahren. Sie besaß das Zutrauen aller. Sobald sie die Thüre öffnete, umringten sie die Kleinen mit eherbietiger Freude. Bei ihren Erzählungen von der Liebe und dem Leiden des Heilandes rollten Thränen; zuweilen brachen die unschuldigen Kinder in lautes Schluchzen aus. Ein ansehnlicher Schulfreund kann sich immer noch nicht satt freuen, wenn er sich an die liebliche Scene bei der Schulprüfung erinnert. Die Lehrerin im Kreise der lieben Kleinen, alle dicht um sie gedrängt. Im Rechnungsfach verfolgte sie einen selbst ausgedachten Stufengang und verfertigte darüber ein eigenes Büchchen, von dem Herr Lehrer Holzapfel bekennen mußte, daß es von einem vortrefflichen Talente zeuge.

Frau Ludovika war ein Schatz für die Schule. Wenige waren von der Würde ihres Berufes erfüllt wie die Entseelte. Nie fing sie den Unterricht an ohne Flehen zum Herrn. Das riet sie auch andern noch vor ihrem Tode an. Die Kleinen durften sie während ihrer letzten Krankheit reihenweise besuchen. Sie waren untröstlich über ihren Tod und begleiteten die teure Leiche unter Schluchzen und Weinen auf den Friedhof."

Damals war der Verlust lieber Ordensmitglieder um so schmerzlicher, als sie durch neue Aufnahmen nicht ersetzt werden durften, und die Pensionen sich immer verringerten. Nach dem Tode der Schwester von Feury hatte die Mutter Guttenberg gebeten, daß in Hinsicht auf das Erziehungsinstitut gnädigst erlaubt werde, ein und das andere zur Schule brauchbare Subjekt in das Institut aufnehmen zu dürfen. Die Antwort war verneinend, „weil die Communität noch immer über(be)setzt ist." [...] Am 10. Mai 1803 wurde von der kurfürstlichen Landesdirektion der Chorgesang in den Nonnenklöstern verboten; nur ein glattes Chorgebet war mehr erlaubt.

Die Oberin Guttenberg hatte schon im Jahre 1803 den Wunsch gehegt, neben der Schule ein Pensionat in Indersdorf zu errichten und so das Institut auf seine erste Bestimmung der Erziehung adeliger Fräulein, Beamten- und Bürgerstöchter zurückzuführen. Anlaß dazu gaben die Bittgesuche des Rentbeamten und des Landrichters von Dachau, auch ihre Töchter in Erziehung zu nehmen. Im November 1803 wandte sich die Mutter Guttenberg in dieser Angelegenheit an das kurfürstliche General-Schul- und Studiendirektorium. Sie bat zugleich um einen jährlichen Beitrag von 400–550 Gulden zur Ausführung ihres Vorhabens und überdies um einen jährlichen Gehalt von 300–400 Gulden für ein Fräulein Josepha von Ditterich, der sie die Leitung des Pensionats anzuvertrauen gedenke, weil die Schwestern in der Werktags- und Feiertagsschule alle Kräfte aufzuwenden haben. Der Antrag wurde nicht angenommen, denn „die Regierung wolle nicht mehr Erziehungsanstalten als schon existieren."

Da der Ruf der Indersdorfer Schule manche bürgerliche Eltern bewog, ihre Kinder in Privatwohnungen nächst Indersdorf unterzubringen, damit sie die Wohltat des dortigen Unterrichtes genössen, machte die Oberin Maria Bernarda einen neuen Versuch, sie selbst in Kost und Wohnung nehmen zu dürfen. Sie erbietet sich unterm 10. 8. 1806 zur Errichtung eines bürgerlichen Pensionates für sechs bis acht Mädchen, das sich selbst unterhielte. Schon nach vier Tagen kommt die Anweisung, einen umfassenden Entwurf der vorhabenden Bildungsweise, Tagesordnung, körperliche Pflege und des Pensionsbetrages für jedes Mädchen einzusenden. [...]

So hatten unsere Schwestern nach zweiundzwanzigjähriger Pause auch ihre Institutsthätigkeit wieder aufgenommen. Das Erziehungsinstitut erfreute sich des Vertrauens der Eltern. Die Zahl der Zöglinge war bald auf dreiundzwanzig gestiegen. Anfangs für Bürgerstöchter errichtet, weist das Censurbuch des Jahres 1812 schon zwei Drittel vom Adel- und Beamtenstande auf. Wir finden darunter die Namen Ida Freiin von Hornstein, Karoline de Weech, Karoline Gräfin von Spreti,

Friedericke Gräfin von Leÿden, Laura von Rogister. Der Zeichnungs-, Klavier- und Tanzunterricht wurde in den Lehrplan aufgenommen. Die Wohnung der Pensionärinnen war nächst der Mädchenschule im zweiten Stock in großen lichten Zimmern, wovon drei eher Säle genannt werden könnten.

Johanna Carolina von Spreti und das Wiedererblühen des Ordens

Im ersten Jahre nach ihrer Wiedererwählung, den 15. Februar 1809 wurde Mutter Marie Bernarda der Liebe ihrer Gemeinde durch den Tod entrissen. Sie hatte der Gemeinde neun Jahre als Krankenwärterin gedient und durch ihre liebevolle Sorgfalt das Zutrauen aller Mitschwestern sich verdient. Um dem Kloster zu nutzen, erlernte sie die Bereitung der Arzeneien. Auch während ihrer Amtsführung blieb sie Apothekerin der Gemeinde und leitete die Krankenpflege.

Nach dem Tode der Mutter Marie Bernarda erwählte die trostlose Gemeinde zur Oberin die Schwester Johanna Karolina von
XI Spreti, die jüngste, aber vorzüglichste aus allen. Das Wahlprotokoll wurde – vom Kommissär, der neuen Oberin und zwei Wahlschwestern unterzeichnet – an die Regierung geschickt und die Wahl vom König „umso mehr allergnädigst bestätigt, als sich von dieser Vorsteherin mit Recht erwarten läßt, daß sie die Lehr- und Erziehungsanstalt mit ihrem bisher bewiesenen zweckmäßigen Eifer für das Wohl der Jugend leiten werde.“

Das geschah über alle Erwartung. Die Mutter Spreti behielt auch als Oberin den Rechenunterricht in der zweiten Klasse der Werktagsschule und in allen Klassen der Feiertagsschule bei, teilweise auch im Pensionate, woselbst sie außerdem vaterländische Geschichte und französische Sprache lehrte und an Sonn- und Feiertagen mit den Zöglingen vor dem Pfarrgottesdienste erbauliche Lesungen und Erklärungen vornahm. Sie korrigierte die Hausaufgaben und führte die Rechnungen für
XII Pensionat und Schule p.p. Ihre Thätigkeit umfaßte alles. [...]

Von 1802–1819 fand regelmäßig einmal im Jahre in den Ordenshäusern eine landgerichtliche Visitation statt. Es wurde dabei jede einzelne Nonne vernommen, ob sie im Kloster zufrieden sei oder in die Welt zurückkehren wolle und dieselbe zu letzterem Schritte mit Versprechen bleibender jährlicher Pension aufgemuntert. Da eine der Indersdorfer Schwestern, Josepha Antonia Baaderin irrsinnig war, glaubte die Oberin sie nicht vor dem Kommissär erscheinen lassen zu sollen. Dieser jedoch bestand darauf. Als aber Schwester Josepha Antonia ihm erklärte, sie sei glücklich, ihn aber werde der Teufel holen, fragte er ganz erschreckt die Oberin, ob alles in Erfüllung gehe, was diese Schwester sage. Trotz der Beruhigung, sie sei ja eine Irrsinnige, wollte er ferner nichts mehr mit ihr zu schaffen haben.

Alle Schwestern hatten Jahr für Jahr den Herren Visitatoren erklärt, in Einigkeit und Ausübung ihrer klösterlichen Pflichten, in freudiger Hinopferung für Schule und Pensionat leben und sterben zu wollen. Im Laufe des Jahres 1813 aber zeigte Schwester Marie Ferdinanda Braun sich mißvergnügt. Marie Ferdinanda Braun verließ das Kloster am 16. Juni 1814. Die 400 fl., die sie beim Eintritt mitgebracht, waren für ihre Ausfertigung und für die Einkleidungs- und Profeßkosten verwendet worden. Bei ihrem Austritt erhielt sie eine kleine Aussteuer an Wäsche und Kleidungsstücken, dazu noch zwei Stückchen Leinwand, ihr silbernes Kreuz und Besteck.

Bisher hatten die Schwestern durch Opfer- und Berufsfreudigkeit ihrer großen Aufgabe genügt und die immer mehr schwindenden Lehrkräfte zu ersetzen gesucht. Zuerst wurden zwei weltliche Lehrerinnen, Fräulein von Geÿer und Fräulein Hÿacinthe Baumgärtner, Exnonne von Altenhohenau, angestellt und nachdem beide nach Nymphenburg versetzt worden, hatten sie sich selbst zwei Gehilfinnen herangebildet, Katharina Widmann und Anna Stölzl. Es ging wieder ein paar Jährchen herrlich fort. Nun aber waren durch Anstrengung die Kräfte der noch übrig gebliebenen lehrenden 4 Schwestern gesunken und die Gemeinde konnte sich durch Aufnahme neuer Ordensmitglieder nicht verjüngen. Selbst Herr Stickhl, der das ganze Schulwesen leitete, war gebrechlich geworden. Die Mutter Spreti sah sich deshalb genötigt, bei der landesherrlichen Stelle um Enthebung von Schule und Pensionat nachzusuchen. In ihrer Eingabe (5. Mai 1814) gibt sie einen Überblick über die bisherige Thätigkeit in dreizehn Schul- und neun Pensionatsjahren, legt die Atteste des Arztes bei, glaubt sich der Ungnade seiner Majestät nicht schuldig gemacht zu haben und fleht um die Eine Gnade: daß alle im Kloster hier bis zu ihrem Absterben unvermengt beisammen bleiben und das Gebäude, den Garten und die meist veralteten Meubel auch fernerhin benützen dürfen. Mit Anerkennung der bisherigen Leistungen wird unsere Gemeinde der Mädchenschule enthoben; aber nach erholter Einwilligung der Oberin beauftragt, das Pensionat und die Arbeitsschule beizubehalten. Es sollen ihr alle bisherigen Bezüge verbleiben. Die Schuleinrichtung wurde dem Lehrer Koch übergeben, da fortan die Knaben- und Mädchenschule vereinigt werden sollten. In besagter Arbeitsschule, die mit dem Pensionat in keinerlei Verbindung stand, wurden an hundert Mädchen der Pfarrei von drei Lehrerinnen im Stricken, Nähen, Wollespinnen und Kartätschen[25], Schnürflechten, Klöppeln, Bändchenwirken und Spitzenmachen unterrichtet. Sie brachten entweder die Arbeiten von Hause mit oder verfertigten bestellte Arbeiten, so daß der Absatz keine Schwierigkeit bot. Der König geruhte, „alle Jahre einige Erzeugnisse dieser Arbeitsschule allergnädigst anzunehmen von den Waisen, die durch Allerhöchste Wohlthätigkeit in der hiesigen Gegend erzogen wurden." Auch dieser verminderten Aufgabe konnten die Schwestern nicht für die Dauer genügen. Die Lehrerinnen widmeten sich alle Stunden des Tages und der Nacht der treuesten, sorgfältigsten Obhut der Kinder – das Institut erfreute sich fortwährend der höchsten Zufriedenheit, und doch mußte es seiner Auflösung entgegensehen, da ihm durch die Säkularisation die Existenzfähigkeit genommen war.

Vor diesem traurigen Loos wußte die Klugheit und der Einfluß der Mutter Johanna Karolina ihre Schwestern zu bewahren. Sie zählte wohl zu den bedeutendsten Frauen der damaligen Zeit. Mit hohem Verstande paarte sie tiefe Demut, mit energischer Thatkraft milde Nachgiebigkeit und wohlwollende Liebe. Sie war eine vollkommene Ordensfrau, eine weise Erzieherin, rastlos in ihren Bemühungen für Sicherstellung des Fortbestandes ihrer Gemeinde.

Am 25. Mai 1814 starb Herr Stickhl, der durch Leitung der Schule und Begründung des Pensionates zur Erhaltung unserer Gemeinde so wesentlich beigetragen. [...] Auch im Hause mehrten sich die Todesfälle. Im Juni 1819 starb Schwester Marie Innocentia Huß, im April 1819 Frau Generosa Attenkofer und im selben Jahre noch die von allen hochgeschätzte Schwester Josepha Theodora von Lintnern, 66 Jahre alt. Einer durch Adel und Hofgunst ausgezeichneten Familie entsprossen, hatte sie die stille Zurückgezogenheit des Ordenslebens allen Freuden der Welt vorgezogen und war so glücklich in ihrem Berufe, daß sie bei jedem Anlasse Gott auf's innigste dafür dankte. Gefällige Liebe und Güte bildeten den Hauptzug ihres Charakters; es war ihr unmöglich, mit Willen jemand auch nur im geringsten zu beleidigen. Treu dem Rate unseres heiligen Stifters „Nichts begehren und nichts abschlagen" harrte sie in jeder Verwendung emsig aus, bis ihr der Gehorsam eine andere auferlegte. Sie war neun Jahre Krankenwärterin und achtzehn Jahre Pförtnerin und unterrichtete auch die Landmädchen in der Handarbeit. Seit 1806 lehrte sie im Pensionat die französische Sprache und vom Jahre 1812 an ward ihr die Aufsicht über das ganze Pensionat und die Leitung der Industrie- od. Arbeitsschule übertragen. Bis an's Ende ihres

25 Kardätschen/ kardieren, das Vorbereiten von Fasern zum Spinnen durch Kämmen.

Lebens versah sie diese wichtigen Posten, geachtet und geliebt von ihren Mitarbeiterinnen und Zöglingen.

Durch diese Verluste waren die Einkünfte des Hauses nicht nur abermals bedeutend vermindert, sondern es mußten auch weltliche Lehrerinnen statt der fehlenden Schwestern angestellt, erhalten und von den Pensionen der Schwestern besoldet werden. Die Mutter Spreti bittet deshalb die königliche Regierung, ihrem Hause die Pensionen der letztverstorbenen Schwestern zu belassen oder der Arbeitslehrerin Baumann und der Zeichnungslehrerin Hartmann einen Gehalt zu gewähren, damit nicht die Tag und Nacht sich mühenden Schwestern zu darben benötigt seien und das Institut seiner Vernichtung entgegengehe. Die Antwort lautete: Die Pension der verstorbenen Nonnen könne zwar nicht mehr gezahlt werden, aber man wolle in anderer Weise zu helfen suchen. Darauf erläßt die Mutter Spreti am 3. März 1820 ihre erste Eingabe an den König um Erlaubnis neue Mitglieder aufzunehmen. Sie stützt sich auf das Konkordat, worin versprochen worden, einige männliche und weibliche Klöster zur Erziehung der Jugend wieder herzustellen. In der zweiten Eingabe am 21. Januar 1821 sucht sie, die Nützlichkeit der Orden nachzuweisen und erklärt: „Wenn ich bisher als Erzieherin von mehreren hundert Kindern und als Vorsteherin der bedrängten sich aufgeopferten Gemeinde meiner Pflicht entsprochen und dadurch ein Verdienst um's Vaterland erworben, habe ich es nur der weisen Verfassung meines Ordens, dessen höhere Gründe mich leiten, und dem gemeinsamen Wirken meiner berufstreuen Mitschwestern zuzuschreiben, indem ich mir wohl bewußt bin, daß ich außer demselben und vereinzelt das alles nie vermocht hätte." Im dritten Gesuche vom 6. März 1821 bittet die Mutter Spreti bis Ostern um eine königliche Entschließung, weil sie, je nachdem diese Entscheidung ausfällt, die Eltern der Pensionärinnen entweder vom Aufhören oder Fortbestehen des Pensionates zu benachrichtigen hat.

Endlich wird die ersehnte Erlaubnis erteilt, „die Aufnahme von drei bis vier neuen Mitgliedern mit einfachen, auf drei Jahre giltigen Gelübden hiedurch unter der Bedingung allergnädigst zu gestatten, daß nur solche Individuen aufgenommen werden können, welche über ihre Brauchbarkeit zum Unterrichte und zur Erziehung der weiblichen Jugend vorschriftsmäßig geprüft sind, ein medizinisches Zeugnis über eine gute Gesundheit beigebracht und das achtzehnte Lebensjahr zurückgelegt, jedoch das dreiunddreißigste noch nicht überschritten haben."

Nachdem durch die Erlaubnis der Aufnahme neuer Mitglieder der dauernde Fortbestand unseres Klosters gesichert war, meldeten sich zahlreiche Postulantinnen, die gewillt waren, im Garten des heiligen Franz von Sales die kleinen Tugendblumen am Fuße des Kreuzes zu pflücken. Unser Kloster war das erste in Bayern, dem die Gnade der Wiederbestätigung geworden. Die Bewilligung der Aufnahme von drei bis vier Schwestern war allerdings nur für einfache Gelübde auf drei Jahre gegeben, doch begnügte man sich einstweilen in Erwartung besserer Zeiten.

Die ersten, welche nach zwanzig Jahren (am 26. September 1821) das geistliche Kleid in Indersdorf empfingen, waren Johanna Buchstetten, Anna Maria Meisl und Magdalena Bayer. Von der ersten werden wir als langjähriger Oberin unserer Gemeinde noch später hören, die zweite, Tochter einfacher Landleute, war von den englischen Fräulein in Altötting zur Arbeitslehrerin ausgebildet und deshalb als Chorschwester angenommen worden. Mit dem geistlichen Kleid empfingen diese lieben Schwestern zu Ehren unserer heiligen Stifter die Namen Franziska Salesia und Johanna Franziska. Der dritten, einer Laienschwester, wurde zu Ehren des Geheimnisses der Heimsuchung der Name Maria Elisabeth beigelegt. Die vierte, welcher die Ablegung der Gelübde gestattet wurde, war Fräulein Maria Anna Stölzl, (als Ordensfrau Maria Xaveria), neununddreißig Jahre alt. Sie hatte schon fünfzehn Jahre lang dem Institut durch Unterricht die ersprießlichsten Dienste geleistet und war 1820 als Lehrerin bestätigt worden. Ihrer Verdienste und Fähigkeiten wegen wurde sie hinsichtlich des zu hohen Alters dispensiert. Ihr Gehalt von zweihundert Gulden wurde ihr nicht nur belassen, sondern von 1831 an auf dreihundert Gulden erhöht.

Mit der Zunahme der Gemeinde wuchs auch die Zahl der Zöglinge. Sie stieg auf vierzig, ja auf siebenzig. Von 1822 an wurden dem Institute Freiplätze aus der Kabinettskasse verliehen, die sich bis zu elf vermehrten. Bei aller Anerkennung von Seite der geistlichen und weltlichen Obrigkeit war das Erziehungsinstitut Indersdorf immer noch in bedrängter Lage. Es hatte nicht genügend Lehrkräfte. Meldeten sich auch viele zum Eintritte ins Kloster, so mußten sie nicht nur für den Unterricht erst gebildet werden, was durch die vortreffliche Lehrerin Katharina Widmann in erfreulichster Weise geschah, sondern auch für den Geist des Klosters mußten sie erst erzogen und an alle klösterlichen Übungen und Tugenden gewöhnt werden. „Sie gehören ja," wie die Mutter Spreti in den oben erwähnten Antworten an den erzbischöflichen Geistlichen Rat sagt, „nachher als Lehrerinnen und besonders als Erzieherinnen so wenig sich selbst und müssen also im Geiste schon festgegründet sein. Der Geist und die Frömmigkeit sind die Hauptsache, nicht die Lehrgabe. Lehrerinnen sind sie vielleicht nicht lange, aber Ordensgeistliche müssen sie bis zu ihrem Tode sein."

Der erste Orden mit ewigen Gelübden

Die wahrhaft würdige Mutter Johanna Carolina von Spreti bekleidete vom Jahre 1809–1827 das Amt der Oberin. Diese unsere Satzungen widersprechende Handlungsweise war so sehr durch die Verhältnisse der Zeit und des Klosters bedingt, daß der Bestand und die Erhaltung der Gemeinde davon abhing.

Bessere Zeiten begannen, als nach dem Tode Königs Max I.
am 13. Oktober 1825, dessen Sohn Ludwig I. den bayerischen IX
Thron bestieg, unter dem die katholische Kirche neu auflebte, indem er ihr mehr Freiheit zu segensreicher Entfaltung gewährte, Ordensleute berief, Kirchen baute, das religiöse Leben förderte und für alles wahrhaft Edle und Große in Religion und Kunst Sinn, Verständnis und Herz hatte.

Anfangs will der König trotz der dringenden Bitten der Gemeinde, eine ausländische Oberin berufen zu dürfen, davon nichts wissen; erst, nachdem die Mutter Spreti sich im Dienste des Klosters völlig erschöpft hatte, ihre Gesundheit durch wiederholte Schlaganfälle erschüttert war und sie den rastlosen Anstrengungen zu erliegen drohte – wodurch wir unsere ganze Stütze verloren hätten – wurde die erwünschte Erlaubnis gewährt. Das Bedürfnis der Aushilfe durch fremde Schwestern in Indersdorf war so groß, daß nach dem Tode der damaligen Novizenmeisterin, Johanna Baptista Fischer, am 26. November 1827 die Prätendentinnen den Eltern zurückgeschickt werden mußten, indem keine andere für dieses Amt befähigte Schwester im Kloster war. Die Gemeinde zählte zwar dreiunddreißig Mitglieder, doch waren diese zum Teil alt und gebrechlich, zum Teil im geistlichen Leben selbst noch nicht begründet.

Am 29. Dezember 1827 schreibt die Mutter Spreti, im Vertrauen auf die Verwendung der Oberin von Annecy, nach Wien und bittet die Mutter Marie Henriette Hanrard nach ihrer Amtsniederlegung dortselbst die Stelle einer Oberin in Indersdorf annehmen zu wollen. Ihre Worte sind so innig und demütig, daß die Mutter Marie Henriette Hanrard davon tief ergriffen zu sein scheint. Dennoch meint sie, diesbezüglich mit ihrer Gemeinde nicht einmal reden zu dürfen, um dieselbe wegen der obwaltenden Umstände nicht zu alarmieren. Sie verspricht aber, Indersdorf die Schwester Maria Regis Hagg als Oberin und eine andere taugliche Schwester zu weiterer Hilfe überlassen zu wollen. In einem Briefe vom 17. Februar 1828 wird die Schwester Maria Regis Hagg Indersdorf bestimmt als Oberin zugesagt. Durch Vermittlung der Kaiserin wurde die für die Schwestern aus Wien erforderliche Erlaubnis des Kaisers Franz I. von Österreich zur Reise nach Bayern und zum sechsjährigen Aufenthalt dortselbst durch eigenhändig unterzeichnetes Schreiben erteilt und nachdem auch der König von Bayern seine Zustimmung erteilt, konnte am 11. Juni die Oberinwahl stattfinden.

Den 7. Oktober 1829 besuchte Erzbischof von Gebsattel bei Gelegenheit der Firmungsreise aufs Neue unsere Gemeinde und versprach für baldige Entscheidung betreffs Ablegung der ewigen Gelübde zu Wirken. Seit der am 4. September 1821 erlangten Erlaubnis, neue Ordensmitglieder mit einfachen, auf drei Jahre giltigen Gelübden aufnehmen zu dürfen, verlangte nämlich die Mutter Spreti nichts sehnlicher, als daß in diesem Punkte wie in allen anderen ihre Gemeinde sich den Ordenssatzungen ganz gleichförmig machen könne, und sonach die Schwestern ewige Gelübde ablegen dürften. Sobald es ihr geraten schien, am 10. Mai 1828, bittet sie den König um diese Begünstigung. Am 13. Februar 1829 wiederholt sie im Namen der Gemeinde diese demütige Bitte und fügt bei: „Wir geloben, daß so lange unser Kloster in Bayerns Staaten bestehen wird, wir für die Erhaltung und lange beglückte Regierung Eurer Königlichen Majestät und das ganze königliche Haus beten, auch alljährlich ein Dankfest zu ewiger Gedächtnis der empfangenen großen Gnade abhalten werden, uns auch fortwährend bestreben durch unser Erziehungsinstitut dem Staate nützliche Mitglieder zu sein und zu bilden." Nachdem im Februar und August 1830 ein drittes und viertes Bittgesuch in obigem Sinne an König Ludwig I. gestellt worden war und die Gewährung sich immer verzögerte, entschlossen sich unsere Mutter Marie Regis und unsere ehrwürdige Soeur la Déposée Johanna Carolina von Spreti, um erwähnte Gnade persönlich anzuhalten. Beide reisten mit erzbischöflicher Erlaubnis am 9. Oktober 1830 nach München und erhielten am 11. Oktober um ½ 1 Uhr Audienz. Der König empfing sie äußerst huldvoll. Auf die energische Bitte der Mutter Spreti, „allergnädigst zu erlauben, daß wir unserer Ordensregel, namentlich mit den Gelübden leben – oder auswandern dürfen", wurde ihnen die allerhöchste Zusage erteilt: „Ihr sollt nach eurer Ordensregel leben." Betreffs der ewigen Gelübde verlangte der König zwar noch Bedenkzeit, erteilte unsern Schwestern aber schon unterm 17. November 1830 Erlaubnis, die ewigen Gelübde nach vollendetem dreiunddreißigsten Lebensjahr ablegen zu dürfen.

Dieses unserm Kloster vor allen anderen erteilte Privilegium fand durch königliche Verordnung vom 9. Juli 1831 Anwendung bei allen Frauenklöstern, deren Fortbestand der König speziell bewilligt hatte.

Abbildungen — Sechstes Kapitel

I Kurfürstin Maria Anna von Bayern als Witwe, um 1780

II Die ehemalige Klosterkirche der Salesianerinnen in München, später St. Anna-Damenstiftskirche

III Kloster Indersdorf als Wohnort der Salesianerinnen von 1784 bis 1831

IV Johann Baptist Sutor, geistlicher Vater der Salesianerinnen in Indersdorf, um 1780

V Totentafel der in Indersdorf 1785 bis 1831 verstorbenen Schwestern

VI Grabstein der Schwester Maria Anna Bernarda von Aretin im Kloster Indersdorf

aus ihren eigenen Mitteln ein adeliges Damenstift zu gründen, wozu der Kurfürst bereits eingewilligt und ein Gebäude zur Verfügung zu stellen übernommen habe. Die Aufhebung der Abtei von Indersdorf biete Gelegenheit, die Salesianerinnen dorthin und in deren zu verlassendes Kloster das Damenstift zu verlegen. Hiezu bitte sie um die bischöfliche Zustimmung."

Die Urkunde für Errichtung des Damenstiftes ist datiert vom 51. April 1783, und die Versetzung der Salesianerinnen nach Indersdorf wurde am 3. Oktober desselben Jahres durch Kurfürstliches Dekret publiziert. So mußten denn unsere guten Schwestern ihr Kloster in München verlassen und zogen nach dem ihnen von der Frau Kurfürstin Marianna angewiesenen neuen Bestimmungsort.

Wie wund mögen ihre Herzen gewesen sein, als sie dieses heilige Asyl, dies Gotteshaus, das die fromme Kurfürstin Adelheid ihnen bereitet hatte, und das ihre geistige Heimat geworden war, verlassen mußten, um einer weltlichen Genossenschaft Platz zu machen!

In Indersdorf wurde ihnen der Hauptstock der weitläufigen Gebäude eingeräumt, wo sich auch schöne Lokale für das Pensionnat fanden, welches durch ungefähr 20 Jahre eine rühmliche Wirksamkeit entfaltete.

IV.

Schicksale zur Zeit der Säkularisation.

Immer näher rückte indessen der unglückliche Zeitpunkt der Säkularisation. Man sprach überall von Aufhebung der Klöster; die Regierung verlangte bereits bedeutende Beiträge von denen, welche Besitzungen hatten; so manche Kirche war schon ihrer Schätze beraubt worden, und mit bangem Herzen sahen alle Gutgesinnten der Zukunft entgegen. Die verschiedenen Ordensgenossenschaften mußten sich bereit halten, ihre heiligen Asyle zu verlassen oder auf erlaubte Mittel denken, sich die Regierung geneigt zu machen, um der Aufhebung und Zerstreuung vorzubeugen. Die geistlichen Vorgesetzten und andere gute Freunde unseres Klosters Indersdorf rieten zur Übernahme einer Volksschule, als dem besten, wahrscheinlich einzigen Mittel, das Kloster zu erhalten. Zirkular von Dietramszell, Jahrgang 1837.

Sofort entschloß sich die damalige Oberin, Mère Marie Louise von Guttenberg, diesen Antrag zu stellen, zufolge welchem ihnen anno 1801 die öffentliche Schule übergeben wurde; selbstverständlich handelte es sich nur um die Mädchenschule. Die guten Schwestern gaben sich dieser neuen Aufgabe unter Anleitung ihres hochwürdigen Herrn Beichtvaters Franz Xaver Nickel, der vor-

VII Die Kurfürstin und spätere Königin Karoline von Bayern, um 1806

E 2-7

Die Verdienste die sich der Orden der Salesianerinnen um die Erziehung der Jugend bisher erworben hat, sind dem Staate nicht unbekannt, und derselbe wird daher auch fernerhin einem für die Menschheit so nützlichen Institute den kräftigsten Schuz angedeihen lassen.

Ich bin zum voraus versichert, daß diese Nachricht der Oberin und dem Convent zu Indersdorf nicht nur zur Beruhigung dienen, sondern dieselbe auch aufmuntern wird, mit verdoppelten Kräften dem in sie gesezten Vertrauen des Vaterlandes vollkommen zu entsprechen.

Mir wird es übrigens besonders angenehm seyn, bey einer jeden schiklichen Gelegenheit das Kloster von dem aufrichtigen Antheil den ich an dessen Erhaltung nehme, so wie von denjenigen unveränderlichen Gesinnungen zu überzeugen, mit welchen ich demselben zu fortdauernden Hulden geneigt verbleibe. München den 6ten März 1802.

Caroline Churfürstin

An die Oberin des Klosters zu Indersdorf.

VIII Brief der Kurfürstin Karoline an die Oberin des Klosters Indersdorf, 1802

IX König Ludwig I. von Bayern (1786–1868) im Krönungsornat

GERECHT
UND
BEHARRLIC

Rede

an dem Festtage der heiligen

Johanna Francisca

Fremiot von Chantal,

Ordensstifterinn der Schwestern der Heimsuchung Mariä.

Gehalten

am 27. August 1797 im Kloster Inderstorf

bey Ablegung der Ordensgelübde

der hochgebohrnen

Fräule Gräfinn Walburga,

nunmehr

Sor. Johanna Carolina v. Spreti,

durch

R. P. Heladius Möck,

der baier. Franciscaner-Provinz Priester, und zeitlichen Hofprediger.

R

XI Grabstein der Oberin Johanna Carolina von Spreti, gest. 1837 in Dietramszell

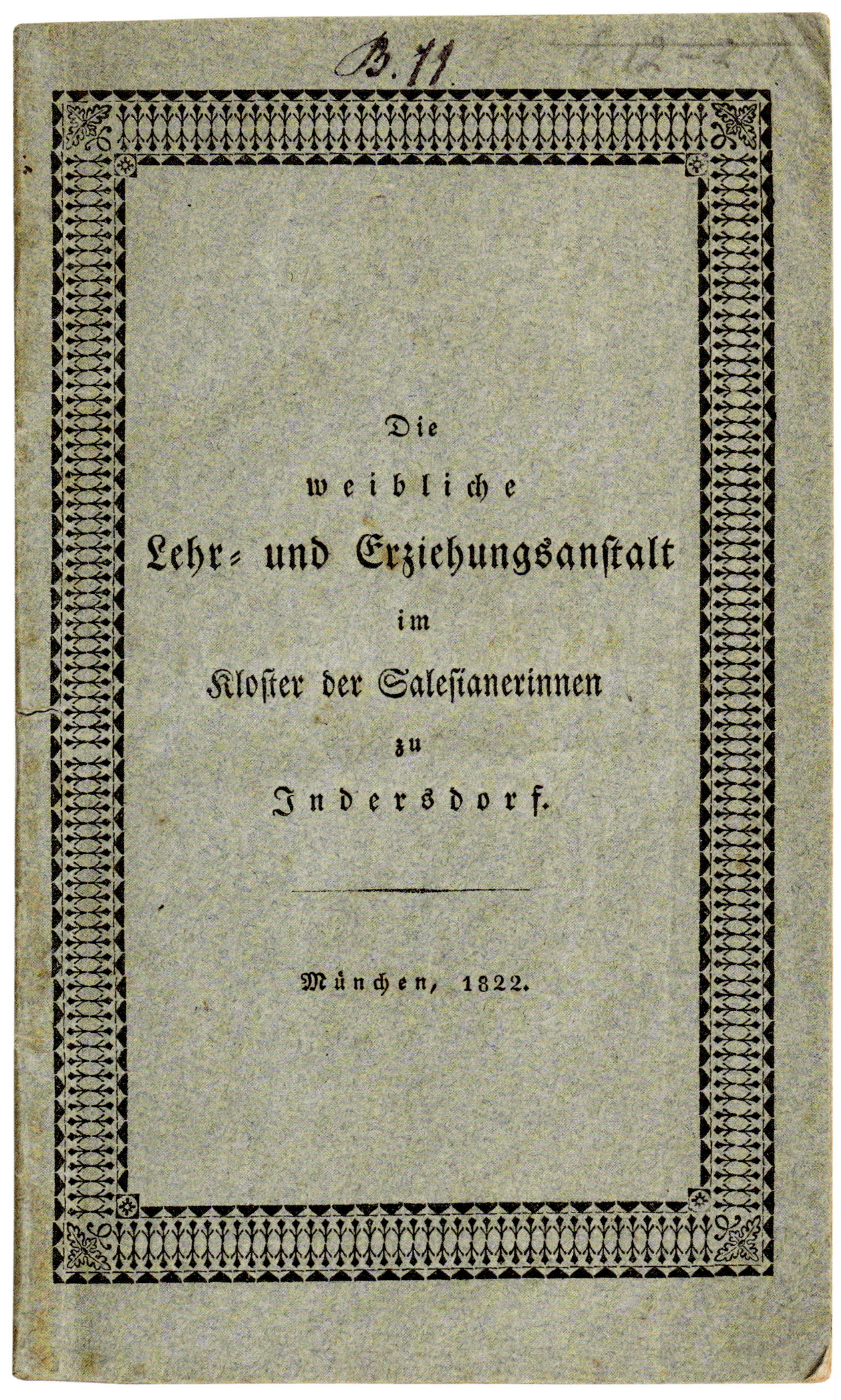
Die
weibliche
Lehr- und Erziehungsanstalt
im
Kloster der Salesianerinnen
zu
Indersdorf.

München, 1822.

Über die weibliche Lehr- und Erziehungsanstalt im Kloster der Salesianerinnen zu Indersdorf.
Johanna Carolina von Spreti, München, 1822

I

Kurfürstin Maria Anna von Bayern (1728–1797) geb. Prinzessin von Sachsen
Werkstatt Georges Desmarées, um 1780
Öl auf Leinwand, 99 × 87,5 cm
Wittelsbacher Ausgleichsfonds

Kurfürstin Maria Anna, die Witwe des kinderlos verstorbenen Kurfürsten Maximilian III. (1727–1777), war verantwortlich für die Vertreibung der Salesianerinnen aus München, da sie 1783 deren Klostergebäude für das von ihr gegründete Damenstift für sich beanspruchte.

II

Ansicht der Damenstiftskirche
Aquarellzeichnung aus den Annalen des Salesianerinnenklosters Zangberg, Ende des 19. Jahrhunderts (Schw. Maria Antonia von Kiliani)
Kloster der Salesianerinnen, Zangberg

Die ehemalige Klosterkirche der Salesianerinnen – heute Damenstiftskirche – wurde nach deren Auszug 1784 von den Mitgliedern des neuen Damenstifts genutzt, die dort an der täglich vorgeschriebenen Messe teilnahmen. Nach der Aufhebung des gemeinschaftlichen Lebens der Stiftsdamen im frühen 19. Jahrhundert blieb die Kirche aufgrund verschiedener Messstiftungen erhalten, die noch aus der Zeit der Heimsuchungsschwestern stammten.

III

Ansicht des Klosters Indersdorf
Aquarellzeichnung aus den Annalen des Salesianerinnenklosters Zangberg, Ende des 19. Jahrhunderts (Schw. Marie Odilie Kronstaller)
Kloster der Salesianerinnen, Zangberg

Über dem Bild des Klosters Indersdorf, in dem die Salesianerinnen von 1784 bis 1831 lebten, schwebt die dort verehrte Muttergottesfigur vom Rosenkranzaltar.

IV

Johann Baptist Sutor, letzter Prior des Augustiner-Chorherrenstifts Indersdorf
Um 1780
Öl auf Leinwand, 102 × 80 cm
Kath. Kirchenstiftung Mariä Himmelfahrt, Indersdorf

Johann Baptist Schuester, latinisiert „Sutor" (1735–1806), war ab 1780 Probst des Augustiner-Chorherrenstiftes Indersdorf. Als solcher musste er 1783 die Zwangsauflösung des Stiftes miterleben. Sutor verblieb als Pfarrer in Indersdorf. Nach dem Einzug der Salesianerinnen in Indersdorf 1784 wurde er von den Schwestern zum geistlichen Vater des Klosters gewählt und kümmerte sich bis zu seinem Tod 1806 um alle äußeren Belange der Gemeinschaft.
[Foto: Christoph Schalasky]

V

Totentafel aus Kloster Indersdorf
19. Jahrhundert
Holz, Papier, 87,5 × 53 cm
Kloster der Salesianerinnen, Dietramszell

Das Verzeichnis, das wohl erst nach dem Wegzug der Schwestern aus Indersdorf 1831 zur Erinnerung angefertigt wurde, zählt die dort bestatteten Schwestern auf und nennt auch einige weitere Informationen; so sind zwei aus anderen Orden übergetretene Schwestern, eine Franziskanerin des Münchner Bittrich-Klosters und eine Schwester der Ursulinen aus Landsberg, eigens genannt.

VI

Grabstein der Sr. Maria Bernarda von Aretin
Indersdorf, 1785
Kalkstein, 33 × 33 cm
Erzdiözese München und Freising, Erzbischöfliche Realschule Vinzenz von Paul Indersdorf

Während der Schwesternfriedhof, den die Salesianerinnen in Indersdorf zu Allerseelen 1785 einrichteten, heute nicht mehr existiert, haben sich im Kreuzgang des ehemaligen Klosters die Grabplatten zweier Schwestern erhalten, Sr. Maria Bernarda von Aretin (gest. 1785) und Sr. Maria Creszenzia Klerr (gest. 1790). Von Sr. Maria Bernarda ist überliefert, dass ihr Grab am Eingang der Nikolauskapelle im Kreuzgang lag.
[Foto: Christoph Schalasky]

VII

Königin Karoline von Bayern (1776–1841) geb. Prinzessin von Baden
Moritz Kellerhoven, um 1806
Öl auf Leinwand, 99 × 87,5 cm
Wittelsbacher Ausgleichsfonds

Karoline von Bayern, die zweite Ehefrau des Kurfürsten (ab 1806: König) Maximilian Joseph, war ihren neuen Untertanen eine engagierte Landesmutter. Auch die Salesianerinnen verdanken dem Einsatz der jungen Fürstin ihr Überleben in der Säkularisation. Das lebensnahe Porträt, das sich bis heute im Wittelsbacher Familienbesitz befindet, zeigt sie dem Zeitstil entsprechend im bürgerlichen Habitus, der ihre Volksnähe unterstreichen soll.
[Foto: Rainer Herrmann]

VIII

Brief der Kurfürstin Karoline an die Oberin des Klosters Indersdorf
München, 6. März 1802
Handschrift auf Papier, 20,5 × 14,3 cm
Kloster der Salesianerinnen, Zangberg

In diesem Brief sichert die Kurfürstin Karoline den Schwestern am Vorabend der Säkularisation den staatlichen Schutz ihres Institutes zu.
[Foto: Christoph Schalasky]

IX

Ludwig I. von Bayern (1786–1868) im Krönungsornat
Joseph Karl Stieler, 1826
Öl auf Leinwand, 230 × 170 cm
München, Bayr. Staatsgemäldesammlungen, Neue Pinakothek

König Ludwig I. (reg. 1825–1846) stand der klösterlichen Lebensweise insgesamt recht aufgeschlossen gegenüber. Unter seiner Regierungszeit erblühte daher in Bayern das Klosterleben von neuem. Auch den Salesianerinnen gestattete er 1830 wieder das Ablegen der ewigen Gelübde nach ihrer Ordensregel.
[Foto: © Blauel Gnamm – artothek]

X

Rede an dem Festtage der h. Johanna Franziska Fremiot von Chantal. Gehalten am 27. Aug. 1797 im Kloster Inderstorf bey Ablegung der Ordensgelübde der Fräule Gr. Walb. v. Spreti.
P. Heladius Moeck, s.l., 1797
Bayerische Staatsbibliothek München

Von Johanna Carolina von Spreti, der Bewahrerin der Schwesterngemeinschaft in den Zeiten der Säkularisation, sind nur wenige Objekte überliefert. Die Predigt, die P. Heladius Möck bei ihrer Profess im Jahr 1797 in Indersdorf hielt, vergleicht ihr Leben mit dem der heiligen Johanna Franziska von Chantal, die beide sich selbst als Ordensschwester Gott zum Opfer bringen. Die Schrift enthält auch die Ansprache des geistlichen Vaters des Klosters, Johann Baptist Sutor, in der er das Klosterleben in den düstersten Farben schildert, um das Opfer der jungen Adligen zu betonen.
[Foto: Bayerische Staatsbibliothek München, Res/4 Bavar. 2130,VI,8 m, S. 3, urn:nbn:de:bvb:12-bsb10885694-7]

XI

Grabstein der Johanna Carolina von Spreti, gest. 1837
Stein, ca. 30 × 30 cm
Kloster der Salesianerinnen, Dietramszell

An die großen Verdienste der Oberin Johanna Carolina von Spreti, die die Schwesterngemeinschaft durch die schweren Jahre der Säkularisation führte, erinnert dieser schlichte Grabstein im Kloster Dietramszell.

XII

Über die weibliche Lehr- und Erziehungsanstalt im Kloster der Salesianerinnen zu Indersdorf
Johanna Carolina von Spreti, München, 1822
Kloster der Salesianerinnen, Zangberg

Oberin Johanna Carolina von Spreti, langjährige Lehrerin und Leiterin des Indersdorfer Mädchenpensionats, verfasste dieses Buch nicht nur als Werbung für das Institut, sondern auch zur Verteidigung der Arbeit der Schwestern gegenüber dem Staat. Das Schulsystem, die Lehrfächer und die Erziehungsziele sind zum Teil höchst modern; so gibt es keine körperlichen Strafen.
[Foto: Christoph Schalasky]

Siebtes Kapitel

Ein neuer Anfang im Kloster Dietramszell – 1831

Die Anfänge des Augustinerchorherrenstiftes Dietramszell, das um das Jahr 1100 als Klause gegründet wurde, sind nicht restlos geklärt. Da sich das Stift auf dem Grund der Abtei Tegernsee befand, wurde es lange als Eigenkloster betrachtet, was immer wieder zu Abgrenzungsproblemen führte. Im 16. und 17. Jahrhundert befand sich das Stift in wirtschaftlichen Schwierigkeiten und litt unter fehlender Ordenszucht. Zudem war es durch die Folgen des Dreißigjährigen Krieges so geschwächt, dass Kurfürst Max Emanuel dessen Aufhebung plante – dies konnte jedoch durch den Protest anderer Chorherrenstifte und der Abtei Tegernsee verhindert werden. 1703 erreichte das Stift eine gewisse Unabhängigkeit und in der Folge erlebte Dietramszell einen neuen Aufschwung – 1741 wurde die prachtvolle Stiftskirche Maria Himmelfahrt errichtet und 1754 erreichte man mit 19 Konventualen die größte Mitgliederzahl. 1803 wurde aber auch dieses Stift im Zuge der Säkularisation aufgelöst und sein Vermögen vom Staat eingezogen. Einen Teil der Gebäude und Ländereien erwarb Mathias Schilcher. Der Forstfachmann leitete eine Kommission, die im Auftrag des Kurfürsten Maximilian IV. Josef die vom Staat eingezogenen Wälder begutachtete, dokumentierte und Vorschläge zu deren Nutzung und Verwertung erarbeitete. Er bewohnte einen Flügel des Klosters mit seiner Familie und wandelte die vorhandene Klosterökonomie in ein landwirtschaftliches Mustergut um. 1814 wurde Mathias Schilcher aufgrund seiner großen Verdienste während der Säkularisation und für die bayerische Forstverwaltung in den Adelsstand erhoben.

Der andere Teil der Stiftsgebäude wurde den Klarissen des Münchner Angerklosters zur Nutzung übergeben, denn auch dieses älteste Frauenkloster der Stadt wurde aufgelöst und die Schwestern sollten sich zum Aussterben zurückziehen. Bis zu diesem Zeitpunkt hatte das Kloster hohe Wertschätzung genossen und 1698 strebte Kurfürst Max Emanuel sogar die Seligsprechung zweier Wittelsbacher Prinzessinnen an, die im späten Mittelalter dort ein heiligmäßiges Leben geführt hatten. Auch seine einzige Tochter, Prinzessin Maria Anna Carolina (1696–1750), sollte in das Kloster St. Jakob am Anger eintreten und dort nach der festlichen, aber tränenreichen Einkleidung und der ewigen Profess als Klarissin Emanuela Theresia a Corde Jesu ihr Leben verbringen. 1803 waren es letztlich 29 Chor- und 13 Laienschwestern, die das Kloster verlassen mussten und einen Teil ihres Besitzes, vor allem Mobiliar, Kunstwerke und Hausrat nach Dietramszell transferierten. Auch einige Chorherren befanden sich zu diesem Zeitpunkt noch in Dietramszell, wo sie als Pfarrer und Spiritual der Klarissen ihrer Berufung folgten. Als die Salesianerinnen 1831 Teile des Klosters übernahmen, trafen sie auf die wenigen noch lebenden Klarissen und pflegten diese bis zum Tod der letzten Nonne 1844. Von ihnen erbten sie zahlreiche barocke Kunstgegenstände, die in der Säkularisation nicht eingezogen worden waren. Auch wenn die bildlichen Themen dieser Gemälde, Klosterarbeiten und sonstiger Objekte eher der Passionsfrömmigkeit der franziskanischen Ordensfamilie entsprechen, hielten die Salesianerinnen dieses Erbe in Ehren und verteilten die Kunstwerke im weiteren Verlauf des 19. Jahrhunderts an neu gegründete Klöster. So blieben zahlreiche Stücke in Dietramszell, andere gelangten nach Beuerberg und wieder andere nach Zangberg.

18.
Cap.
Die Wie-
deraufnahme
des Erziehungs-
Institutes 1806
unter der Oberin
Mar. Bernarda
Heiss - Beschränk-
ung der Gemeinde
auf die Hauska-
pelle 1807 - Tod d.
Mutter M. Bernar-
da u. andere betrü-
bende Ereignisse -
Königl. Entschlies-
sung zur Auf-
nahme neuer Or-
densmitglieder 1821

Der Umzug nach Dietramszell 1831

Bei der schon erwähnten Audienz, welche den Müttern Maria Regis Hagg und Johanna Carolina von Spreti am 11. Oktober 1830 bei König Ludwig I. gewährt worden, wurde auch die Übersiedlung der Gemeinde in ein anderes Kloster besprochen und den Bittstellenden die Wahl eines zweckmäßigen, in Folge der Säkularisation leerstehenden Klostergebäudes gestattet. Sie sollten sich darüber mit dem Minister von Schenk benehmen. Es unterliegt keinem Zweifel, daß durch Einrichtung eines Teiles des Gebäudes für Elementar- und Arbeitsschulen und später für das Erziehungsinstitut der Wohnraum für den Convent mancherlei Beschränkung zu erfahren hatte und die Kapelle in der Klausur irregular war. Statt nun zu versuchen, durch Lokal- und Bauveränderungen alles entsprechend zu ordnen, hatte die Mutter Marie Regis Hagg, wie es scheint, von Anfang an die Absicht, die Übersiedlung der Gemeinde in ein anderes Haus zu bewerkstelligen.

Unterm 9. Juli 1829 bat sie den König um Einräumung des vormaligen Franziskanerklostergebäudes in Ingolstadt und scheint ihr Ansuchen auf Baufälligkeit von Indersdorf begründet zu haben, denn in der Antwort vom 14. Juli „daß diesem Gesuche nicht willfahrt werden könne," heißt es, daß aber zu Abwendung der Gefahr hinsichtlich der Klostergebäude in Indersdorf ohne alle Zögerung das Geeignete zu verfügen sei. Die Regierung erhält demnach den Auftrag in Erwägung zu ziehen, ob die Beschaffenheit der Gebäude oder sonstige Rücksichten die Versetzung des Klosters an einen anderen Ort notwendig machen und welche disponible Klostergebäude im Isarkreise in Vorschlag gebracht werden könnten.

Unterm 28. September gibt der Ingenieur Weidner dem Kloster die Beruhigung, daß die Bezirksbauinspektion der Regierung bezüglich der Klostergebäude Bericht erstattet, „die sehr ungesunde Lage der Gebäude geschildert und die Versetzung des Institutes beantragt habe." Hierauf erfolgt an Indersdorf die Aufforderung „demnächst anzuzeigen, welche die Bedürfnisse des Klosters sowohl als des Erziehungsinstitutes in Ansehung auf Raum und Lokalität, sowie der ganzen Beschaffenheit des hiezu zu bestimmenden Gebäudes seÿn sollen – wobeÿ nicht außer Acht zu lassen ist, daß zwar alles Überflüssige wegzulassen ist, jedoch das eigentliche Bedürfniß mit steter Rücksichtsnahme auf den wichtigen Zweck eines weiblichen Erziehungsinstitutes genauestens anzugeben ist."

Die Antwort der Mutter Marie Regis vom 20. Dezember 1829 war folgende: „Ein Salesianerinnen-Kloster im Verbande eines weiblichen Erziehungsinstitutes zweckmäßig herzustellen, sollte selbiges in einer gesunden Lage, und in einer Gegend, wo kein Wassermangel ist, nahe an einer Stadt, verbunden mit einem großen, klausurgemäß eingeschlossenen Garten sich befinden, anbei eine kleine Kirche, wo zur einen Seite des Hochaltars sich innerhalb der Chor, zur andern die äußere Sakristei sich anbringen ließe.

Das Klostergebäude dürfte nur einige zwanzig Zellen oder kleine Zimmer für die Chorfrauen und drei große Zimmer für die Laienschwestern zusammen zu wohnen, enthalten, ferners ein Gemeinde- und ein Kapitelzimmer, ein kleines Zimmer für die Oberin, ein größeres für das Noviziat, ein Economie- Sakristei- Kleider- Wäsch- und Bücherzimmer, einige Krankenzimmer sowohl für die Zöglinge als Klosterfrauen mit einer kleinen Küche; dann ein Porten- und Sprechzimmer, ein Refektorium, Küche, Speise und Dienstbotenzimmer, eine Waschküche p.p. was zum Hauswesen gehört.

Für das Erziehungs-Institut sind zwei große Lehrsäle, jeder auf dreißig Zöglinge, wenigstens vier Schlafsäle, dann drei Klavierzimmer, ein oder zwei Speisezimmer und eine Garderobe erforderlich. Äußer der Klausur wären dann noch ein paar Zimmer für den Klosterbeichtvater und eines für die Ausgeherin an der Pforte zu berücksichtigen.

Vorstehende Angabe schließt alles ein, was wir wirklich bedürfen und zugleich demütigst und unterthänigst bitten und ansuchen, nämlich ein derlei angemessenes, übrigens ganz leeres Gebäude zu erhalten, für dessen innere Einrichtung und Erfordernisse wir alsdann nicht weiters zur Last fallen, sondern selbst dafür sorgen würden, mit Vorbehalt der gnädigsten Erlaubnis, wenn uns ein betreffendes Gebäude namhaft gemacht werden sollte, dasselbe bevor noch eine Allerhöchste Verordnung getroffen wird, besehen zu dürfen, um zu erkennen, ob und auf welche Art selbiges gemäß dem, was uns in unsern Ordensstatuten vorgeschrieben ist, und auch hinsichtlich oben angeführter Erfordernisse des Erziehungs-Institutes entsprechend und geeignet gemacht werden könnte."

Infolge verschiedenartiger Anträge entspann sich eine lebhafte Korrespondenz zwischen Ordinariat, Regierung und der damaligen Oberin Marie Regis und der Obermeisterin von Indersdorf Johanna Carolina von Spreti. Zuerst war von einem Umzug nach Altomünster die Rede. In einem Schreiben vom 4. März 1830 wurde die Ansicht geltend gemacht, das ursprünglich als Herren-Convent erbaute Indersdorf habe nie für ein Nonnenkloster mit Klausur und weiblichem Erziehungsinstitut gepaßt, und jedes andere aus der Säkularisation noch übrige Klostergebäude werde die selbe Inconvenienz darbieten. Man bezeichnete deshalb die Aufführung eines neuen Klosters als geeignetste Maßregel. Graf Buttler von Haimhausen bot auf seinem Gute Bauplatz und Garten als Geschenk an, nebst einer Summe Geldes, um den Bau beginnen zu können. Die Oberin Marie Regis erhält am 9. März 1830 für sich und ihre Begleiterinnen oder Stellvertreterinnen die erzbischöfliche Erlaubnis den in Haimhausen bestimmten Platz zu besehen und die geeignete Veranstaltung zu treffen. Von einem Neubau in Haimhausen wird ferner nicht gesprochen.

Anfang Juni 1830 erhielt die Mutter Spreti durch ihren Neffen Karl einen Brief des Herrn Revierförsters Joseph von Schilcher zugeschickt. Derselbe hatte den größten bestgelegenen Teil des Klostergebäudes und das Ökonomiegut Dietramszell von seinem Vater geerbt und lebte mit seiner Familie dortselbst. Herr von Schilcher bittet in obengenanntem Brief seinen Freund Karl um Rat und Mitwirkung. Wie er gehört, soll den würdigen Klosterfrauen in Indersdorf in Rücksicht der Baufälligkeit der dortigen Gebäude eine Dislokation vorgeschlagen werden und wahrscheinlich viel daran gelegen sein, daß der neue Aufenthalt sowohl als Convent, als dem Zwecke des Erziehungsinstitutes zusage. Er meint, beiden werde der noch staatseigentümliche Teil des ehemaligen hiesigen Klostergebäudes vollkommen entsprechen. Er gibt nun eine nähere Beschreibung von Dietramszells Lage und Umgebung und fährt fort:

> „Das ehemalige Klostergebäude steht noch ganz wie zur Zeit der Aufhebung und ist der größere Teil noch Staatseigenthum und sehr gut erhalten, da seit 1804 die Nonnen von St. Clara von München, wovon noch sechs zur Zeit denselben bewohnen. Der königliche Gebäudeanteil ist von dem mir eigentümlich gehörigen Teil teils durch eine Kirche, welche in der Mitte steht, teils durch eine Trennungsmauer geschieden. Der Raum wäre für das Nonnenconvent und Erziehungsinstitut gewiß hinreichend. Unmittelbar am Gebäude liegt ein großer mir eigentümlicher Garten, den ich bisher den Klosterfrauen unentgeltlich überließ, und auch es in Zukunft mit Freuden thun würde. Eine halbe Viertelstunde entfernt liegt das Dorf Schöneck, wo ein Wirtshaus ist und woher Fleisch und Brot in guter Qualität bezogen werden kann. Auch ist dortselbst ein geschickter Landarzt. Bier, Butter, Milch, Rahm p. könnte aus meinem Bräuhause und aus meiner Ökonomie bezogen werden, sowie ich mir ein Vergnügen daraus machen würde, alles zu bieten, was in meinen Kräften stünde. Auch Holz ist hier sehr wohlfeil: Buchen zu 5 fl und Fichten zu 3 fl per Klafter. Die Gegend ist hüglicht und Gesund." Graf Karl Spreti fügt noch bei: „Das Kloster ist in einem mittleren Stil gebaut, zwei Stockwerke hoch, hat große Zimmer und Gänge und ein

> äußerst großes Refektorium. Das Gebäude liegt in einem engen Thale von kleinen Hügeln umgeben, von welchen man die herrlichste Aussicht auf das bayerische Hochgebirge genießt. ..." [...]

Am 20. März 1831 wird Herr von Schilcher vom Minister Schenk ersucht, die nötigen Veränderungen für das Kloster vorzunehmen. Er „rapportiert der Mutter Regis, seiner würdigen Mitbaumeisterin" am selben Tage, er werde durch neue Taglöhner und seinen Gärtner den Garten nach Wunsch der Oberin herrichten lassen, damit er für kommenden Herbst und Winter die gesamten Hausgenossen mit Gemüse versorge. In den Garten zu Dietramszell ließen die Schwestern mit Erlaubnis der Regierung dreihundert selbstgepflanzte Fruchtbäumchen, zweihundertzwanzig hochstämmige und vierundsechzig Zwergbäume, auch vierundzwanzig Weinstöcke aus ihrem Garten in Indersdorf versetzen. Leider hat diese Obstpflanzung im kalten Klima von Dietramszell nicht gedeihen können, nur zwei Apfelbäume und einige Zwetschgenbäume vegetierten fort. Die alten Schwestern, insbesondere die Gärtnerin, haben das gute Indersdorfer Obst schmerzlich vermißt und auch die Hausmeisterin hat den Unterschied an Güte und Wohlfeilheit der Lebensmittel dortselbst, besonders von Fleisch und Fischen schwer empfunden.

Endlich erfolgt am 21. April 1831 die „Allerhöchste Entschließung" zur Übersiedelung: „Das Kloster der Salesianerinnen und das damit verbundene Erziehungsinstitut in Indersdorf soll nach Dietramszell verlegt, und der Umzug der Nonnen während der Herbstferien des laufenden Jahres vollendet werden. Die in Dietramszell notwendigen baulichen Veränderungen sind sogleich anzuordnen und dergestalt zu beschleunigen, daß das Gebäude dortselbst zu Anfang des Monats September bezogen werden kann."

Der Einladung des Herrn von Schilcher vom 10. April 1831, daß ein „Bau-Prüfungs-Arrangements-Ausschuß" im Gefolge der Oberin nach Dietramszell komme, der bey ihm wie zu Hause sein soll, entsprach die Mutter Regis und reiste mehrere Male stets in Begleitung dreier Schwestern dorthin, die Lokaltäten zu besehen und die Austeilung der Lokale vorzunehmen. Endlich erfolgt am 21. April 1831 die „Allerhöchste Entschließung" zur Übersiedelung: „Das Kloster der Salesianerinnen und das damit verbundene Erziehungsinstitut in Indersdorf soll nach Dietramszell verlegt, und der Umzug der Nonnen während der Herbstferien des laufenden Jahres vollendet werden. Die in Dietramszell notwendigen baulichen Veränderungen sind sogleich anzuordnen und dergestalt zu beschleunigen, daß das Gebäude dortselbst zu Anfang des Monats September bezogen werden kann." [...]

Am 5. Mai 1831 reisten die Chorschwestern Maria Ottilia Leidenfrost, Maria Aloysia Lehner, Maria Josepha Kräh und die Laienschwester Maria Barbara Hechendorfer nach Dietramszell, den Bau zu betreiben, das Gepäcke in Empfang zu nehmen, die Amtszimmer zu ordnen. Der Pfarrer von Dietramszell war ihr Seelsorger. Sie waren bis zum Eintreffen der Gemeinde als Gäste bei Herrn von Schilcher. [...]

Am 12. August 1831 wurde die letzte öffentliche Schulprüfung in Indersdorf gehalten. Die Mutter Marie Regis verließ schon am 31. Juli Indersdorf mit Schwester Marie Ignatia Nikol und den Prätendentinnen Frl. von Fidanza und Frl. Eleonore Albrecht. Ihr folgten die übrigen Schwestern und einige Zöglinge in neun Partien.

Am 16. August die Chorschwestern Marie Ottilia Leidenfrost (Sie war von Dietramszell zurückgekommen), Marie Stephanie Gayet, Marie Catherine Pallu und Johanna Josepha Pflanzelt.

Am 23. August die Chorschwestern Marie Vincentia Mittermayr und Marie Augustin Kräh und die Laienschwestern Anna Magdalena Wintersberger und Maria Alexia Niedermayr.

Am 25. August die Chorschwestern Maria Agnes Daniel und Marie Claudia Hägele, die Laienschwester Maria Martha Auer und Zögling Sophie Arenz. Sie wurden von einer Base unserer Schwester Maria Agnes mit eigenem Gefährte nach Dietramszell geführt.

Am 27. August die Chorschwestern Francisca Salesia Buchstetten und Johanna Francisca Meisl und die Zöglinge Mina Grim und Nina von Lösch.

Am 20. September die Chorschwestern Marie Peregrin Fischer und Marie Monica Hofstetter, die Laienschwester Marie Sebastiana Auer und Prätendentin von Kraubitz.

Am 28. September die Chorschwestern Therese Margareth Hörmann und Johanna Nepomuzena Lammert und die Laienschwestern Marie Elisabeth Bayer und Marie Walburg Messerschmid.

Am 29. September die Laienschwestern Josepha Antonia Baader, Maria Cajetana Merz und Prätendentin Barbara von Fidanza, der geistesschwachen Schwester Josepha Antonia wegen in eigenem geschlossenem Wagen.

Am 30. September die Chorschwestern Francisca Xaveria Hölzl, Maria Cäcilia von Adam, Maria Antonia Pucher und die Laienschwester Maria Crescentia Müller.

Die Mutter Spreti verließ am 6. Oktober 1831 mit dem letzten Teile der Schwestern, der Assistentin Therese Emmanuela von Humbourg, der (Laien)Schwester Marie Florian Schöllhorn und der Zögling Marie von Gebsattl, einer Nichte des Erzbischofs, das Kloster Indersdorf, nach fast fünfzigjährigem Aufenthalt der Gemeinde dortselbst zu größtem Leidwesen der Bevölkerung, die vergeblich alles aufgeboten hatte, sie zurückzuhalten. Zu einiger Entschädigung wurde den Indersdorfer Bauern der Transport der Hauseinrichtung, etwa einhundertfünfzig Fuhren, übertragen. Alles schlechte und nicht mehr brauchbare an Mobilien wurde den Armen zu Indersdorf ausgeteilt; das bessere aber, wovon der Transport zu hoch gekommen wäre, versteigert. Der Erlös betrug fünfhundert Gulden. Eine schöne Statue der Mutter Gottes vom Rosenkranz, die auf dem Bruderschaftsaltar gestanden, ließen die Schwestern auf Bitte des Pfarrers zurück, nebst all derselben kostbaren Gewändern.

Die Gemeinde bestand zur Zeit der Übersiedelung aus dreiunddreißig Mitgliedern, darunter mit Einschluß der Oberin vier Profeßschwestern von Wien. Auch der Klosterbeichtvater Georg Hettenkofer übersiedelte mit nach Dietramszell.

Dietramszell: Chorherrenstift und Klarissen-Aussterbekloster

Kloster Dietramszell ist neun Stunden von München entfernt, an einer Zweigstraße von Holzkirchen tief gelegen. Die Sage erzählt, daß der Bau von Kirche und Kloster auf einer Anhöhe – dem heutigen Kreuzbühl – geplant war; doch die Zimmerleute verwundeten sich häufig bei der Arbeit, und die blutüberronnenen Holzspäne wurden von Raben und Dohlen in das Thal getragen, wo das Kloster gegenwärtig steht. — Einer anderen Sage zufolge sollen die zum Klosterbau bestimmten Hölzer in das Thal hinabgestürzt sein. Seine Gründung wird auf 1098 zurückgeführt, wo drei Einsiedler, Otto, Berengar und Priester Dietram, sich in der Gegend niederließen und ein Kirchlein zu Ehren des heiligen Martin bauten. Anfangs Martini oder DietramiCella genannt, wurde ihm bleibend sein jetziger Name zugeteilt, als Priester Dietram 1107 für das auf tegernseeischem Grunde erbaute hölzerne Kloster sich von Papst Paschalis II. die Bestätigung erholte. Dietram wurde der erste Probst des nunmehrigen Augustiner-Chorherrnstiftes, das sich bald Ansehen und Ruhm erwarb.

Im Jahre 1632, wo ein Treffen[1] zwischen Kirchbühl und Dietramszell vorfiel, wurde das Kloster von den Schweden wiederholt „uf das march ruinirt“, am 11. September 1636 „unicahora“ gänzlich niedergebrannt. Unter Probst Georg erstand es wieder so gut es in jener schweren Zeit anging. Probst Petrus Offner, aus Beuerberg berufen, baute 1722 die Pfarrkirche St. Martin von neuem auf. Der jetzige schöne Kloster- und Kirchenbau geschah unter Probst Dietram III. Hipper (1728–1754), dem Papst Benedikt XIV. als Anerkennung seiner Verdienste den Gebrauch der Pontifikalien für sich und seine Nachfolger verlieh. Unter dem letzten Probst, Maximilian Grandauer (1799–1803) wurde das Stift von den Franzosen mehrmals überfallen und beim Eintritt der Säkularisation durch zahllose Kontributionen erschöpft und ausgesogen. Bei der Aufhebung bestand der Konvent aus dem Probst, dem Dechant, dreizehn Chorherren und zwei Novizen. Das Stift hatte ein blühendes Seminar, und in der Bibliothek befand sich ein großer Schatz seltener, alter Druckstöcke.

Im Jahre 1805 wurde Dietramszell eine selbstständige Pfarrei. Die der allerseligsten Jungfrau geweihte, herrliche Klosterkirche (sie hat elf Altäre) wurde nun Pfarrkirche statt der bisherigen, nördlich angebauten Skt. Martinskirche. Der erste Pfarrer war der Exkonventual Rudolf.

Die Klostergebäude waren am 12. September 1803 zum Verkaufe ausgeschrieben worden. Herr Generaldirektionsrat Mathias von Schilcher kaufte den einen Teil derselben nebst den Grundstücken des Klosters; der andere Teil der Gebäude wurde den Frauen Klarissinnen von St. Jakob am Anger in München angewiesen. Das Kloster am Anger, in das Ludwig der Strenge am 16. Oktober 1284 die Klarissinnen eingeführt hatte, das sich eines besonderen Schutzes Gottes stets erfreute und sogar
von den Schweden unangetastet geblieben war, das Prinzessin V
Agnes, die Tochter des Kaisers Ludwig des Bayern, Prinzessin
Barbara, die Tochter Albrecht III. und Prinzessin Theresia, II
die Tochter Max Emanuels unter seine Konventualinnen gezählt: wurde gleich den andern bayerischen Ordenshäusern aufgehoben. Die vierzig Ordensfrauen mußten mitten im Winter ihr Profeßhaus in München verlassen und kamen am 2. Dezember 1803 nach Dietramszell. Aber schon nach neun Tagen, am 11. Dezember starb die Abtissin Maria a Santa Trinitate Werkmeister. Die Zerstörung des Klosters, dessen Vorstandschaft sie seit dem 29. Januar 1775 geführt hatte, brach ihr das Herz.

1 Schlacht, Gefecht

Im Jahre 1804 finden wir den Klosterstock in folgender Weise bewohnt: den nördlichen Teil, der an die Kirche anstoßt, deßgleichen die Räume gegen Osten bis zu der Prälatenwohnung bezogen die Klarissinnen. Herr von Schilcher besaß den Trakt gegen Westen, in dem sich die Pfisterei, Schreinerei und Schäfflerei befanden, dann den Teil gegen Süden, worin das Bräuhaus, ein Teil der Keller und die Klosterschmiede angebracht waren, und die seitwärts gelegenen Stallgebäude, die zuerst den Klarissinnen überwiesen aber von selben wieder cediert[2] worden waren. An Stelle der Stallungen kamen später Pfarrhof und Schenke, die frühere Kloster-Richter-Wohnung wurde Schulhaus. In dem zwischen Schulhaus und Einfahrt zum Kloster gelegenen Haus wurde die Postexpedition untergebracht.

Zur Zeit der Übersiedelung der Salesianerinnen lebten noch sechs Klarissinnen:

Frau Mutter Priorin Justina Stoll, † im Alter v. 76 Lebens- und 56 Profeßjahren den 27. Januar 1838.

Frau Maria Seraphina Stelzer, † im Alter von 64 Leb. u. 38 Prfj. den 17. Februar 1833.

Frau M. Bernardina Schrätzenstaller, † im Alter v. 75 Leb. u. 48 Prfj. den 14. October 1844.

Schwest. M. Martha Reinhart, † im Alter v. 73 Leb. u. 51 Profj. den 11. Januar 1836.

Schwest. M. Benedikta Mayr, † im Alter v. 88 Leb. u. 61 Prfj. den 31. Januar 1838.

Schwest. M. Pazifika Riederer, von unsern Schwestern und Zöglingen, die sich angelegentlich in ihr Gebet empfahlen, so oft sie dieselbe sahen, wie eine Heilige verehrt, so fromm, demütig und tugendhaft war ihr Wandel. Ihr Leben verzehrte sich in Anmutungen der Liebe zu Jesus und in inbrünstigem Gebete für das Heil der Seelen. Nach ihrem Tode schien ihr Angesicht verklärt von himmlischer Glückseligkeit. Sie starb 89 Jahre alt, 64 Jahre nach Ablegung der heiligen Gelübde am 14. Oktober 1840. All diese Ehrwürdigen Schwestern ruhen in unserer Gruft in Dietramszell ausgenommen Frau Maria Seraphina Stelzer und die Abtissin Maria a Santa Trinitate Werkmeister, die auf dem Kreuzbühel begraben wurden.

Auf Anfrage der Regierung, ob die Nonnen von Indersdorf mit ihnen gemeinsam das Kloster bewohnen wollten, oder ob dieselben nach Reutberg versetzt werden sollten, erklärten die Salesianerinnen sich freudig bereit, die Frauen Klarissinnen bis zu ihrem Tode wie zu ihrer Gemeinde zählend betrachten zu wollen. Sie beließen denselben die bisher bewohnten

2 D.h. abgegeben, überlassen

Zimmer und erwiesen ihnen jegliche Rücksicht und Liebe. Die Klarissinnen hatten bisher mit größtmöglichster Treue unter Leitung ihrer Mutter Priorin ihr klösterliches Leben fortgesetzt und sogar, so lange es ihnen die Zahl der Konventualinnen möglich machte, die Übung der ewigen Anbetung, die seit einem Jahrhundert in St. Jakob eingeführt war. Es geschah dieses auf dem sogenannten „Adorations-Altar" der Nonnen in dem ihnen zur Verfügung gestellten Raum hinter dem Hochaltar der Pfarrkirche. Nach der Übersiedelung der Indersdorfer Gemeinde wurde dieser Raum als Sakristei zur Pfarrkirche gezogen.

Die meist sehr betagten Frauen Klarissinnen empfingen unsere Schwestern mit größter Herzlichkeit, bezeigten ihnen tausend Aufmerksamkeiten, richteten sich, obgleich nach ihrer Weise fortlebend, ganz nach der nun üblichen Ordnung, teilten ihnen alle ihre geistlichen und zeitlichen Vorteile mit und vermachten denselben manch kostbare Reliquien und andere Gegenstände der Andacht und Nutzbarkeit, von denen wir später noch reden werden.

[Zur Einweihung der umgebauten Kirche und der Einrichtung des Klosters]

Am 14. Oktober 1844 erfolgte der Tod der letzten Klarissin, Frau Marie Bernardina Schrätzenstaller, die im Alter von fünfundsiebzig Jahren und achtundvierzig der heiligen Profession durch eine schmerzliche Wassersucht ihr heiliges Leben endete. Sie hatte die lieben, mit ihr in der Verbannung lebenden Ordensschwestern alle bis zu ihrem heiligen Hinscheiden gepflegt und ihnen tausende von Liebesdiensten erwiesen. Nach dem Tode ihrer ehrwürdigen Mutter Priorin im Jahre 1838 hatte sie sich ganz unter den Gehorsam unserer jeweiligen Oberin gestellt und dieselbe gleich der jüngsten Novizin um ihre kleinen Erlaubnisse gebeten, was um so rühmlicher war, als dieses in unserm Orden vorgeschriebene um Erlaubnis bitten für jede Kleinigkeit, einigen der Frauen Klarissen härter als alle ihre Bußwerke vorkam, die wie sie sagten, leichter zu üben seien als sich solchem Gehorsam zu unterziehen. Frau Bernardina übergab unserer Würdigen Mutter ihre ganze Pension zur Verfügung mit der einzigen Bitte, daß sie zu Almosen verwendet werden möchte. Für ihre besonderen Almosen behielt sie sich nur den Erlös vor, der ihr durch kleine Arbeiten, die sie auswärtigen Personen lieferte, zuteil ward. Sie verbrachte den ganzen Tag in Gebet und Arbeit zu und verbrachte letztere im Geiste heiliger Armut und Buße. Ihre Andachtsübungen verrichtete sie mit großem Eifer. Bis zu ihrem Lebensende stund sie täglich ihr Brevier zu beten um Mitternacht auf und verblieb in der Kapelle Maria Einsiedeln bis zwei Uhr im Gebete. Gegen 8 Uhr Abends legte sie sich zur Ruhe. Sie hielt sich in ihrer Demut für unwürdig, in unserer Gemeinde zu leben, und war voll des Dankes für den geringsten ihr geleisteten Dienst. Frau Bernardina vermachte, wie auch die vor ihr verstorbenen Klarissen gethan, ihre kleinen Habseligkeiten unseren Schwestern. Ehe ein solches Erbe angetreten werden durfte, mußte nach dem Ableben der Einzelnen alles versiegelt und von dem Landrichter besichtigt werden. Erst nach erfolgter Erlaubnis der Regierung kam das Kloster in Besitz desselben. Die schönen eingelegten Fächerschränke in unserm Gemeindezimmer stammen aus den Zellen der Klarissen. Dagegen war ihre Lagerstätte sehr arm. Sie bestand aus einem Strohsack, der auf der Erde lag, darüber ein ganz grobes Leintuch, wie unsere Bodentücher. Die Betten waren mit grauen wollenen Vorhängen umhüllt. Die Frauen Klarissen zeigten sich unserer Gemeinde gegenüber sehr großmütig. Eine jede zahlte jährlich 200 fl. Kostgeld; außerdem finden wir in den Hausrechnungen einmal 150 fl. Holzgeld, dann wieder 100 fl. Kaffeegeld der Klarissen eingetragen, im Jahre 1838 vierhundert Gulden als Erbschaft zweier Klarissen. All ihren Holzvorrat, der sehr bedeutend gewesen, hatten sie gleich bei der Übersiedlung den Salesianerinnen überlassen.

Eine gerichtlich bestätigte und von der Priorin Maria Justina Stoll, ihrer Sekretärin Maria Bernardina von der Lehre Jesu und der Mutter Spreti am 1ten Mai 1833 unterzeichnete Schenkungsurkunde lautet:

> „Die Frauen Klarissinnen bezeugen mit ihrer eigenen Unterschrift, daß sie den Schwestern Salesianerinnen folgende Stücke und Heiligtümer geschenkt und zugeeignet haben als:
> Einen schönen goldenen mit Steinen besetzten Kelch nebst Patena dazu.
> Ein mit Perlmutter eingelegtes Kruzifix.
> Zweÿ heilige Leiber der heiligen Salutius Martÿrer und Liberata Martÿrin.[3]
> Zweÿ heilige Häupter der Heiligen Celsus Martÿrer und Faustina Jungfrau und Martÿrin.
> Vier versilberte Kapseln mit Reliquien für die zweÿ Seitenaltäre in unserer Kirche.
> Vier große Kapseln, welche auf dem Maria-Einsiedeln-Altar stehen; mit einem kostbaren Schatz von Reliquien, wo jedes derselben mit einer besonderen Authentika versiegelt ist.
> Das schöne Jesu Kind, welches in der Krippe zu Bethlehem gelegen ist, nebst zweÿ Geheiß[4] dazu.

3 Der heilige Leib der Märtyrerin Liberata gelangte über Dietramszell in das Salesianerinnenkloster Zangberg und wurde 1897 der Wallfahrtskirche Maria Birnbaum bei Sielenbach geschenkt, wo er heute noch in der Mensa des Hochaltars liegt.

4 Gehäusen, Schreine

Eine große Auferstehung.[5]

Einen Speis oder –Kommunion-Kelch, mit zweӱ Kronen, eine davon ist von Drahtarbeit.

Eine Maschine von Kupfer die Chiboriumhäubchen zu glausiren[6].

Ferners: eine große kupferne Platte, die Korporalien aufzustreichen und zu glausieren.

Ein kupfernes Schaffel für die heilige Wäsche.

Einen Leuchter von Messing nebst Platte dazu.

Einen vergoldeten Kelch, welcher sich dermalen in der Pfarrsakristeӱ befindet, für unsern Herrn Benefiziat.

Vier kleine Teppiche.

Ein Kreuz-Partikel nebst einigen Reliquien, Bilder und Figuren zum Aussetzen auf die Feste.

Unvermög Übereinkunft mit der verstorbenen Oberin Marie Regis Hagg haben die unterzeichneten Frauen Klarisserinnen den obengenannten Salesianerinnen gegen zweӱ monatlichen nicht erlegten Kostgeld per zweihundert Gulden nämlich für August und September 1831, als Ablösung überlassen:

Die sämmtlichen Bilder vom Leiden Christi im obern Gang. III

Die vier Kapseln im obern Chor enthaltend die heilige Familie, den heiligen Jakob, den gegeiselten Heiland und das Kruzifix mit der schmerzhaften Mutter.

Den Heiland für den Palmtag.[7] IV

Eine Häng-Uhr für den Chor.

Mehrere Bilder-Tafeln; Kästen; Haus- und Küchenein- VII
richtung, nebst dem was noch in ihren Zellen an Bildern, Tafeln, an Einrichtung und Fahrnissen sich vorfindet."

[Zur Herkunft und Authentik der oben erwähnten Reliquien.]

Außerdem schenkten die Frauen Klarissen uns einen noch in der Kapelle Maria Einsiedeln in Dietramszell befindlichen Glasschrank mit Häuptern von Heiligen aus der Gesellschaft
des heiligen Mauritius und der heiligen Ursula, den schönen, VI
in Holz geschnitzten heiligen Jakobus in unserem Chorgang in Zangberg – von dem erzählt wird, er habe einmal einer bürstigen, aber besonders frommen Klosterfrau eine Ohrfeige gegeben und zur Zeit der Klosteraufhebung mit seinem Stabe nach der Gegend von Dietramszell gezeigt – die beiden holzgeschnitzten Statuen des heiligen Franziskus und der heiligen Klara vor dem Kapitelsaal; eine sehr schöne große Statue des heiligen Antonius in Holz geschnitzt, welche in Dietramszell

5 Darstellung der Auferstehung Jesu Christi

6 Glacieren/glasieren; hier wohl: liturgische Textilien durch Druck und Hitze glänzend zu bügeln

7 Skulptur: Jesus Christus auf dem Esel; die spätgotische Prozessionsfigur auf einem Fahrgestell wurde in der Palmsonntagsprozession verwendet. Die Figur ist in Dietramszell erhalten.

blieb; das ebendort verbliebene gemalte lebensgroße Kreuzbild mit silbernem Herzen und geöffnetem Munde, von dem man sagt, es habe einmal zur Kriegszeit gesprochen: „Fürchtet Euch nicht, Ich bin bei Euch." – und viele Christkindlein von Wachs unter Glassturz, so daß auf jedem unserer Altäre in Dietramszell zur Weihnachtszeit eines zur Verehrung ausgestellt werden konnte. Es hatte nämlich jede Klarissin ihr Jesukindlein. Das, von dem in der Schenkungsurkunde gesagt wird, es habe in der Krippe Jesu gelegen, war jenes der Frau Priorin gewesen.

Ferner schenkten sie uns ihr Zinn. Sie hatten dessen große Stöße unbenützt dastehen: Weihwasserkessel für Zellen und Amtszimmer, Wein- und Bierkännchen, Suppenschüsseln, Teller, Platten von schöner Facon. Jede Klarissen-Kandidatin mußte nämlich eine bestimmte Anzahl Zinngeschirr mit ins Kloster bringen. Wir wurden also reichlich damit versehen. In Dietramszell speisten selbst unsere Zöglinge auf Zinn. Die Frauen Klarissen lernten uns auch das Leckerlebacken und Quitteneinsieden – sie selbst verkauften deren viele – und schenkten uns alle ihre Pfannen und Model dazu – alles sehr schön in Messing, Kupfer und Blech.

Weihe der Klosterkirche – Beginn des Klosterlebens in Dietramszell

Am 29. Oktober 1831 wurde das Skt. Martin-Klosterkirchlein durch den Herrn Dechant von Lenggries, Albert Wenig, benediciert. Am 30. Oktober nahmen die Schwestern feierlichen Besitz von ihrem neuen Kloster. Herr Michael Moser, Domkapitular und Generalvisitator der Metropolitankirche zu München, als Abgesandter des Erzbischofes, hielt um 8 Uhr das Lob- und Dankamt in der Pfarrkirche, welchem die Gemeinde auf den Oratorien beiwohnte. Um 1 Uhr nachmittags begann der Einzug unter dem Geläute aller Glocken. Domkapitular Moser nahm unter Pauken- und Trompetenklang die Monstranz aus der Pfarrkirche und trug sodann nach erteiltem heiligen Segen, von zwei Assistenten und einem Ceremoniar begleitet, das hochwürdigste Gut durch die Pfarrsakristei in das Kloster. Vor der gegenüberstehenden Gartenthüre war ein kleiner mit zwei brennenden Kerzen und zwei Blumenstöcken geschmückter Altar errichtet, auf welchen das Allerheiligste niedergestellt und beräuchert wurde. Nachdem die Gemeinde den Segen empfangen, setzte sich der Zug in Bewegung. Der Ortspfarrer, welcher die zwei kleinsten Zöglinge an der Hand führte, eröffnete ihn, dann folgten die übrigen

Zöglinge, die Laienschwestern, die Chorschwestern, die Oberin. Den Schluß machte die Geistlichkeit mit dem Allerheiligsten. Die Schwestern sangen die schöne alte deutsche Muttergottes-Litanei mit der Anrufung: „Gelobt sei Gott, Er hilft aus Not. Gebenedeit in Ewigkeit sei die allerseligste Jungfrau Maria“, welche sie zu singen gelobt hatten, wenn sie vom König ein gutes, angemessenes Kloster und die Erlaubnis, die ewigen Gelübde machen zu dürfen, erhalten würden. Die Prozession bewegte sich unter Glockengeläute und Böllerschüssen durch den Klostergarten in die Martinskirche, wo sie vom Musikchor mit Trompeten und Pauken begrüßt wurde und eine große Volksmenge sie erwartete.

Die Schwestern nahmen die vordersten Bänke ein, empfingen wiederholt den Segen mit dem Allerheiligsten und einen dritten Segen nach Beendigung der kleinen Anrede, welche der Pfarrer von Dietramszell hielt. Der Zug ging nun wieder zur Kirche hinaus, um das Klostergebäude herum und durch die eigentliche Pforte in's Kloster, wo das Allerheiligste wieder auf den kleinen Tragaltar niedergestellt wurde. Herr Domkapitular Moser sprach hier, gegen das Volk gewandt, feierlich das Interdikt gegen alle aus, die es wagen würden, die Klausur zu verletzen, schloß nach einem letzten Segen die Klausurtüre und übergab die Schlüssel der Oberin. Darauf ging die Geistlichkeit durch die Pfarrsakristei und Pfarrkirche wieder in die Martinskapelle, das hochwürdigste Gut im Tabernakel dortselbst einzusetzen; die Schwestern zogen in Prozession in den Chor. Es wurde auf dem Musikchor ein Tusch mit Trompeten und Pauken gemacht, darauf mit Orgelbegleitung das Te Deum gesungen, vor und nach demselben der Segen mit dem Allerheiligsten gegeben. Zum Schlusse stimmten die Schwestern das Laudate an, und, da es schon drei Uhr war, wurde gleich darauf die Vesper gesungen. „Merkwürdig ist, so schließt der Bericht, daß am Tag des Einzugs der Himmel blau und heiter und so warmer Sonnenschein war wie an Sommertage, als wir aber einklausiert waren, fing es bald an zu schneien und winterlich zu werden.“ [...]

In ihrem ersten Circularschreiben, dessen Überbringung an die italienischen Klöster der königliche Kammerherr Graf von Rechberg, der gerade nach Italien reiste, übernahm, erzählen die Schwestern von ihrer neuen Heimstätte folgendes: „Dietramszell liegt in der Nähe eines Hügels, der zur Hälfte zu unserm ziemlich großen Garten gehört. Diesen schmückt rechts zu ebener Erde längs der Klausurmauer ein schöner Laubengang, meist Linden, der uns Schutz gegen die Sonne bietet.“ Dieser gegenüber auf dem Hügel wurde eine kleine steinerne Kapelle aufgeführt, um ein noch von München
stammendes Heiligtum, den kreuztragenden Erlöser als IX
Keltertreter, aufzunehmen. Zu diesem in Lebensgröße als

Hochrelief in Holz geschnitzten und gefaßten Heiland führte in München eine mit den Ablässen der heiligen Stiege versehene Treppe. In Indersdorf, wo er in der Nikolauskapelle aufgestellt worden, bildete er ebenfalls den Abschluß einer heiligen Stiege, die aus weißem Marmor mit schönem Geländer errichtet und so breit war, daß drei bis vier Personen sie zugleich besteigen konnten. Da sie nur fünfzehn Stufen zählte, mußte man sie zweimal auf den Knien besteigen, um der Ablässe teilhaftig zu werden. In Dietramszell, wo sich kein geeigneter Platz für eine heilige Stiege fand, dient das Kapellchen nur zur Verehrung des kreuztragenden Erlösers, unter den arme Seelen gemalt wurden.

„Unser Haus, so fahren die Schwestern fort, besteht aus zwei Stockwerken. Im Erdgeschoß befindet sich unsere Kapelle, dem heiligen Bischof Martin geweiht. Seine aus Holz geschnitzte Statue in Lebensgröße steht auf dem Hochaltar, darüber ist ein herrliches Gemälde, die heiligste Dreifaltigkeit darstellend. Die beiden neu erbauten Seitenaltäre sind unsern heiligen Stiftern geweiht. Auf denselben befinden sich zwei große Reliquien-Schreine, die heiligen Leiber der Martyrer Sallustius und Liberata umschließend, welche uns die guten Frauen Klarissinnen geschenkt. Die Glocke in einem hölzernen Türmchen ist von Indersdorf mitgebracht worden. Dem Chorgitter gegenüber ist eine kleine Orgel, noch von den regulierten Chorherrn des heiligen Augustin stammend. Unser Chor, der früher einen Teil der Kirche ausmachte, ist zwar recht klein aber unsern Vorschriften entsprechend, ebenso der Vorchor, in dem sich ein kleiner Altar mit der Statue der Himmelskönigin befindet. — Dann folgen die Lingerie[8], eine Waschküche, welche bequem und geräumig ist nebst zwei dazu gehörigen kleinen Räumen, einer davon Badezimmer, ein Lokal für die Gartengeräte, eine Apotheke mit Laboratorium, die Hausmeisterei, das Oberinzimmer, der Ausgang in den Garten, eine kleine Speisekammer, Kellerei, Refektorium, endlich eine ziemlich große, bequeme Küche mit Fischbehälter, eine Backstube, ein Küchenzimmer, zwei weitere kleine Speisekammern und das Pfortenzimmer mit der großen Winde. Nächst demselben sind die Klausurpforte und die Sprechzimmer. Im ersten Stockwerk oberhalb des Chores ist das Krankenzimmer der Schwestern, von dem zwei Fenster auf den Hochaltar sehen und den Kranken ermöglichen, der heiligen Messe anzuwohnen und die Predigten zu hören; diesem folgen drei weitere Krankenzimmer, das Noviziat, Noviziatskabinet und einige Zellen. Die andern

8 Nähzimmer für Weißwäsche

21 Kap.

Die Schwestern von der Heimsuchung im Kloster Dietramszell

1831 – 1837.

Kurze Geschichte des Klosters Dietramszell. Installierung unserer Gemeinde. Weihe der Kirche. Dr. Her. Haid, geistlicher Vater. Tod der Mutter M. Regis Hagg. Messenstiftung der Jungfrau Kath. Widmann. Wiedererkrankung der Mutt. Spreti. M. Florian Schöllhorn Oberin. Schw. M. Augustine Kräh reist nach Gleink. Grippe. Tod zweier Schwestern und der Mutter Johanna Carolina von Spreti. den 22. März 1837.

24. Kap.

Verschiedene Wandlungen im Kloster und Pensionat Dietramszell.

von 1846.–1858.

Umbau der Kirche und des Chores

1856.–1857.

sich bis zur großen Stiege noch anreihenden Zimmer wurden von den Frauen Klarissen bewohnt. Später wurde eines für die Oberin bestimmt, die übrigen den Soeurs agregées[9] und andern weltlichen Damen oder auch kränklichen Schwestern zugewiesen. An die große Stiege schließt sich der geräumige Gemeindesaal an, von dem ein kleiner Teil für die Bibliothek abgemauert wurde, der auch als Kapitelsaal diente. Durch einen Gang mit kleiner Küche (sogenanntes Kaffekücherl) kommt man links in den Speisesaal der Zöglinge, einen Schlafsaal und das Kinderkrankenzimmer. Gegenüber der großen Stiege, beim Eingang zu den zwei großen Pfarroratorien befindet sich über der Pfarrsakristei ein liebes Heiligtum, die Maria-Einsiedeln-Kapelle mit drei Altären. Der mittlere, an den Hochaltar der Pfarrkirche stoßende ist unserer lieben Frau von Einsiedeln geweiht, deren schöne, große, holzgeschnitzte Statue inniges Vertrauen weckt; von den VIII
beiden Seitenaltären ist der eine dem göttlichen Herzen, der andere unsern heiligen Stiftern gewidmet. Zu beiden Seiten der Kapelle führen Stiegen auf die geräumigen Oratorien der Pfarrkirche, die so recht zur Pflege der Andacht sich eignen. Wir haben mehrere kleine Altäre dort errichtet: dem Kindlein Jesu (Pragerkindl), dem heiligen Joseph, unserer lieben Frau vom guten Rat, dem heiligen Augustin, dem heiligen Aloysius, dem heiligen Nepomuk. Der Josephsaltar wurde in spätern Jahren durch die Familie Egger, der Nepomukaltar durch die Familie Pschorr erneuert und weiter Altäre zu Ehren der heiligen Mutter Anna, des heiligen Franziskus Xaverius (ihn schmückt das Bild, das als Danksagung für das an Schwester Aretin gewirkte Wunder gemalt wurde) und der heiligen Filomena angebracht. Das Bild des heiligen Aloysius, von dem wir in Zangberg das Original besitzen, sowie das Bild der heiligen Filomena sind vom Kunstmaler Glink[10]. Eines derselben machte der Künstler dem Kloster zum Geschenke. Das Bild der heiligen Filomena kam bei der Stiftung nach Beuerberg und wurde 1849 durch ein Gemälde der heiligen Filomena von Professor Hiltensperger[11], ein Geschenk des Malers, ersetzt. Eine Copie davon ist in unserm Noviziat zu Zangberg. Auch eine schöne Heimsuchung von Glink, Profeßgeschenk unserer Schwester Maria Peregrina Becker – wir haben eine Copie davon

9 Frauen die zwar das Schwesternkreuz tragen und nach der salesianischen Spiritualität leben, aber nicht in den Orden eintreten. Dieser Stand ist eigentlich dazu vorgesehen, weltlichen Personen zu ermöglichen, in ihrem Alltag im salesianischen Geist zu leben. Wie aus dieser Chronikstelle hervorgeht, war es im 19. Jahrhundert offenbar auch möglich, mit den Schwestern im Kloster zu leben.

10 Der Münchner Maler Franz Xaver Glink (1795–1873) hatte insbesondere mit seinen lieblichen religiösen Bildthemen in nazarenischer Malweise großen Erfolg.

11 Johann Georg Hiltensperger (1806–1890), Historienmaler und Professor an der Akademie der Bildenden Künste zu München.

im Chor zu Zangberg – fand ihren Platz auf einem dieser Oratorien; die rechter Hand wurden überdies mit Kreuzwegstationen geschmückt. Ein zweiter Kreuzweg ward im Chor der Schwestern errichtet. Die Zöglinge wohnten auf den Oratorien der heiligen Messe bei, die ihnen der Deuring'sche Benefiziat täglich um 7 Uhr las.

Im zweiten Stockwerk befindet sich außer den zwölf als Zellen eingerichteten Zimmern und dem Hausschwestern-Schlafsaal, das Beichtzimmer, ein Zimmer für die Ornate in Ermangelung einer Sakristei, die wir hoffentlich bald bauen lassen können und zwei Zimmer für die Schneiderei. Am andern Ende des Ganges sind ein großer Schlafsaal für die Zöglinge, zwei Säle für ihren Klassenunterricht und zwei Zimmer für die Musikstunden. Unser Speicher ist schön und hat eine Winde, mittels deren man die Wäsche hinausziehen und herablassen kann, ganz nahe bei der Waschküche. Das Gebäude ist äußerst solide und zudem werden die nötigen Reparaturen von der Regierung bezahlt. ..." [...]

Das Deuring'sche Benefizium wurde dem bisherigen Kooperator[12] in Dietramszell, H. J. B. Becker übertragen auf Bitten des Klosters hin. [...] Herr Becker wußte sich dem Kloster und Pensionat in manigfacher Weise nützlich zu machen. Er spielte die Orgel in der Klosterkirche, gab den Zöglingen Singstunden (im großen Speisesaal der Kinder), besorgte alljährlich den Krippenbau im Pensionate mit zahlreichen sinnigen Vorstellungen, wozu die Schwestern gar viele Schöne Kleidungen zu fertigen hatten, – und wußte bei Spaziergängen und großen Rekreationen der Zöglinge alles zu beleben und zu erfreuen. Auf seiner Harfe spielend, zog er in Mitte der Kinder durch die naheliegenden, schattigen Wälder, in welchen die fröhliche Schaar sich bald Heidel- und Erdbeeren zu suchen, zerstreute, bald wieder zu Sang und Klang um den gütigen Führer vereinte. — Ein anderes Mal war es der Aufstieg zum Kreuzbühel, der den Kindern den Anblick der Berge gewährte, – dann wieder gings durch Wald und Flur zur Wallfahrtskapelle Maria Elend. Besonderen Anzug übte da „ein Erdloch hinter dem Gnadenaltare der schmerzhaften Mutter, das einem Mann bis zum Knie reichte, in welches mit Fußleiden behaftete Pilger aus Andacht hinabzusteigen pflegten." Die Zöglinge erhofften dort Erhörung all ihrer Anliegen und stiegen, wo immer möglich vertrauensvoll in die Grube.

Am fröhlichsten ging es zu, wenn sein Bruder, Herr Lehrer Michael Becker zum Besuche nach Dietramszell kam, und

12 Kaplan, Hilfsgeistlicher

die Rekreation im großen Benefiziatenzimmer gemacht werden durfte. Herr Michael Becker wußte die schönsten Unterhaltungen, ja heitere Dramen zu improvisieren, in denen er mit Tonveränderungen und verschiedener Drappierung des Tischteppiches – als einzigen Kleidungsstückes – alle Rollen meisterlich durchführte. Herr Benefiziat Becker war auch für die Pfarrgemeinde thätig durch Abhaltung kurzer Homilien nach seiner Sonntag-Frühmesse und hielt den Zöglingen einzelne kleine Anreden z.B. ehe er ihnen den Kreuzpartikel zum Kusse reichte. [...]

Nach dem Tode der Mutter Marie Regis wurde am 20. September 1832 die Mutter Johanna Karolina von Spreti wieder Oberin der Gemeinde. Zur Wahl waren ein erzbischöflicher und ein Regierungs-Commissär gesandt worden. Mutter Spreti hatte bisher in Dietramszell, wie früher in Indersdorf, ihre gesegnete Thätigkeit entfaltet. Sie schien ihre Kräfte nur wieder erlangt zu haben, um sie aufs Neue im Dienste der Gemeinde zu verzehren. [...]

Die erste Einkleidung in Dietramszell war am 9. Februar 1833. Die glücklichen Bräute waren unsere Schwestern Anna Philippine Albrecht und Maria Agatha Hundsdorfer. Die erste trat als Novizin in die Gemeinde des neugestifteten Klosters Gleinck[13] bei Steyer über, wohin sie im Januar 1834 abreiste. Auch unsere Prätendentin Frau von Fidanza, ging nach Gleinck, „in der Hoffnung dort ruhiger ein klösterliches Leben zu führen als in Bayern." Am Tage dieser Einkleidung beging die allgemein geliebte, ehrwürdige Schwester Maria Stephanie Gayet ihr fünfzigjähriges Profeßjubiläum, was der Feier noch eine höhere Weihe hab, und Schwester Maria Agatha mit Sehnsucht nach der heiligen Profession erfüllte, die sie im darauffolgenden Jahre, am 10. April 1834 ablegte. Sie war mit guter Gesundheit und starkem Willen begabt, den sie aber im Geiste des Glaubens und der Liebe jedermann zu unterwerfen verstand. Ihre sehr schöne Stimme kam ihrem Eifer für den Chorgesang gut zustatten; ja man hörte sie zuweilen des nachts laut die Psalmen und Litaneien singen, ohne daß sie darüber aufgewacht wäre. Die vielversprechende Schwester wurde im 39sten Lebensjahre schon von einer plötzlich auftretenden gefährlichen Krankheit, die der Arzt nicht erkannte, dahingerafft am 9. September 1845. Ihr großer Patron, der heilige Antonius, stand ihr im Tode sichtlich bei, indem, auf seine Anrufung hin, es ihr, die bisher nur mit Mühe

13 In dem ehemaligen Benediktinerstift Gleink bei Steyr (Oberösterreich), aufgelöst in der Säkularisation, gründeten 1832 die Salesianerinnen von Wien aus ein neues Heimsuchungskloster, das zur Blütezeit an die 70 Schwestern umfasste. Während des Zweiten Weltkrieges war der Konvent über mehrere Jahre im Kloster Beuerberg ausgelagert. Später konnten die Schwestern ihr Kloster wieder beziehen. Aus Nachwuchsmangel wurde das Salesianerinnenkloster Gleink 1977 aufgelöst.

einen Laut zu artikulieren vermochte, möglich ward, noch einen Akt der Reue und Hingebung an Gott zu erwecken.

Im Kapitelbuch lesen wir, daß der geistliche Vater bei der kanonischen Visitation am 30. Juli 1833 im Namen des Bischofes folgende Klausurregeln gegeben: Die Väter der Zöglinge dürfen das erste Mal das Haus besehen, die Mütter dürfen immer in's Kloster aber nicht in's Schlafhaus; Eltern, Brüder, Verwandte der Schwestern das erste Mal – für anderes muß besondere Erlaubnis erholt werden.

Am 21. Oktober 1833 wurde die ehrwürdige Mutter Spreti durch einen Schlagfluß gelähmt und bat dringend, ihres Amtes enthoben zu werden und die Leitung des Klosters jüngeren Kräften überlassen zu dürfen. Infolge dessen wurde am 13. Februar 1834 Schwester Maria Floriana Schöllhorn zur Oberin erwählt. Sie war noch sehr jung, kaum 36 Jahre alt, zwar begabt und wohlunterrichtet, aber leider im geistigen Leben nicht fest gegründet. Es kamen manche Dinge vor, welche der Gemeinde den Gedanken nahe legten, noch vor Beendigung ihres Triennals zu einer Neuwahl zu schreiten. Durch Vermittlung des geistlichen Vaters verblieb sie aber bis Beendigung der drei Jahre im Amte. Am 20. September 1838 wurde sie in unser Kloster Freiburg in der Schweiz versetzt und eine jährliche Pension von 240 fl. für sie bezahlt. Sie reiste in Begleitung unsers Herrn Beichtvaters und einer weltlichen Dame dahin. [...] Als die Ausländerinnen die Schweiz verlassen mußten, kehrte Schwester Maria Floriana am 8. Mai 1848 nach Dietramszell zurück und kam leider als Kranke nach Hause. Die arme Schwester war nämlich mit einem unheilbaren Übel behaftet, dem sie nach schwerem Leiden und einem harten Todeskampfe am 8. September 1851 erlag. [...]

Am 29. September 1834 machte die Lehrerin Katharina Widmann dem Kloster die Schankung von 1000 fl. mit der Verbindlichkeit, daß jeden Monat auf immerwährende Zeit in der Klosterkirche sechs heilige Messen gelesen werden. [...] Bei unserer Übersiedlung nach Zangberg verblieb diese Messenstiftung in Dietramszell, woselbst Jungfrau Katharina Widmann am 12. April 1871 im Alter von 77 Jahren ihr gottseliges Leben beschloß. Ihr gebührt bleibender, warmer Dank von Seite unserer Gemeinde, der sie mehr als vierzig Jahre ihre Geistes- und Körperkräfte weihte. Eine Tochter einfacher Bauersleute in Glonnthal zeigte sie in frühester Jugend so reiche Begabung und Charakterfestigkeit, daß unser Herr Beichtvater Stickl sie zur Lehrerin heranzubilden beschloß. Mit 13 Jahren schon war Katharina befähigt, andere zu unterrichten, und trotz ihrer ländlichen Tracht und kleinen Gestalt, die sie nötigte, auf einem Schemelchen stehend, ihre Lehrstunden zu erteilen, wußte sie sich durch Ruhe und Festigkeit Autorität bei ihren

Schülerinnen zu verschaffen und ward bald eine der vorzüglichsten Lehrerinnen unserer Klosterschule und später unseres Pensionates in Indersdorf. Auf diese Weise war sie zur Zeit der Klosteraufhebung unserer Gemeinde eine kräftige Stütze. Gar oft verwendete sie nach vollbrachter angestrengter Tagesarbeit, einen Teil der Nacht darauf, mit der ehrwürdigen Mutter Spreti die zahlreichen Eingaben und Bittgesuche aufzusetzen, welche die Zeitverhältnisse erforderten. Unsere „Chamsell“ (Chère Mamselle), wie sie die Zöglinge nannten, war das Ideal einer Lehrerin; durch stets fortgesetzte Studien hatte sie sich so gediegene, gründliche Kenntnisse erworben, daß gelehrte Männer von ihr sagten: „Mancher Professor dürfte froh sein, solch reiches Wissen zu besitzen wie dies junge Fräulein.“ Aber sie unterrichtete nicht nur die Kinder, sie erzog sie auch zu der wahren Tugend und Frömmigkeit, von der sei selbst beseelt war. Besonders erregte ihre anziehende Erklärung der biblischen Geschichte die Bewunderung ihrer Schülerinnen, Anerkannt war ihre Gerechtigkeit und Unparteilichkeit; eine Zögling bemerkte, sie habe die Schamsell nun acht Jahre lang genau beobachtet aber nie eine leidenschaftliche Bewegung an ihr wahrgenommen. — Die jungen Schwestern bildete sie zu Lehrerinnen heran und wirkte durch dieselben in der Gemeinde noch segensreich fort, nachdem die Abnahme ihrer Kräfte sie zum Ruhestand nötigten. Als sie siebenundfünfzig Jahre erreicht hatte, ließ ihr Gedächtnis auffallend nach und sie bediente sich unbewußt zu wiederholten Malen statt der zu erklärenden Sache oder der Erklärung selbst des Wortes Ding und Ding dergleichen. Unsere teure Chamsell wurde nun eine gar eifrige Beterin. In Ehrfurcht und Andacht versunken, verbrachte sie einen großen Teil des Tages vor dem Allerheiligsten. Ihr Zimmerchen war gerne von den Schwestern und der Oberin besucht, die immer noch ihre Erfahrung zu Rate zogen bis gegen Ende ihres Lebens diese männliche Seele sich in die Ohnmacht der Kindheit zurückversetzt sah und bei andern Hilfe und Trost suchen mußte. Mit Erlaubnis des Ordinariates wurde sie in der Kloster-Gruft begraben. [...]

Im Frühjahr 1836, erzählt ein Circularschreiben, waren alle Krankenzimmer besetzt und mehrere Schwestern dem Tode nah. Trotz der häufigen Aderlasse und anderer Mittel, die man anwandte, blieb ihre Wiederherstellung lange Zeit zweifelhaft. Nur der dritte Teil der Gemeinde konnte den Gemeindeübungen nachkommen, und wie erachteten es als besondere Gnade, daß wir das Chorgebet ohne Unterbrechung fortzusetzen vermochten, denn die Nachtwachen und Krankenpflege waren nahezu unsere Kräfte erschöpfend. Im Monat August starb unsere liebe Laienschwester Maria Elisabeth Bayer, nachdem sie, obgleich selbst krank, Tag und Nacht sich unermüdlich dem Dienste der Kranken geopfert hatte. Bald darauf erfüllte die Cholera, welche in München herrschte, uns mit begründeter

Sorge. Wir stellten uns unter den Schutz der seligsten Jungfrau und blieben von der Ansteckung frei. Dagegen machte sich die Grippe im Monat März in empfindlicher Weise fühlbar. Diese scheinbar leichte Krankheit veranlaßte den Tod zweier, geliebter Schwestern und verschonte sehr wenige aus uns. Einige wurden nach zwei bis drei im Bett verbrachten Tagen wieder hergestellt, die meisten aber hatten Wochen lange davon zu leiden. Mit äußerster Anstrengung hatten wir am Palmsonntag noch das Offizium gebetet, aber es war uns ganz unmöglich, das Offizium der Charwochen zu halten.

Der Herr hat uns in dieser Woche an seinem Leiden fühlbar teil nehmen lassen, indem er am Charmittwoch unsere ehrwürdige Sr. la Deposée Johanna Karolina von Spreti, die uns allen die zärtlichste Mutter gewesen, zu sich berief. Welch bessere Zeit hätte er wählen können, dies große Opfer von uns zu fordern, als jene, in der wir die Geheimnisse der Leiden begingen, die Er aus Liebe zu uns erduldet. Am Charfreitage trugen wir die teure Mutter in die Gruft, konnten aber erst nach dem weißen Sonntag, am 4. April, das Totenoffizium für sie beten. [...]

Wenn wir oben nur vorübergehend den Tod unserer heiligmäßigen Mutter Spreti erwähnt haben, so geschah es, um ihr zu Ende dieses Kapitels durch kurze Zusammenstellung ihres Lebens und gottgesegneten Wirkens für unsere Gemeinde ein Denkmal kindlicher Liebe und Dankbarkeit in unsern Annalen zu setzen.

Leben und Tugenden unserer vielgeliebten Mutter Johanna Karolina von Spreti, gestorben in unserm Kloster Dietramszell den 22. März 1837 im Alter von 60 Jahren und 39 der hl. Profession vom Range der Chorschwestern.

Unsere hochverdiente Mutter Johanna Karolina von Spreti war einer alten, adeligen Familie aus Italien entsprossen, woselbst ihre Ahnen noch eine zahlreiche Nachkommenschaft zählen. Ihr Vater Sigmund Graf von Spreti, besaß das volle Vertrauen seines Fürsten; er war Präsident des churfürstlich bayerischen Dikasteriums und stand sowohl durch Stellung als Geburt in Verbindung mit dem Hof und den ansehnlichsten Familien des Staates. Er erfreute sich einer zahlreichen Familie und suchte im Vereine mit seiner Gattin Klementine, einer Baronesse von Schurf, seinen Kindern die sorgfältigste Erziehung angedeihen zu lassen. Seine drei Söhne bekleideten hohe Staatsämter, und vier seiner Töchter wurden glückliche Familienmütter. Eine fünfte Tochter, Walburga, hatte sich Gott erwählt zum Segen unserer Gemeinde. Sie kam am 18. August 1776 in München zur Welt.

Ihre Tante, unsere hochverehrte Mutter Marianna Karolina von Spreti, erfuhr ihre Geburt im Augenblick als sich die Schwestern der Gemeinde zu einer Prozession zu Ehren des göttlichen Kindleins Jesu ordneten, dessen Statue sie eben in ihren Händen trug (Unser Prager Kindl im Noviziat). Sie fühlte sich gedrängt, dem göttlichen Heiland die kleine Nichte aufzuopfern mit der Bitte, sie einst in die Zahl seiner Bräute aufzunehmen. Das Gebet erwies sich als wirksam; Walburga war die einzige aus ihren Geschwistern, welche mit dem geistlichen Berufe begnadigt wurde. Unsere Walburga, begabt mit lebhaftem Geiste, liebte zwar den Tanz und genoß mit jugendlicher Fröhlichkeit die gesellschaftlichen Unterhaltungen, war aber treu, den zu großen Anzug für eitle Weltfreuden zu unterdrücken. Gar bald siegte die Gnade vollständig über ihr Herz. Sie erkannte die Nichtigkeit irdischer Größe und Pracht und entschloß sich, um ihr Heil zu sichern, ausschließlich Gott im Ordensstande sich zu weihen.

Als die drei armen französischen Klosterfrauen M. Stephanie Gayet, M. Clotilde Dode und M. Catherine Pallu, die vor der französischen Revolution flüchten mußten, in Indersdorf Aufnahme fanden, wurde sie mit Hochachtung für diese lieben Schwestern erfüllt, die so großen Gefahren sich unterzogen hatten, um ihrem Berufe treu zu bleiben. Unsere liebe Walburga insbesondere, die ein sehr empfindsames Herz hatte, war über deren heißen Sehnsuchtsdrang, sich mit dem Ordenshabit aufs Neue zu bekleiden, tief bewegt. Die Freude, welche aus ihren Zügen strahlte, und die Herzlichkeit, mit der sie von unserer Gemeinde aufgenommen wurden, machten sie nachdenken über das Glück des klösterlichen Lebens, was wohl bisher noch nie geschehen war. Ihr Seelenführer bekräftigte sie in dieser höheren Erkenntnis, und bald teilte sie ihrer Klostertante mit, wie sie entschlossen sei, alles zu verlassen und eine Tochter des heiligen Franz von Sales zu werden. Unsere Mutter Marianna Karolina, die ihr inniges Gebet erhört sah, war von Dank gegen Gott erfüllt. Sie hatte leider nicht mehr die Freude, ihre Nichte in das Haus eintreten zu sehen, das sie selbst mit dem Wohlgeruch ihrer Tugenden erfüllte, denn Gott rief sie im April 1795 nach nur fünftägiger Krankheit zu sich. Walburga wagte erst nach vollendetem 19. Lebensjahre, die Erlaubnis zum Eintritt ins Kloster von ihren Eltern zu begehren. Im August 1795 machte sie die geistlichen Exercitien in Indersdorf und am heiligen Schutzengelfeste des selben Jahres brachte sie ihre Mutter bei strömendem Regen als Postulantin in unser Haus. Die Gemeinde empfing sie feierlich an der Klosterpforte und führte sie in die Kapelle des Krankenzimmers, dessen Altar mit der Statue des selben Jesuskindes geschmückt war, dem ihre Tante das neugeborene Kindlein geweiht hatte. Unsere eifrige Kandidatin warf sich alsogleich auf die Knie, um dem König ihres Herzens selbst diese Aufopferung zu erneuern.

Unsere geliebte Schwester war selig, im Hause Gottes zu sein, fest entschlossen, es nie mehr zu verlassen. Sie wendete allen Fleiß an, sich für den Stand zu befähigen, dem sie ihr ganzes Herz zugewandt. Dies geschah nicht ohne Kampf. Die Stille und Einförmigkeit des klösterlichen Lebens fielen ihr schwer, sie litt viel durch die Trennung von ihren geliebten Schwestern, von denen sie sich zum ersten Male geschieden sah, mehr aber noch durch die Besorgnis, welche ihre gute Mutter ihres Berufes wegen empfand. Diese fromme Dame machte eine neuntägige Andacht nach der andern, um sich desselben zu versichern und beschwor ihre Tochter, ins elterliche Haus zurückzukehren und sei es auch noch in der letzten Stunde vor ihrer Einkleidung, wenn sie das geringste Leid über den gemachten Schritt empfinde. Die Beharrlichkeit und Festigkeit unserer Schwester, die Zufriedenheit, die sie selbst empfand und ihren Obern gab, beruhigte endlich die zärtliche Mutter; sie wohnte am 19. Juni 1796 der Einkleidung ihrer Tochter bei und am 17. August 1797, nachdem dieselbe ihr 21. Lebensjahr vollendet hatte, ihrer Gelübdeablegung.

Als im Jahre 1806 unsere Schwestern ein Pensionat eröffneten, fand unsere geliebte Schwester Johanna Karolina, die zur Erziehung der Jugend vorzüglich begabt war, darin ihre gesegnete Verwendung. Im Jahre 1809 wurde sie nach dem Tode der Schwester Maria Bernarda, obgleich erst 33 Jahre zählend, die jüngste der Gemeinde, zur Oberin gewählt. Sie erfaßte mutig ihre hohe, schwierige Aufgabe und sollte 19 Jahre lang unsere Mutter und Oberin bleiben. Welch hohen Mutes bedurfte es dazu! Sie warf sich voll Vertrauen in die Arme der göttlichen Vorsehung, und ihr Vertrauen war nicht vergeblich. Gott rüstete sie mit Kraft und Gnade für ihr schweres Amt überreichlich aus. Sie entwickelte eine Thätigkeit und eine Weisheit, welche die Bewunderung aller erregten, die mit ihr in Berührung kamen. Nichts entging ihrer Sorgfalt, ihr Fleiß füllte jede Lücke aus. Sie überwachte den Unterricht, unterhielt den nötigen brieflichen Verkehr, machte die erforderlichen Bittgesuche und Eingaben an die weltlichen Behörden, führte die Rechnungen des Hauses, war bei allen gemeinschaftlichen Arbeiten thätig gegenwärtig, besorgte die Kranken, für die sie oft eigenhändig die Arzneimittel bereitete, und bewahrte bei all dem immer ihren heiligen Gleichmut, ihre liebenswürdige Zugänglichkeit für Alle, indem sie eine jede Einzelne mit ganz mütterlicher Zärtlichkeit berücksichtigte.

Endlich nahte der ersehnte Augenblick, wo sich viele Mächtige Stimmen für Erhaltung der Institute und Klöster erhoben. Im Jahre 1822 erhielt unser Haus die Zusicherung seines Fortbestandes und die Erlaubnis, neue Ordensmitglieder aufnehmen zu dürfen. Wir verdankten dies größtenteils den Verdiensten unserer teuren Mutter, welche die Aufmerksamkeit der Regierung auf Indersdorf lenkte. Wie herrlich war nun die Ausdauer unserer Mutter Johanna Karolina gekrönt worden. Aber vieles blieb noch zu thun und zu leiden übrig, um ein Kloster nach dem Geiste unserer heiligen Regel herzustellen, und die ganze Bürde lastete fast allein auf ihren Schultern. Wie vermöchten wir die Art und Weise zu schildern, mit der unsere geliebte Mutter ihrem jetzt doppelt wichtigen Amte nachkam. Sie ermutigte durch ihr Beispiel die älteren Schwestern und erzog mit mütterlicher Liebe die neu Eingetretenen, um sie in schöner Eintracht zur genauen Haltung unserer heiligen Satzungen anzuspornen, und sie mit jenem Geiste der Liebe Gottes und des Nächsten zu erfüllen, mit jenem Eifer für Gottes Ehre, mit jener Treue und Hochschätzung für unsern heiligen Beruf zu durchdringen, wovon sie selbst beseelt war. Sie wollte, daß eine heilige Fröhlichkeit in der Gemeinde herrsche, und ihr Beispiel ermunterte dazu. Nie sah man eine größere Herzlichkeit und liebevollere Ertragung des Nächsten; man hätte glauben mögen, sie sehe keinen Fehler sondern nur Tugenden an andern. Wurde sie von Jemand beleidigt, so verdoppelte sie ihre Liebe und Aufmerksamkeit für ihn. Sie wolle nicht, daß man irgend wie Rücksicht nehme, ob ihr selbst unbequem oder lästig sei, nur auf andere war sie bedacht. Wenn sie wußte, daß eine Schwester geistig oder körperlich leide, ruhte sie nicht, bis das Mittel zu ihrer Erleichterung gefunden war. Bedurfte sie selbst einer Unterstützung, so bat sie einfältig darum und nahm dieselbe demütig an. Sie antwortete einmal einer jungen Küchenmeisterin, die nach ihrem Lieblingsgerichte fragte: „Meine Schwester, man solle von einer wahren Tochter der Heimsuchung niemals inne werden können, was nach ihrem Geschmack ist oder nicht." Diese Losgeschältheit und heilige Gleichmütigkeit übte unsere sehr verehrte Mutter bei allen Gelegenheiten. Sie nahm in gleicher Weise die Ehren und Auszeichnungen, wie die Unannehmlichkeiten und Beleidigungen von Seite der Geschöpfe an, weil sie wirklich demütig war. Eines aber war ihr unerträglich, wenn sie nämlich Reden gegen die Nächstenliebe hörte. Man sah sie plötzlich fortgehen, wenn sie durch ihre Gegenwart solche mißbilligende Reden nicht verhindern konnte. Sprach man ihr von bedeutenden Fehltritten anderer, die sie weder zu entschuldigen noch zu verhüten vermochte, so wandte sie ihre Gedanken davon ab mit den Worten unseres Herrn an Petrus: „Was geht das dich an, du folge mir nach." Unsere geliebte Mutter hatte alle Herzen in ihrer Gewalt. Konnte man ihr einen Dienst leisten, so beeilte man sich wetteifernd, es zu thun, ja selbst fremde

Personen schätzten sich glücklich, hiezu Gelegenheit zu finden. Ein Bildchen, ein Nichtschen, von ihrer Hand kommend, wurde als wertvolles Andenken aufbewahrt, weil alles an ihr herzliches Wohlwollen war. Ihr ganzes Auftreten verriet die Einfalt und Reinheit einer alle in Liebe umfassenden Absicht. Sie wußte sich jedem anzupassen. Bis zum Ende ihres Lebens nahten sich ihr die Kinder zutraulich, obgleich sie ihnen in den letzten Jahren, sich nur mehr durch freundliches Lächeln und einen wohlwollenden Blick verständlich machen konnte.

Zur Zeit, da sie noch für die Kleinen Sorge trug, sah man dieselben vor Freude aufhüpfen, wenn ihre Unterrichtsstunde schlug. Unsere Mutter wußte ihnen dieselbe anziehend und leicht zu machen. Sie wandte tausend kleine Mittel an, ihre Aufmerksamkeit zu fesseln. Ein Wort aus ihrem Munde genügte, sie zur Pflicht zurückzubringen, und man hat eine kleine Pensionärin von sehr schwierigem Charakter sagen hören: „Wenn das Zurechtgewiesenwerden mich auch sehr ärgerlich macht, so kann ich der *bonne* Johanna Carolina doch nicht gram sein, wenn sie es thut; denn ich habe sie viel zu lieb dazu.“

Die Gesundheit unserer Mutter nahm sichtlich ab ohne daß ihr Eifer und ihre Thätigkeit in Verwaltung ihres Amtes nachließ. Ihre Aufgabe wurde immer drückender. Endlich brachten im Jahre 1827 wiederholte Schlaganfälle ihr Leben in Gefahr. Als die Mutter Maria Regis aus Wien ankam, legte Mutter Johanna Karolina freudig ihr Amt nieder und war nun ein Vorbild des liebreichsten Gehorsams, der kindlichsten Unterwerfung, der herzlichsten Schwesternliebe. Wir hatten den Trost, die Gesundheit unserer theuren Soeur la Déposée sich mehr und mehr stärken zu sehen, was ihren Wunsch begünstigte, der Gemeinde in den ihr auferlegten Ämtern als Novizenmeisterin und Obermeisterin der Zöglinge nutzbringend zu dienen und den gemeinschaftlichen Übungen so treu als möglich nachzukommen. Sie brachte ganze Nächte mit schreiben und Rechnungen machen zu, um bei Tag den vielfachen Beschäftigungen, die sich ihrem Eifer darboten, gerecht werden zu können. Sie ergab sich mit besonderer Vorliebe den demütigen und beschwerlichen Arbeiten, wozu gewöhnlich nur starke, junge Schwestern verwendet werden, und wir mußten zuweilen zur Autorität unserer Würdigen Mutter die Zuflucht nehmen, um sie vom Speicher zu rufen, wo sie in strengster Winterkälte mit ihren Novizen die nasse Wäsche aufhing.

Nach dem Tode der Mutter Maria Regis Hagg, gestorben am 30. August 1832, fielen die Wahlstimmen aufs neue auf die geliebte Mutter Johanna Karolina. Aber nicht lange währte das Glück, sie an der Spitze der Gemeinde zusehen; es war nun die Zeit gekommen, daß sie den Leidensweg mit unsern

Herrn wandeln sollte. Am 21. Oktober 1833, während sie mit Herrn Benefiziaten Becker einzelne Anordnungen für eine in den nächsten Tagen stattzuhabende Einkleidungsfeier besprach, wurde sie wiederholt vom Schlag getroffen, der ihre ganze linke Seite lähmte. Sie hatte noch so viel Bewußtsein, einen Aderlaß zu begehren, was durch eine Schwester alsogleich bewerkstelligt wurde, und, wie der später eintreffende Arzt sagte, ihr das Leben gerettet hat. Schrecken und Trauer herrschten im Hause; Tag und Nacht stiegen Gebete zum Himmel empor, bis der Arzt sie außer Gefahr erklärte. Aber kein Heilmittel vermochte es, der gelähmten Seite wieder Leben und Bewegung zu verschaffen; ihr Zustand war nun mitleiderregend; sie mußte gehoben, gelegt, getragen werden. Sie bat dringend, des Amtes der Oberin enthoben zu werden und zählte den 9. Februar 1834, an dem ihrer Bitte willfahren wurde, zu den glücklichsten Tagen ihres Lebens.

Sie war immer von zwei oder mehreren Schwestern umgeben, bewacht, auf einem Tragsessel getragen oder auf einen Fahrsessel geführt und jeden Augenblick bei Tag und bei Nacht mit der zärtlichsten Sorgfalt umringt, welche kindlich dankbare Herzen der besten Mutter erweisen können, Jede Schwester schätzte sich glücklich, ihr den geringsten Dienst leisten zu dürfen. Und mit welcher Dankbarkeit erwiederte sei solche Liebe! Groß war ihre Freude, als im Jahre 1835 eine ihrer Nichten, unsere sehr verehrte Schwester Maria Karolina von Pelkhoven, ins Kloster Dietramszell eintrat. Es war das immer ihr Wunsch gewesen, und sie dankte Gott von ganzem Herzen für diese Berufsgnade.

Indessen wiederholten sich bei unserer Mutter die Schlaganfälle – sie hatte deren im ganzen neun – und vermehrten ihre Leiden. Im Frühling 1835 lähmte ein Schlag ihren Hals. Ihr Zustand verlangte nun die größte Vorsicht, denn sie war häufigen Erstickungsanfällen unterworfen. Endlich im März 1837 wollte Gott seine treue Dienerin ewig belohnen! Es kam die Grippe ein unsere Gegend, und Mutter Johanna Karolina war eine der ersten im Kloster, die von ihr ergriffen wurden. Sie war dadurch außerordentlich geschwächt, aber wir sahen keine Lebensgefahr, bis am Vorabend ihres Todes eine Rippenfellentzündung dazu kam, und die Kranke fühlte, daß ihr Lebens ende nahe sei. Sie bat um die heiligen Sterbsakramente und empfing sie am 22. März, ihrem Todestage, gegen Mittag mit völliger Gemütsruhe: Nach 6 Uhr abends übergab sie ihre schöne Seele in die Hände ihres Schöpfers ganz sanft und ruhig.

Möge das Andenken an dieses große, edle Herz, das in so wirksamer, sich selbst opfernden Liebe für unsere Gemeinde geschlagen, ewig unter uns fortleben und uns Mut geben, ihr in selbstloser Hingabe, Demut, Einfalt und wahrer, heiliger Schwesternliebe nachzuahmen. Möge der Name Mutter Johanna Karolina Spreti, der Erhalterin und Wiederherstellerin der alten Münchner Klostergemeinde von unsern Nachkommen allzeit in Ehre und Dank genannt und hochgehalten werden!

Abbildungen — Siebtes Kapitel

I Kloster Dietramszell als Salesianerinnenkloster ab 1831

II Prinzessin Maria Anna Karolina von Bayern (1696–1750), Klarissin im Münchner Angerkloster

III Barocker Kreuzwegzyklus aus dem Münchner Angerkloster, jetzt im Besitz der Salesianerinnen

IV Gotischer Palmeselchristus aus dem Münchner Angerkloster,
jetzt im Kloster Dietramszell

V Drei heiligmäßige Klarissen des Angerklosters in einem Gouachebildchen aus dem 18. Jahrhundert

Herbeiführung großenteils dem weisen, klugen Verhalten der lieben Mère Jeanne Caroline, welche die Aufmerksamkeit der Regierung in vorteilhafter Weise auf unser Haus lenkte.

Das Vertrauen der Eltern auf unsere Erziehungs- und Unterrichtsmethode steigerte sich von Jahr zu Jahr, was die immer größere Anzahl der Zöglinge bewies, die sich anmeldeten. Personen, die gegen religiöse Institute sehr eingenommen waren, interessierten sich für die Wiederherstellung unserer Gemeinde, und sie war in der That die erste aller in Bayern aufgehobenen klausierten Ordensgenossenschaften, welche die Erlaubnis erhielt, wieder neue Subjekte aufzunehmen. Dieses glückliche Jahr war das Jahr 1822; es erstreckte sich aber diese Erlaubnis anfangs nur auf solche Kandidatinnen, die im Pensionnate verwendet werden konnten. Als Mère Jeanne Caroline hörte, daß unser Kloster in Annecy wieder hergestellt sei, trat sie mit demselben in Korrespondenz und holte sich dort Licht und Rat in den Zweifeln und Schwierigkeiten denen sie in ihrer Amtsführung begegnete. Sie sagte, diese Korrespondenz sei ihr in mehreren Fällen von großer Hilfe gewesen, sich in nichts einzulassen, was der Observanz in dem neu aufblühenden Hause hätte entgegen sein können. Die Gesundheit der guten Mutter nahm jedoch allmählig sehr ab; anno 1827 hatte sie mehrere heftige

Krankheitsanfälle zu bestehen, wie viel und innig beteten wir, daß es uns doch gewährt würde, eine Schwester aus einem andern Kloster zu Hilfe rufen zu dürfen. Die göttliche Güte erhörte unsere Bitten und stimmte uns das Herz unsers Königs gnädig, dies zu bewilligen. Wir wendeten uns allsogleich an die Oberin von Annecy, um durch ihre Vermittlung eine Schwester aus unserm Kloster zu Wien zu erhalten, die imstande wäre, unsere liebe Mère Jeanne Caroline im Amte der Oberin zu ersetzen und hatten das Glück, in der Person der lieben Mère Marie Regis Flagg, die wir anno 1828 erwählten und nach drei Jahren wieder wählten, das zu finden, was wir gesucht hatten." In die Amtsführung dieser Oberin fiel:

VI.

Die Transferierung des Klosters Indersdorf nach Dietramszell.

Dazu war folgendes Veranlassung: Die Gebäude im Kloster Indersdorf zeigten sich von Jahr zu Jahr mehr schadhaft und baufällig, so daß man vor der Alternative stand, eine Hauptbaufallwendung vorzunehmen, oder das Gebäude zu verlassen und sich um eine andere Unterkunft umzu-

Kloster Dietramszell von Eberhard, Graf v. Fugger S. 60.

VI Barocker Reliquienschrein aus dem Münchner Angerkloster, heute im Kloster Dietramszell

VII Szenen aus dem Leben der hl. Klara von Assisi, heute im Kloster Dietramszell

VIII Altar der Maria Einsiedeln-Kapelle im Kloster Dietramszell

IX Christus in der Kelter aus dem Münchner Salesianerinnenkloster,
frühes 18. Jahrhundert

Die
heilige
Kreuzes
Presse

X „Prager Jesulein“ aus dem Noviziat der Münchner Salesianerinnen, 17. Jahrhundert

I

Ansicht von Kloster Dietramszell
Aquarellzeichnung aus den Annalen des Salesianerinnenklosters Zangberg, Ende des 19. Jahrhunderts (Schw. Marie Hedwig von Savigny)
Kloster der Salesianerinnen, Zangberg

II

Prinzessin Maria Anna Karolina von Bayern (1696–1750) als Klarissin
München, um 1720
Öl auf Leinwand, 86,5 × 71 cm
Kloster der Salesianerinnen, Dietramszell

Bereits in jungen Jahren zeigte die einzige Tochter des Kurfürsten Maximilian II. Emanuel von Bayern eine tiefe Frömmigkeit. 1719 trat sie unter dem Namen Emanuela Theresia vom Herzen Jesu in das Klarissenkloster Sankt Jakob am Anger in München ein. Das Gemälde kam mit dem Besitz der Klarissen 1804 aus dem Angerkloster nach Dietramszell.

III

Abschied Jesu von seiner Mutter / Verspottung Jesu Christi
München um 1720
Öl auf Leinwand, 180 × 165 cm
Kloster Beuerberg

Die beiden Gemälde gehören zu einem großen Zyklus von Passionsdarstellungen, die einen großen Kreuzweg darstellen. Die Gemälde, typisch für die Passionsfrömmigkeit der Klarissen, wurden von diesen den Salesianerinnen in Dietramszell überlassen. Heute sind die Gemälde auf die Klöster Dietramszell, Beuerberg und Zangberg verteilt.

IV

Christus auf dem Palmesel
Um 1500
Holz, gefasst, H. 157 cm
Kloster der Salesianerinnen, Dietramszell

Die wertvolle spätgotische Figur, die die Schwestern des Angerklosters bei ihrer Palmsonntagsprozession durch den Kreuzgang ihres Klosters zogen, wurde von ihnen nach Dietramszell mitgebracht und dort den Salesianerinnen vererbt.

V

Drei heiligmäßige Klarissen des Angerklosters
München, 18. Jahrhundert
Gouachebild, Klosterarbeit, 34,5 × 28 cm
Kloster der Salesianerinnen, Dietramszell

Die ungewöhnliche Klosterarbeit vereint drei adlige Klarissen, die im Münchner Angerkloster lebten und als heiligmäßig verehrt wurden: oben zwei Wittelsbacher Prinzessinnen, links Agnes (gest. 1352), die Tochter Kaiser Ludwigs des Bayern, rechts Barbara von Bayern (1454–1472), die Tochter Herzog Albrechts III.; unten die verehrte Clara Hortulana Empacher (gest. 1689), die sich durch Visionen und andere mystische Erlebnisse ausgezeichnet hatte.

VI

Reliquienschrein (Ausschnitt)
München, 2. Hälfte des 17. Jahrhunderts
Holzschrein, bemalt, Reliquien, Klosterarbeit, ca. 320 × 60 cm
Kloster der Salesianerinnen, Dietramszell

Der gewaltige Schrein, gefüllt mit den kunstfertig gefassten Reliquien der hl. Ursula und ihrer Gefährtinnen, stammt wie sein Gegenstück – mit Reliquien der Gefährten des hl. Mauritius – aus dem Besitz der Klarissen vom Angerkloster in München.

VII

Szenen aus dem Leben der hl. Klara von Assisi
Mitte des 17. Jahrhunderts
Öl auf Holz, ca. 220 × 175 cm
Kloster der Salesianerinnen, Dietramszell

Das große Gemälde aus dem Besitz der Münchner Klarissen zeigt das Leben der Ordensgründerin – von ihrem Klostereintritt bis zum Tod – in Kostümen des mittleren 17. Jahrhunderts. Im Mittelfeld ist im Hintergrund die wunderbare Begebenheit erzählt, wie die Heilige die plündernden Soldaten Kaiser Friedrichs II. 1241 durch die Weisung der Monstranz in die Flucht schlug.

VIII

Altar der Maria Einsiedeln-Kapelle
München, um 1700
Holz, gefasst, H. ca. 130 cm
Kloster der Salesianerinnen, Dietramszell

Die barocke Kopie des berühmten Schweizer Gnadenbildes, die sich heute im Kloster Dietramszell in einem Altar des späten 19. Jahrhunderts befindet, stammt aus dem Münchner Salesianerinnenkloster und wurde von den Schwestern über Indersdorf nach Dietramszell gebracht.

IX

Christus in der Kelter
München, frühes 18. Jahrhundert
Holz, gefasst, H. ca. 155 cm
Kloster der Salesianerinnen, Dietramszell

Die mystische Darstellung des leidenden Christus, der unter dem Kreuz wie in einer Weinkelter ausgepresst wird, um das Blut der Erlösung hervorzubringen, stammt aus dem Münchner Salesianerinnenkloster. Dort war die Figur am Ende einer „Heiligen Stiege“ aufgestellt, auf der man kniend einen Ablass erreichen konnte. Die eindrückliche Christusfigur befindet sich heute in Dietramszell.

X

Jesuskind mit Bekleidung
Ende des 17. Jahrhunderts (Kleidung um 1900)
Holz, geschnitzt und gefasst, H. 44,5 cm
Kloster der Salesianerinnen, Zangberg

Für dieses sogenannte „Noviziatskindl“, das schon im Münchner Kloster verehrt wurde, fertigten später Zangberger Novizinnen dieses Kleid und bestickten den Saum mit ihren Namen. Das aktuelle Kleid entstand wohl im späten 19. Jahrhundert; es dürfte aber eine weitaus ältere Tradition reflektieren. Das barocke Jesuskind im Typus des „Prager Jesuleins“ spielt in der Biografie der Schwester Johanna Carolina von Spreti (1776–1837) eine besondere Rolle.

Achtes Kapitel

Die Gründung von Beuerberg – 1846

Das mittlere 19. Jahrhundert war in Bayern eine Zeit der Neubelebung des Ordenslebens. Auch die Salesianerinnen in Dietramszell hatten in dieser Zeit einen solchen Zuwachs, dass sie mehrfach Schwestern zu Errichtung neuer Klöster aussenden konnten – Pielenhofen 1838, Beuerberg 1846, Zangberg 1862. Für jede dieser Gründungen mussten zahlreiche glückliche Umstände zusammenkommen: eine gesicherte Finanzierung, interessierte Persönlichkeiten vor Ort, eine engagierte Ordensleitung sowie natürlich ein geeignetes, zur Verfügung stehendes Gebäude.

Das ehemalige Augustiner-Chorherrenstift Beuerberg hatte seine glanzvollsten Tage im 18. Jahrhundert erlebt. Zwischen 1729 und 1771 entstand ein neues spätbarockes Klostergebäude, an dessen Grundsteinlegung sogar Kurfürst Maximilian III. Josef teilnahm. Der Konvent stand mit einer modernen Wetterstation im engen Austausch mit der Bayerischen Akademie der Wissenschaften in München. Der 1801 gewählte letzte Propst Paul Hupfauer (1747–1808) war gleichzeitig Universitätsprofessor und kurfürstlicher Oberbibliothekar und unterstützte in der Säkularisation den Staat bei der Bewertung beschlagnahmter Buchschätze. Beuerberg wurde 1803 aufgelöst, Grundbesitz und Gebäude versteigert, die Kloster- zur Pfarrkirche umgewidmet. Da der bayerische Staat nur mehr eine Kirche in jeder Pfarrei erlaubte, erklärten die findigen Beuerberger ihre alte Pfarrkirche zur Friedhofskirche und konnten so beide behalten. Die Klostergebäude gingen schließlich an den Gutsbesitzer Franz Ferdinand Freiherr von Maderny; ein Flügel diente als Dorfschule und Lehrerwohnung.

Hinter der Gründung des Salesianerinnenklosters Beuerberg 1846 stand als treibende Kraft die erste Oberin, Mutter Maria Regis Dopfer (1803–1867) – eine Ordensfrau mit einer ungewöhnlichen Biografie. Nach dem Volksschulabschluss konnte das wissbegierige junge Mädchen bei einer befreundeten Familie in Regensburg ihre Bildung vervollkommnen und kam dort in Kontakt zu bedeutenden kirchlichen und intellektuellen Persönlichkeiten ihrer Zeit. Die tief gläubige, aber auch engagierte und wissenshungrige junge Frau entschied sich für den Eintritt in einen Schulorden und ging in das Institut der Englischen Fräulein zu Altötting, wo sie sich gut einlebte und die Gelübde ablegte. Allerdings kamen ihr im hektischen Lehralltag die Spiritualität und Kontemplation zu kurz. Deshalb wechselte sie 1833 mit über 30 Jahren in das Dietramszeller Salesianerinnenkloster, nachdem sie einige der Schwestern kennen gelernt hatte. Bereits fünf Jahre später war Maria Regis Dopfer bei der Neugründung in Pielenhofen als Assistentin eine führende Kraft und wurde 1843 Oberin in Dietramszell. Während der drei Jahre ihrer Amtsführung wurde den Salesianerinnen das säkularisierte Kloster Beuerberg zum Kauf angeboten.

Kloster v. d. Heimsuchung Mariæ zu Beuerberg.

23. Cap.

Mutter Marie Regis Dopfer

Oberin von Dietramszell 1843 – 1846.

Vermächtnisse der Frauen Clarissinen, Ankauf des Filomenenhofes,

Stiftung von Beuerberg 1846.

Einzelnheiten über das Kloster, dessen Abzweigungen und Stiftungs-Schwestern.

Aufblühen und Anwachsen von Pensionat und Konvent in Dietramszell

Am 11. Mai 1837 wurde die ehrwürdige Schwester Franziska Salesia Buchstetten zur Oberin erwählt. [Ausführliche Lebensgeschichte der Sr. Franziska Salesia Buchstetten.] Bei dem Umzuge von Indersdorf nach Dietramszell hatte sie sich als treue, umsichtige Helferin der damals schon kranken Mutter Maria Regis gezeigt, und war dann der Mutter Johanna Carolina als Obermeisterin des Pensionates gefolgt. Sie war, wie die Schwestern in ihrem Circularschreiben vom 10. September berichten, für die ihrer Sorge anvertrauten Kinder eine zärtliche Mutter, eine erleuchtete Erzieherin, eine wahre Freundin gewesen und nahm nun ebenso warm die Sorge für die ganze Gemeinde in ihr edles Herz auf. Die Mutter Buchstetten war zum Amte der Oberin wie geboren, ein großer hochherziger Charakter, edles freimütiges Benehmen, Barmherzigkeit für die Armen zeichnete sie aus. Unter ihrer Leitung hat sich Dietramszell sowohl als Kloster wie als Pensionat zu einer Höhe emporgeschwungen, die allgemeine Anerkennung fand. Die Eltern gaben mit Freude einer so ausgezeichneten Oberin, die zugleich Obermeisterin war, ihre Kinder zur Erziehung. Das Pensionat zählte bald sechzig bis siebenzig Zöglinge, aus den besten Ständen, deren Zahl sich bis achtzig und darüber vermehrte. Zu Gunsten des Pensionates war deshalb wie wir schon erzählt haben, im Jahre 1838 ein Neubau mit sechzehn Zellen im ersten und zweiten Stock, und einem großen Bügel- und Gartenzimmer zu ebener Erde gemacht worden.

[Es folgt eine ausführliche und lange Schilderung des Institutslebens und des Schulalltags in Dietramszell.]

Wie das Pensionat, so erstarkte auch das Kloster unter der Regierung der Oberin Buchstetten in neuer Jugendkraft. Dennoch erwachten in den Obern ernste Bedenken, als der Bischof von Regensburg seinen langgehegten Wunsch äußerte, ein Kloster von der Heimsuchung in seiner Diöcese zu gründen und Stiftungsschwestern von Dietramszell verlangte. Das Haus bedurfte ja selbst seiner guten Kräfte, und minder gute schienen zu einer Stiftung nicht tauglich. Auf der andern Seite wollte die Mutter Buchstetten ein Ansinnen nicht zurückweisen, das die größere Ehre Gottes bezweckte und im göttlichen Willen zu liegen schien. [...] Mutter Franziska Salesia erwählte hiezu drei Schwestern, die ihr am geeignetsten schienen, dem neuen Hause [Pielenhofen[1]] als Grundstein zu dienen: Schwester Maria Aloysia Lehmer, fünfunddreißig Jahre alt, der Profeß sechzehn, als Oberin – Schwester Maria

1 Das 1838 gegründete Salesianerinnen-Kloster Pielenhofen bestand bis 2010.

Regis Dopfer, vierunddreißig Jahre alt, im vierten Jahre der Profeß, als Assistentin, Obermeisterin des Pensionates und Schulpräfektin; Schwester Marie Martha Wagenstaller, neunundzwanzig Jahre alt, der Profession im vierten, als Hausschwester. Außerdem war im selben Jahre eine Hausschwester-Novizin, Theres Franziska, für die Stiftung Pielenhofen am 19. Februar 1838 eingekleidet worden. [...] Die ernannten Schwestern verließen am 17. September Dietramszell, begleitet von den Schwestern Marie Ottilie Leydenfrost und Marie Peregrina Fischer aus Wien, welche schon im Dezember 1837 nach Dietramszell gekommen waren, und von denen wir schon früher Näheres erzählten. Von dieser Reise ist ein heiteres Geschichtchen auf uns gekommen. Es war noch die Zeit der Lohnkutscher und Postchaisen[2]. Sie mußten im Gasthaus übernachten. Da sie gemeinsam ihr Nachtgebet verrichten wollten, musterten sie die Würde ihres Zimmers, um irgend ein Heiligenbild zu erspähen, vor dem sie ihre Andacht hätten halten können. Die Beleuchtung war schlecht; doch da sie endlich ein Marienbild entdeckt zu haben glaubten, knieten sie nieder und beteten. Erst am andern Morgen gewahrten sie, herzlich lachend, ihren Irrtum, da sich das vermeintliche Marienbild als eine Göttin Diana darstellte. Am 29. Januar 1839 wurden sie von Staat und Kirche installiert, und die dabei angeordnete große Feierlichkeit überzeugte sie aufs Neue vom Wohlwollen ihres Bischofs und der weltlichen Regierung.

Kloster und Pfarrdorf Pielenhofen sind drei Stunden von Regensburg an der Naab gelegen. Das Kloster gehörte ursprünglich adeligen Nonnen an, die nach der Regel des heiligen Bernhard lebten.[3] Als in den Pfalzneuburgischen Landen die Reformation eingeführt wurde, kam es unter weltliche Administration; die Nonnen durften darin aussterben. Im Jahre 1655 wurde es den Bernardinern eingeräumt und nach der Säkularisation als Conventualkloster für die Karmelitinnen von München und Straubing bestimmt. Dadurch kamen die Reliquien der gottseligen Maria Anna Josepha a Jesu Lindmair[4] nach Pielenhofen.

2 Leichte Postkutsche.

3 Zisterzienserinnen.

4 Maria Anna Josefa Lindmayr (1657–1726), Tochter eines Münchner Kammerdieners, hatte wegen ihrer Visionen und mystischen Erlebnisse im frühen 18. Jh. großen Einfluss. Der Bau der Münchner Dreifaltigkeitskirche geht auf eine ihrer Visionen zurück. 1711 trat sie in das ebenda neu gegründete Karmelitinnen-Kloster ein. In der ehemaligen Klosterkirche Pielenhofen wird heute noch u.a. ein aus ihrem Besitz stammendes Ecce Homo-Bild verehrt, das mehrfach geweint haben soll.

Aus dem Leben der Dietramszeller Schwestern

Indes ein kleiner Zweig unserer Gemeinde in Pielenhofen Wurzel faßte und sich mehrte, erblühte unser Haus selbst unter Leitung der Mutter Franziska Salesia in erfreulicher Weise. Sie erkannte und berücksichtigte alle Bedürfnisse desselben mit mütterlichem Scharfblick. [...] Ihre erste Sorge galt dem Hause des Herrn und der geistigen Förderung ihrer Töchter. Besonders festlich wurde die II. Centenarfeier des Todes unserer heiligen Mutter Johanna Franziska von Chantal begangen. [...] Mit allerhöchster Bewilligung wurde am 11. Dezember 1841 abends halb fünf Uhr die Feier eröffnet durch das Geläute aller Glocken der Pfarrkirche und eine gesungene Litanei vor ausgesetztem hochwürdigstem Gute in der Klosterkirche. Da diese Jahreszeit weder lebende Blumen noch grünendes Laubwerk zur Zierde bot, waren die Thüren beider Kirche mit Gesträuchen von Tannenbäumen, umwunden mit farbigem Papier, bekränzt worden. Den Hochaltar der Klosterkirche schmückte das lebensgroße Ölgemälde unserer heiligen Stifterin, mit roten und weißen Rosen umgeben, welche von den Schwestern eigens für dieses Fest gefertigt wurden. [...]

Nach dem Tode des Vaters unserer lieben Schwester Therese Augustin, Herrn Privatier Joseph Pschorr (4. Juni 1841), hat die Gemeinde, aus Dankbarkeit für eine ihr von ihm erwiesene große Wohlthat, sich verpflichtet, jährlich um diese Zeit eine heilige Messe für die Ruhe seiner Seele lesen zu lassen und dabei die Gemeindekommunion für ihn zu verrichten. Kloster Dietramszell war Herr Pschorr in freundlichster Weise entgegengekommen durch Aufnahme seiner Tochter Mathilde als Dame Retirée[5] im Jahre 1841. Sie war etwas schwachsinnig, aber ungemein gutmütig und in keiner Weise im Hause störend. Fräulein Mathilde bewohnte eines der früher den Klarissen überlassenen Zimmer im ersten Stock, das von ihren Eltern schön meubliert worden, hatte eine Dienerin, die das Kloster gestellte (mehrere Jahre lang hatte unsere Windenschwester Margaretha Maria diese Aufgabe), und machte sich mancherlei kleine Geschäfte im Haus. Herr Pschorr zahlte jährlich für seine Tochter die Zinsen ihres Vermögens à 1697 Gulden, Sie blieb bei unserer Übersiedlung nach Zangberg in Dietramszell woselbst sie am 8. Juni 1888 ihr stilles Leben endete.

5 Weltliche Dame, die gegen Entgelt mit den Schwestern im Kloster lebt und von diesen versorgt wird.

In den Jahren 1841 und 1842 feierten zwei unserer lieben Schwestern ihr goldenes Jubiläum, nachdem sie durch dreitägige Exercitien sich mit großer Andacht darauf vorbereitet. Die eine, Maria Monika Hofstätter, war Chorschwester und hatte sich die Gemeinde in den Jahren der Klosteraufhebung zu großem Dank verpflichtet, indem sie freudig die mühevollen Hausarbeiten auf sich nahm und ihre Kräfte jedermann zur Disposition stellte. Sie erblindete neun Jahre vor ihrem Tode, und der liebe Gott vergalt ihr die uneigenützige Nächstenliebe schon auf Erden. Denn eine junge Profeßschwester, unsere teure Schwester Luise Stanislaus Ramel, pflegte sie mit der Liebe und Sorgfalt einer Mutter für ihr geliebtes Kind. Sie starb am 21. März 1846.

Die zweite goldene Jubelbraut, unsere liebe Laienschwester Maria Crescentia Müller war ihres liebenswürdigen Charakters, ihrer herzlichen Aufrichtigkeit und klösterlichen Tugenden wegen von den Schwestern ganz besonders geliebt. Sie besorgte zeitlebens den Garten. Ganze Nächte hatte sie in Indersdorf durchwacht, um die unter ihrer Pflege herrlich gediehenen Obstbäume vor den Fruchtdieben zu schützen, und dieselben oft durch Schreckschüsse vertrieben. Lange waren ihre Thränen im Andenken an Indersdorf geflossen, ohne die Dürre des Dietramszeller Bodens fruchtbar machen zu können. In Indersdorf hatte sie zur Zeit der Klosteraufhebung ihre Zelle mit ihrer alten Mutter teilen dürfen und derselben ihr eigenes Bett überlassen. Dieses Bett benützte unsere teure Schwester bis zu ihrem Tode; umsonst schlug man ihr vor, die gar dünn gewordene Matratze mit einer bessern zu vertauschen, denn sie erklärte stets, was für ihre Mutter gut genug gewesen, werde wohl auch für sie nicht zu schlecht sein. Die Güte dieser lieben Alten flößte jedermann Vertrauen ein, die Arbeitsleute suchten bei ihr Rat, die Zöglinge kamen gern diese liebe Großmama im Gartenstübchen besuchen, die zudem immer kleine Leckerln für sie im Vorrat hatte – sogar ihre Oberinnen befragten sie öfters um ihre Ansicht, die sie dann in großer Demut und Einfalt kund gab. Am Abend ihres goldenen Profeßjubiläums war ein heftiges Gewitter, was sie sehr ernst stimmte und sie bewog, auf ihren Tod sich bereit zu halten. Zehn Jahre aber noch überlebte sie das schöne Fest; die letzten derselben waren Jahre des Schmerzes, aber auch immerwährenden Gebetes. „O stille mein Verlangen, Du Seelenbräutigam, im Geist Dich zu empfangen, Du wahres Gotteslamm!“ so flehte sie unablässig, bis der Herr seine treue, zweiundachtzigjährige Dienerin ins Vaterhaus berief, am 26. März 1852.

Zu all dem Vorteilhaften und Nützlichen, das die Mutter Buchstetten in ihren beiden ersten Triennalen für Dietramszell gewirkt, gehört auch die Aufnahme und Heranbildung der ersten Windenschwester. Seit unsere Gemeinde München verlassen, hatten wir keine Windenschwester mehr gehabt. In Indersdorf hatte eine weltliche Magd den äußern Dienst versehen und war 1831 aus Anhänglichkeit für die Gemeinde mit nach Dietramszell übersiedelt. Wir gedenken hier gerne dieser unserer guten alten Johanna Gschlössl, die mit ganz geringem Lohn sich begnügte und überdies im Jahre 1857 ihr kleines Ersparnis von 300 Gulden dem Kloster zum Geschenk machte. Die treue Dienerin wurde bis zum Tod im Kloster verpflegt und konnte nie ohne Thränen von all dem Guten reden, das sie empfange. Es hatte lange keine Prätendentin sich zum Dienst an der Winde entschließen wollen, als 1840 ein junges Mädchen aus dem Mühlthal in heiligem Verlangen, Gott zu dienen, sich dazu bereit erklärte. Schon drohte diese Hoffnung durch eine schwere Krankheit der Postulantin vereitelt zu werden; aber sie wandte sich vertrauensvoll an die seligste Jungfrau, begann, durch deren Hilfe wiedergenesen, am 5. Dezember 1842, ihre heilige Oblation. Diese liebe Schwester, Maria Benona Steger, wurde ganz nach den Vorschriften unseres heiligen Direktoriums erzogen und dabei durch unsere liebe Schwester Maria Scholastika von Freiburg[6] fleißig beraten. Man gab ihr auch die Kleidung, wie sie die Windenschwestern in Freiburg tagen. Sie diente allen späteren Windenschwestern als Muster und Vorbild nicht nur, was das Äußere betriff, sondern vorzüglich durch ihre Tugenden der Bescheidenheit, des Selbstvergessens, der Ehrfurcht gegen ihre Oberinnen und Ordensschwestern. Die liebe Schwester verblieb bei der Übersiedlung in Dietramszell und starb daselbst im Alter von dreiundsechzig Jahren am 2. Januar 1875.

Die Mutter Buchstetten gab im Laufe dieser sechs Jahre achtzehn Schwestern das geistliche Kleid, fünfzehn legten die heiligen Gelübde ab. Auch unsere liebe Mutter Maria Gonzaga Mägelen war unter dieser Zahl. Sie feierte ihre heilige Profession am 8. Juni 1842 zugleich mit Schwester Ignace de Sales von Enzenberg. Die Schwestern deuteten gerne das heftige Gewitter, das sich erhob, als die Bräute unter dem Totentuch lagen, als Zorn der höllischen Mächte in der Voraussehung, wie viel zur Ehre Gottes durch dieselben geschehen sollte. Auch mancherlei schmerzliche Verluste haben diese Jahre aufzuweisen. Der Herr berief im Januar 1838 die beiden lieben emigrierten Schwestern Maria Catharine Pallu und Maria Stephanie Gayet, deren letzte insbesondere durch ihre liebenswürdigen Eigenschaften und seltenen Tugenden sich die Bewunderung und eine vorzügliche Liebe ihrer Obern und Schwestern erworben hatte. Im Februar 1840 starb unsere Krankenwärterin und

6 Freiburg i. Üe./Fribourg (CH). Das Salesianerinnenkloster von Fribourg, 1651 gegründet, besteht bis heute; es ist neben dem Kloster Solothurn heute das einzige Salesianerinnenkloster in der Schweiz.

Apothekerin Maria Baptista Wörner im besten Alter schnell nach zwei Tagen außerordentlicher Schmerzen. Sie hatte aus Versehen bei Bereitung einer Arznei sich selbst vergiftet. Da an vielen vorrätigen Mitteln die Etiquetten fehlten, mußten sie nach ihrem Tode vorsichtshalber alle entfernt werden.

Am 20. September verlor die Gemeinde die liebe Schwester Franziska Xaveria Stölzl, achtundfünfzig Jahre alt, die als weltliche Lehrerin in Indersdorf den Schwestern lange Jahre treu und aufopfernd zur Seite gestanden. Sobald die Erlaubnis zur Aufnahme von Novizen wieder erteilt worden, trat sie in den Orden und überwand alle bei ihren vierzig Jahren nicht geringen Schwierigkeiten. Nachdem sie sich Gott durch die heilige Profession geopfert, nahm der Herr ihr die Gesundheit; sie konnte nur mehr in leichtern Hausämtern der Gemeinde dienen und starb infolge physischer Entkräftung, mit vollkommener Ergebung in Gottes Willen.

Am 18. Januar 1841, dem Einkleidungstag unserer Mutter M. Gonzaga, verschied die einundzwanzigjährige Novizin Maria Katharine Götz, ein ernster Gegensatz zu der blühenden Schönheit der neuen Braut. Schwester M. Katharine hatte vor kurzer Zeit auf ihrem Sterbebettlein in seligem Herzensjubel die heiligen Gelübde abgelegt und beschloß nun ihr Leben in einem Akte des Gehorsams. Die Würdige Mutter hatte ihr aufgetragen, nicht vor der Einkleidungsceremonie zu sterben, und sie hatte es im Vertrauen auf Gott versprochen. Sobald aber die Gemeinde den Chor verließ, griff sie in die Züge und hauchte bald darauf ihre reine Seele aus.

Am 29. September desselben Jahres folgte ihr die letzte Profeßschwester von München, die Laienschwester Anna Magdalena Wintersberger in ihrem dreiundachtzigsten Lebens- und sechzigsten Profeßjahre. Sie hatte oft ihr Erstaunen geäußert, daß alle ihr im Tode vorangingen und geseufzt: „Ich glaube, der liebe Gott hat mich vergessen, und wenn ich endlich einmal ins Fegfeuer komme, werde ich keine unserer Schwestern mehr darin finden, die werden alle schon im Himmel sein.“ Nun war die Reihe auch an sie gekommen. [...]

„Am 31ten Januar 1845“ erzählt die Mutter Maria Regis im Circular „wurden wir durch die Ankunft eines Expreßboten überrascht. In dem Schreiben, das er uns zu überbringen hatte, wurden uns die Klostergebäude des vier Meilen von Die-
I tramszell entfernten ehemaligen Augustinerstiftes Beuerberg
zum Kaufe angeboten. Im ersten Augenblicke des Erstaunens über einen Vorschlag, an den wir nie gedacht hatten, gaben wir eine abschlägige Antwort. Beim nochmaligen Durchlesen des Briefes aber machte uns dessen Datum, der 29te Januar, Fest unseres heiligen Stifters nachdenklich. Um diese Zeit wurden

die Bitten um Aufnahme in unser Pensionat und Noviziat so häufig, daß wir ihnen nicht mehr zu willfahren vermochten, denn wir hatten schon das Unglaubliche geleistet, um unsere achtzig Zöglinge und fünfzig Schwestern unterzubringen. Es war keine Zelle mehr da, kein Platz mehr im Chor und Refektor. So glaubten wir denn, in dem uns gemachten und anfangs zurückgewiesenen Anerbieten den Finger Gottes erkennen zu müssen."

Der Kauf von Beuerberg erwies sich als kostspielige Angelegenheit, nicht zuletzt wegen der notwendigen Ausgaben für dringende Renovierungsarbeiten, eine komplette neue Innenausstattung und den Bau der Klosterkirche mit dem anschließenden Schwesternchor. Damit die Schwestern das Kloster für sich allein nutzen durften, hatten sie zusätzlich für ein neues Schulhaus aufzukommen, das erst 1850 fertig wurde. Noch Jahre später lasteten die Schulden mehrerer verzinster Kredite sehr schwer auf dem Konvent. Als im September 1846 die Oberin mit den ersten Schwestern ihr neues Heim bezog, waren alle Sorgen an diesem feierlichen Tag vergessen. In Beuerberg hatte man das beruhigende Gefühl, dass mit dem Einzug der Schwestern in das ehemalige Chorherrenstift eine unterbrochene spirituelle Tradition fortbestehen konnte. Im Endeffekt profitierten alle – auch materiell, denn das Klausurkloster mit dem großen Pensionat verschaffte der ganzen Umgebung Arbeit und Brot.

Mutter M. Regis Dopfer blieb die dominierende Persönlichkeit des Klosters, die in den kommenden Jahren durch eine Mischung aus Starrsinn und Diplomatie zahlreiche Schwierigkeiten überwand – ob beim Bau der Klosterkirche, im Umgang mit revolutionär gesinnten Bauarbeitern oder bei der Herstellung der Klausur: Immer war es die Oberin selbst, die energisch verhandelte, drohte oder bat. Wie der weitere Verlauf der Chronik nicht verschweigt, erwies sich die Stärke der Mutter Dopfer aber auch als größte Schwäche: Sie war das Entscheiden schließlich so sehr gewohnt, dass sie sich nach dem Ende ihrer Amtszeit nicht mehr in die Klosterhierarchie einfügen konnte. Sie musste schließlich auf bischöfliche Anweisung Beuerberg verlassen, war aber an weiteren Neugründungen maßgeblich beteiligt und starb im Kloster Moselweiß bei Koblenz.

Für die Salesianerinnen von Beuerberg war die Geschichte der Gründung ihres Klosters 1846 von grundlegender Bedeutung für das eigene Selbstverständnis. In der Beuerberger Chronik ist der entsprechende Textabschnitt daher mit Bleistift markiert: Er wurde jedes Jahr zum Gründungsfest am 20. September bei der Tischlesung im Refektorium vorgelesen. Mit diesem Abschnitt aus der Beuerberger Chronik, den die Schwestern zutiefst verinnerlicht haben müssen, schließt dieser Auszug aus den Geschichtswerken der Salesianerinnen in Bayern.

Die Gründung des Klosters Beuerberg

Unter der Regierung König Ludwig I. gewann das religiöse Leben namentlich auch durch Wiederherstellung und Aufblühen vieler Klöster großen Aufschwung; der Wert einer sorgfältigen christlichen Erziehung und Bildung der Jugend, dieses Hauptmittels zur Begründung des Glückes der Völker, machte sich wieder mehr geltend, und so kam es, daß viele Pensionnate für weibliche Erziehung entstanden und ihren segensreichen Einfluß ausübten. Unter den gesuchtesten war das Kloster Dietramszell. Der Geist der Milde, der den hl. Ordensstifter Franz v. Sales charakterisiert, und in seinen geistlichen Töchtern fortleben und wirken soll, hatte so viele Aspirantinnen und Zöglinge herbeigezogen, daß die Räume des Hauses nicht mehr genügten, selbe zu beherbergen und daher die Stiftung eines zweiten Salesianerinnen-Klosters in Oberbayern von vielen Seiten gewünscht wurde, auch als ein Werk erschien, wodurch die Ehre Gottes und das Heil der Seelen in hohem Maße befördert werden könne. Somit dachte man in Dietramszell an eine neue Stiftung, und bald war ein passender Ort und ein geeignetes Lokal gefunden.

Das verödete Augustiner-Chorherrn-Stift Beuerberg, damals II
im Besitze des Freiherrn v. Maderny, wurde der Mère Maria Regis Dopfer zu dem Zwecke angeboten. Die Entstehung dieses Stiftes und dessen frühere Schicksale erzählt uns ausführlich der hochwürdige Pfarrer P. Pfatrisch[7] in seiner Geschichte des Chorherrnstiftes Beuerberg. [...] Die Gründung desselben fällt in das Jahr 1121.

Die Chronik nennt Otto, Edlen und Freien von Iring, und seine beiden Brüder Eberhard und Konrad, sowie deren Mutter Bertha, als Stifter desselben. Der damals die heilige Kirche Gottes regierende Papst Calixt II. bestätigte das Stift und stellte es laut Confirmationsbulle unter den Schutz des heiligen Petrus, und diese Bulle, von Sr. Heiligkeit eigenhändig unterzeichnet, trägt das Datum: 30. März 1121. Zwar erwähnt die päpstliche Bestätigungsbulle nur der Regularbrüder und ist somit ein bestimmter Orden, dem die Mönche angehören sollten, nicht genannt; aber es ist doch außer Zweifel, daß dieselben vom Anfange an die Ordensregel des heiligen Augustini befolgten. Dahin deute auch, wie hochw. Pfarrer Pfatrisch meint, die Aggregation des Klosters mit der Lateranischen Basilika des hl. Laurentius in Rom, in welche das Stift alle drei Jahre eine Albe und ein Humerale zu senden hatte.

7 Pfatrisch, Peter: Geschichte des regulären Augustiner-Chorherren-Stiftes Beuerberg. München 1876.

Obwohl das Stift, wie obengenannter Chronist sagt, seine Aufgabe, eine Stätte der Wissenschaft, geistlicher Zurückgezogenheit und der Seelsorge zu sein, während seiner ganzen Bestandzeit treu erfüllte, obwohl es die größten Opfer auf den Altar des Vaterlandes gelegt, obwohl ihm von vier Päpsten, einem Kaiser, sechs Herzogen, zwei Kurfürsten und zuletzt noch anno 1757 sein Besitz, seine Rechte und Privilegien bestätigt und gesichert wurden, mußte es dennoch 1803 unter Kurfürst Maximilian Joseph IV. mit den meisten Klöstern Bayerns der unglückseligen politischen Strömung als Opfer fallen und wurde zufolge landesherrlicher Erlasse vom 17. Februar desselben Jahres als aufgelöst erklärt und säcularisiert. Nach Auflösung des Stiftes wurde die Klosterkirche als Pfarrkirche erklärt, die übrigen Gebäude hatten verschiedene weltliche Besitzer, bis sie anno 1821 Eigentum des Freiherrn v. Maderny wurden. So war nun in Gottes heiligem Ratschluß der Zeitpunkt gekommen, wo dieses Gotteshaus wieder einen seiner ursprünglichen Bestimmung mehr entsprechenden Zweck erhalten sollte.

Mère Maria Dopfer begann mutig die nötigen Unterhandlungen bezüglich des Erwerbes dieser Realitäten. Das Kloster Dietramszell konnte zum Ankaufe derselben keinen bedeutenden Beitrag leisten; der Kaufschilling betrug aber für drei Flügel des Hauptgebäudes, zwei Gärten und Stallung 16500 Gulden; ferner stellte Baron Maderny die Bedingung, daß seine 3 Töchter im zu errichtenden Pensionate unentgeltliche Erziehung erhalten sollten, was den Kaufpreis bedeutend erhöhte. Es mußten, um die ehemalige Abtei wenigstens annähernd zu einem Kloster von der Heimsuchung Mariä zu gestalten, bedeutende Veränderungen und Reparaturen vorgenommen und ein Chor und ein Kirchlein neu gebaut werden.

[Details zur Finanzierung; Bleistiftnotiz: bei der Tischlesung nicht vorlesen!]

In Dietramszell nahte die Oberin-Wahl und fiel auf Mère Fr. de Sales Buchstätten. Diese bestimmte als Oberin für die neue Stiftung in Beuerberg Mère Marie Regis Dopfer, welche sich bald nachher, im Monat Juni des Jahres 1846, in Begleitung von zwei Schwestern an den Ort ihrer neuen Bestimmung verfügte, um die Baulichkeiten zu leiten und die Angelegenheit zu einem glücklichen Abschlusse zu führen. [...]

Den Datum des 7. September trägt die Regierungs-Entschließung, zufolge welcher dem Kloster auf so lange Zeit, als Sr. Majestät, der König nichts anderes verfügen, der sogenannte Kirchengang zu ebener Erde und im I. Stocke, drei Oratorien der Pfarrkirche und zwei Stiegenhäuser überlassen wurden, jedoch vorbehaltlich des Staatseigentums und gegen Übernahme der Bauunterhaltungskosten und unter der Bedingung, daß der Orden die dadurch notwendig werdenden baulichen Abänderungen nach Angabe der Baubehörde auf eigene Kosten vornehme; ferner ist darin die Allerhöchste Genehmigung ausgedrückt, daß der sogenannte Rekreationssaal (vormalige Schulräumlichkeit, jetzige Beichtvater-Wohnung) dem Kloster als Eigentum überlassen werde mit der Verbindlichkeit, daß das Kloster ein neues Schulhaus auf eigene Kosten erbauen lasse.

Die Herstellung der nötigen Klausur bot große Schwierigkeiten, besonders waren es einige Thüren, gegen deren Vermauerung die Dorfbewohner lebhafte Einsprache thaten. Die eine dieser Thüren führte in die Pfarrsakristei, [und jene,] welche im Kirchengange des ersten Stockes, nahe bei der Kanzel war, diente dem Prediger, durch den Kirchengang dahin zu gelangen. Sr. Marie Regis hatte schwere Stunden und Tage, um ihre Gegner zu überzeugen, daß sich diese Ausgänge mit der Klausur durchaus nicht vertragen und erklärte schließlich, daß die Stiftung aufgegeben werden müsse, wenn man nicht in die Vermauerung dieser Thüren willige, worauf sich die Leute ergaben.

Weitere Anstände bot die in der Regierungsentschließung vom 7. September 1846 wiederholt ausgedrückte Zumutung, das Kloster möge die Mädchenschule übernehmen, und man stellte der Sr. Marie Regis vor, wenn sie sich dessen weigerte, würde die Regierung schwerlich in die Überlassung der Schulräumlichkeiten willigen. Sr. Marie Regis ließ sich jedoch nicht überreden, sondern reichte eine bittliche Vorstellung ein, auf daß von diesem Ansinnen Umgang genommen würde, was denn auch geschah.

Der damalige Pfarrer von Beuerberg, Herr Michael Stecher, war der neuen Stiftung durch seinen günstigen Einfluß auf die Dorfbewohner von großem Nutzen. In öffentlicher Versammlung erklärte er die geistlichen und zeitlichen Vorteile, die aus der Gründung dieses Klosters der Dorfgemeinde zufließen und wirkte dahin, daß sie der neuen Ansiedlung freudig entgegensahen.

Feierliche Einweihung des neuen Frauenklosters

Anfangs September desselben Jahres war das Haus unter Leitung der Sr. Marie Regis so weit geordnet, daß die Installation auf den 20. des Monats festgestellt werden konnte. Mère Françoise de Sales Buchstetten führte am 10. Sept. die übrigen

für die neue Stiftung bestimmten Schwestern in ihr neues
III Asyl. Diese waren: Sr. Marie Peregrine Becker als Assistentin,
Sr. Clara Ludovica Riederer, Sr. Ignace de Sales v. Enzenberg,
Sr. Anna Catherine Eberle und Sr. Louise Kostka Häkl, ferner
die Laienschwestern Sr. Maria Anna Neumaier, und fünf No-
VII, VIII vizinnen, nämlich: Sr. Maria Amata Egger, Sr. Louise Raphael
Locher, Sr. Louise Chantal Kiermeier, Sr. Anna Magdalena
Wagenstaller und Josephina de Sales Garnier (welche letztere
wieder austrat), die Windenschwester Sr. Marie Armella Fuchs-
bichler und die Prätendentin Franziska Jaud. [...]

Der ersehnte 20. September nahte nun. Der hochw. Herr Dekan des Orts und die Dorfbewohner waren bestrebt, den Tag der Installation so feierlich als möglich zu begehen. Am Vorabende desselben gaben die guten Landleute ihre Freude über die Gründung dieses Klosters durch eine schöne Beleuchtung kund. Auf dem Hügel, der gegenüber dem Zellengebäude liegt, strahlte ein großes Kreuz, geziert mit dem Wappen unsers hl. Ordens, ein Sinnbild der Aufgabe, die sich die Ordensgenossenschaft stellt, dem Herrn durch treue Hingabe unter dem Segen des Kreuzes zu dienen und die Liebe Christi auch in den Herzen anderer zu entzünden. Früh am Morgen des folgenden Tages schmückten sie den Klosterhof und den Weg zur Kirche mit Blumen und Kränzen, und am Eingange des Hofes war ein Triumphbogen angebracht, und von vielen Seiten sprach man die frohe Überzeugung aus, daß die Errichtung dieses Klosters und Pensionats nicht nur materielle Vorteile bringe, sondern auch geistige Segnungen durch die Teilnahme am Gebete und an den öffentlichen Andachten der Ordensgemeinde und durch den Geist der Frömmigkeit, die von diesem neuen Feuerherde der Liebe Gottes seine Funken ausströmen soll. Um 9 Uhr begab sich der hochwürdige geistl. Rat Dr. Herenäus Haid, Erzbischöfl. Commissarius und geistl. Vater des Klosters, in Begleitung des hochw. Herrn Dekan Michael Stecher und der übrigen assistierenden Geistlichkeit in Prozession zur Klosterpforte, um die Schwestern abzuholen. Herr Graf von Reigersberg, dazumal Landrichter in Wolfratshausen, der von der Regierung beorderte Commissär, und Herr Baron v. Maderny schlossen sich dem Zuge an; ihnen folgten die Bruderschaften des Ortes und viele Dorfbewohner. Unter Glockengeläute nahm der Zug seinen Weg zur Stiftskirche der ehemaligen Augustiner-Chorherrn. Der hochw. Geistl. Rat Haid hielt eine ausgezeichnet schöne Predigt, in welcher er, „die Macht der Religion in den segensvollen Wirkungen ihrer Institute bewies, ein Segen, der sich nicht nur über einzelne Seelen, sondern über ganze Länderstrecken ergießt und gleichsam Wüsteneien in blühende Gärten umwandelt."

Es folgte alsdann die Zeremonie der Installation; die Hymne „Veni Creator" wurde feierlich gesungen, und der hochw.

Geistl. Vater brachte das heiligste Opfer dar, um die Gnade des dreieinigen Gottes über diese neue Pflanzung herabzurufen, auf daß dies geistl. Haus, seiner Bestimmung entsprechend, stets ein Asyl für jene Seelen sein möge, die durch Befolgung der evangelischen Räte die christl. Vollkommenheit anstreben und eine Erziehungsanstalt für die weibliche Jugend, die der gottentfremdenden Strömung unserer Zeit kräftig entgegen wirken und Seelen für den Himmel erobern soll. Den Kindern nicht nur alle für das Leben nützlichen Kenntnisse und schönen Künste beizubringen, sondern vorzüglich jene echte, erhabene Frömmigkeit, die, in hl. Gottesfurcht und Gottesliebe wurzelnd, zur treuen Erfüllung aller Christenpflichten anleitet, den Charakter bildet und veredelt und zu solider Tugend führt; diesen Geist der Frömmigkeit, den der hl. Franz v. Sales in seiner Philothea so lieblich darstellt, wieder zu beleben und zu verbreiten: Das soll Grundzug der Erziehung in den Pensionaten der Töchter des hl. Franz v. Sales sein.

Bei der hl. Messe empfingen die Schwestern die hl. Kommunion; nach derselben wurde das Te Deum gesungen, worauf die kleine Gemeinde in ihre neue klösterliche Heimat einging und sich in das Gemeindezimmer verfügte, wo der von der Regierung beorderte Commissär, Herr Graf Reigensberg im Namen Sr. Majestät, des Königs, die Constituierung des Klosters bestätigte und die Erziehungsanstalt für eröffnet erklärte.

So war nun das hl. Vorhaben gelungen, ein ehemaliges Gotteshaus wieder für den Herrn erobert. Zwar sind es nicht mehr die ehrwürdigen Chorherrn unter der Regel des hl. Augustinus, die das hl. Haus bewohnen und den Segen ihrer priesterlichen Wirksamkeit verbreiten, wohl aber ist es eine Schaar gottgeweihter Jungfrauen, denen ihr hl. Ordensstifter die Regel des hl. Augustinus gab, welche sich bemühen, durch Befolgung der evangelischen Räthe die christliche Vollkommenkeit anzustreben und der hl. Kirche Hilfe zu leisten durch Gebet und durch die christliche Erziehung und Bildung der Jugend – und so wirkt die Stiftung der frommen Brüder Iring, wenn auch nach Gottes Rathschlusse in anderer Form – unter der segnenden Hand des Herrn und unter dem Schutze der jungfräulichen Gottesmutter fort, und gebe der Herr, daß sie stets jenem Bauern gleiche, der „am Wasser gepflanzt und im feuchten Grunde wurzelnd sich nicht fürchtet, wenn die Hitze kommt und grün bleibt, und dessen Früchte nicht aufhören."

Notizen über die Einführung unsers hl. Ordens in Bayern.

I. Stiftung unseres Klosters in München.

Fünf und fünfzig [45] Jahre nach dem Tode unseres hl. Stifters, Franz v. Sales und sechs und zwanzig Jahre nach dem Tode unserer hl. Stifterin Johanna Francisca v. Chantal, im Jahre des Heiles 1667, gefiel es dem Herrn, einen Zweig unseres hl. Ordens nach Bayern zu verpflanzen.

Die fromme Kurfürstin Adelheid, geborene Prinzessin von Savoyen und Piemont war von der göttlichen Vorsehung ausersehen, dies hl. Werk zu vollbringen. Sie hatte eine große Andacht zum hl. Franz v. Sales und beschloß daher, zwei Klöster des von ihm gestifteten Ordens in Bayern zu errichten, pflog diesbezüglich die nötigen Unterhandlungen mit Papst Alexander VII. (: welcher Papst den hl. Franz v. Sales heilig gesprochen hatte :) und mit dem Bischofe von Vercelli und erwirkte die Bestätigung der Einführung des Ordens in Bayern durch die Bulle von

Kl. Lintrams-zell von Eberh. Fugger P. 63.

Mutter Maria Regis Dopfer – die Gründungsoberin von Beuerberg

Wir wollen vor allem diejenige näher kennen zu lernen, welche der Herr zur ersten Oberin und Mutter dieses Hauses aussaht; dazu drängt Dankbarkeit und Pietät.

Maria Regis Dopfer war geboren zu Kempten, am 16. Mai 1803 IV
und erhielt in der Taufe den Namen Augusta. Sie war das jüngste von drei Kindern und verlor frühe ihren Vater, der bei der Verwaltung einer Kasse angestellt gewesen war. Ihre Mutter, eine schlichte, rüstige christliche Frau, erzog ihre Kinder etwas strenge und hätte Augusta gern zu einer tüchtigen Hausfrau herangebildet; aber das Mädchen zeigte mehr Kunst zum Lernen, als zu häuslichen Beschäftigungen und ihr Eifer, verbunden mit vorzüglichen Anlagen, erzielte schöne Erfolge, so daß sie sich mit Vorliebe dem Lehrfache zuwandte. Die Mutter, unzufrieden mit der Richtung ihrer Tochter, wenn diese manchmal über ihren Studien der häuslichen Arbeiten vergaß, oder den gestirnten Himmel betrachtend gefunden wurde, rief dann beklommen aus: „Meine Gusti, was wird aus dir werden!"

Nachdem Frl. Auguste das Examen in der deutschen Sprache sehr gut bestanden und rühmliche Zeugnisse erhalten hatte, kam sie zu einer befreundeten Familie nach Regensburg, um sich in verschiedenen Handarbeiten noch mehr einzuüben; es war ihr hier auch Gelegenheit geboten, mehrere hervorragende Männer, wie die Bischöfe Sailer[8], Widman[9], Schäbl[10], Minister v. Schenk[11], kennenzulernen, deren Gunst ihr in späteren Jahren noch öfter gut zu statten kam. Das junge Mädchen konnte keine Freude finden an der Welt; es zog sie zu Höherem, Edleren; sie fühlte den Drang, sich ganz dem Herrn zu weihen in einem Kloster, das nebst der Selbstheiligung die Erziehung der Jugend zur Aufgabe hat und hoffte, ihr Ziel im Institute der Englischen Fräulein zu erreichen, denn sie meinte, ihre kleine Mitgift reiche nicht hin, in einem anderen Kloster Aufnahme zu erhalten; auch war ihr kein anderes bekannt.

8 Der bedeutende Theologe Johann Michael Sailer (1751–1832), der durch seine Schriften weit bekannt und verehrt wurde und großen Einfluss auf die Priesterausbildung und das priesterliche Selbstverständnis seiner Zeit hatte, war ab 1829 Bischof von Regensburg.

9 Georg Michael Wittmann (1760–1833), seit 1829 Weihbischof in Regensburg, wurde 1832 von König Ludwig I. zum Nachfolger des verstorbenen Bischofs Sailer ernannt; er starb jedoch noch vor Eintreffen der päpstlichen Bestätigung 1833. Wittmann starb im Ruf der Heiligkeit; sein Seligsprechungsprozess wurde 1956 eingeleitet.

10 Franz Xaver Schwäbl (1778–1841) war seit 1833 bis zu seinem Tod Bischof von Regensburg.

11 Eduard von Schenk (1788–1841), der in seiner Jugend von der Theologie Sailers geprägt wurde und als junger Mann zum Katholizismus konvertierte, wurde ein bedeutender Staatsmann in der bayerischen Regierung (u.a. Geheimrat, Innenminister, Reichsrat) und war ein enger Vertrauter König Ludwigs I.

So trat sie in Altötting ein, erhielt dort das geistliche Kleid und legte dann die in der Kongregation üblichen Gelübde ab. Sieben Jahre verblieb sie dort und wirkte als tüchtige Lehrerin mit unermüdlicher Thätigkeit und großem Eifer. Doch ihre Seele fand nicht volle Befriedigung; ihr Sehnen ging nach einem mehr verborgenen Leben, nach einem klausierten Kloster.

Da traf es sich, daß einige Schwestern von der Heimsuchung durch Altötting reisten. Durch diesem Anlaß waren ihre Zweifel und ihre Unruhe beseitigt; sie erkannte, was sie zu thun habe, bat um Aufnahme in unserm Kloster zu Dietramszell und erhielt dieselbe. Die Trennung von ihren Mitschwestern war ihr ein schweres Opfer, denn sie hatte sich deren Liebe und Achtung in hohem Grade erworben; aber sie folgte mutig dem erkannten Willen Gottes und trat im September 1833 in ihr neues Heim ein. Während ihrer Probezeit trug sie noch das Kleid der Englischen Fräulein; am 25. November dieses Jahres vertauschte sie es gegen unser heiliges Ordenskleid und erhielt den Namen Marie Regis. Am 26. November folgenden Jahres legte sie die hl. Gelübde ab.

Ihre Tüchtigkeit im Lehrfache und ihre vorzüglichen Eigenschaften als Erzieherin fanden allgemeine Anerkennung, und so wurde Sr. Marie Regis bald zur Obermeisterin ernannt, in welchem Amte sie noch mehr Gelegenheit fand, ihre Talente und ihren Eifer für das Heil der jugendlichen Seelen zu entfalten. Mit großer Opferwilligkeit und Hingabe widmete sie sich den vielen und schweren Pflichten, bewies den Zöglingen mütterliches Interesse, wirkte mit allen ihr zu Gebote stehenden Mitteln auf die Bildung ihres Herzens und Geistes und ließ sich auch ihr körperliches Wohl gewissenhaft angelegen sein. Die Zöglinge hingen an ihrer Obermeisterin mit großer Liebe und Verehrung, und das Pensionat nahm zu an Zahl der Zöglinge und an segensreicher Wirksamkeit.

Doch schon nach drei Jahren sollte sie ihre Kräfte einem neuen, schwierigeren Wirkungskreise weichen. Es wurde das Kloster Pielenhofen, bei Regensburg, gestiftet, und Sr. M. Regis erhielt die Bestimmung, bei diesem wichtigen Werke im Amte einer Assistentin thätig zu sein. Diese Stiftung bot, wie das bei solchen Unternehmungen gewöhnlich der Fall ist, große Mühen und Beschwerden. Trotz ihrer schwankenden Gesundheit verwaltete sie nebst dem Amte der Assistentin auch das der Obermeisterin des Pensionates und schöpfte in ihrer unbedingten Hingabe an den Herrn immer neuen Mut und Kraft, ihrer Aufgabe gerecht zu werden. Bald blühte auch in Pielenhofen mit dem Kloster ein Pensionat auf, und wie in Dietramszell, so gewann auch hier Sr. M. Regis die Herzen ihrer Zöglinge zu deren Heile.

Nach 5 Jahren eines rastlosen Wirkens in Pielenhofen wurde sie in Dietramszell zur Oberin erwählt und so in ein neues Feld der Thätigkeit versetzt. Sie waltete des neuen Amtes mit unverdrossenem Eifer und gewann sich die Anerkennung, Achtung und Liebe der Schwestern und Auswärtigen in hohem Maße; und als nach drei Jahren bei der Wahl der Oberin die Stimmen auf Mère Fr. de Sales v. Buchstetten fielen, war die Unterhandlung mit Herrn Baron Maderny behufs Ankauf unserer Klosterräumlichkeiten bereits eingeleitet und Sr. M. Regis als Oberin für das neu zu errichtende Haus ausersehen. Das ist in Kürze der bisherige Lebensgang unserer ersten Mutter und Oberin. Wir wollen in Liebe und Dank der vielen Sorgen und Mühen gedenken, die sie mit Erwerb und bei Beginn dieses Hauses zu tragen hatte, und Gott bitten, ihr reicher Lohn dafür zu sein.

Bau und Weihe der Klosterkirche

Das Kloster war nun gegründet; es sollte nun auch die genaue Observanz nach allen Richtungen hin eingeführt werden; denn – hatte auch Mère M. Regis während ihres 3monatlichen Hierseins die zur Installation nötigsten Vorkehrungen getroffen, so blieb gleichwohl noch Vieles zu thun, um das Haus zu einem wahren Kloster der Heimsuchung zu gestalten. Es mußte vor allem Chor und Kirchlein, sowie ein neues Schulhaus auf Kosten des Klosters gebaut werden. Denn nur unter dieser Bedingung wurde der sogenannte Rekreations-Saal (jetzige Beichtvater-Wohnung), wohin die Dorfschule verlegt worden war, von der Regierung dem Kloster überlassen. Vorläufig mußte der westliche Flügel der Klostergebäude der Schule eingeräumt werden und wohnte auch der Lehrer mit Familie dort. Die Gemeinde Beuerberg wählte für das neu zu erbauende Schulhaus einen Platz, der Aussicht in einen Teil des Klostergartens bot und somit die Klausur gefährdet gewesene wäre.

„Wir verdoppelten unser Gebet", sagt das erste Cirkularschreiben der lieben M. M. Regis, „hielten Novenen [durchgestrichen: Neuvaines] und Prozessionen zum hl. Joseph, zu unsern hl. Stiftern, zur hl. Filumena, zum hl. Regis, verrichteten verschiedene Tugendübungen [durchgestrichen: machten Praktiken], und M.M. Regis hatte die Einsprechung, das Kreuz, das uns zu Bußwerken im Refektor dient, während der Nacht durch die Gänge des Klosters zu schleppen; auch versprach sie, zu Ehren des hl. Franz Regis einen Altar in dem zu gewinnenden Gange zu errichten; und unser vertrauensvolles Gebet und unsere Opfer wurden nicht zu schanden." Die energische

Kloster in Moselweiss.
Kloster in Thurnfeld.
Kloster in Chotieschau.
Abys.
Gründung von Thurnfeld in Tyrol
am Herz Jesu=Fest, 11. Juni, 1858
durch die Mutter
Maria Peregrin Becker.
Gründung von Moselweiss am Fest
des hl. Joseph, 19. März, 1863.
durch die Mutter Mar. Regis Dopfer.
Schloss Cotischau 1878 – 1888
Zufluchtsort der Gemeinde von
Moselweiss im Kulturkampf,
dann selbstständiges Kloster
unter der Oberin
Luise Adelheid Bonn.
Stiftung des Klosters
Des Abys
in Belgien, durch die
Mutter Fr. Sal. Wanner
im April 1874.

Protestation des Herrn Baron Du Prel und sein kluges Vorgehen in dieser Sache bewirkte, daß die Gemeinde Beuerberg von ihrem Ansinnen abstand; es fand sich endlich ein tauglicher Platz für das Schulhaus, der Plan wurde genehmigt und der Bau in Angriff genommen.

Die Gründung dieses Klosters fiel in Jahre, die infolge der politischen Wirren so reich an Schrecknissen, Gefahren und Umwälzungen waren; doch – „wir bauten ruhig fort," sagt das Cirkular – im Vertrauen auf den Schutz der göttlichen Vorsehung. Die Arbeiter, 74 an der Zahl, waren teils vom hiesigen Orte, teils von der Stadt, und viele aus ihnen waren angesteckt vom Geiste des Aufruhrs, der sich aller Schichten des Volkes bemächtigte. Es entstand Streit unter ihnen, der so heftig wurde, daß es zu Verwundungen kam. Man riet M. M. Regis, das Gericht zu Hilfe zu rufen. Aber sie wollte vorher ein milderes Mittel versuchen, versammelte die Arbeiter und stellte ihnen nachdrücklich vor, der Bau sei ein Haus des Herrn, der ein König des Friedens ist, und eine Wohnung der Bräute Christi, und daß sie gesonnen sei, eher augenblicklich den Bau einstzustellen, als ihn unter solchen Umständen fortzuführen. Es herrschte, während sie redete, große Stille; manche waren gerührt, alle betroffen; sie gingen ruhig an ihre Arbeit, und es kam keine weitere Störung mehr vor. [...]

Am 25. Jan. des Jahres 1847 nahm S. Exzellenz, der neu erwählte Hochwürdigste Herr Erzbischof Karl August, Graf v. Reisach, feierlichen Besitz von dem bischöflichen Stuhle. S. Exzellenz ernannten unterm 12. März den Hochw. H. Dr. H. Haid zu unserm geistlichen Vater und beehrte die Gemeinde und das Kloster am 19. März d.J. mit dem ersten Besuche. Der hohe Oberhirte bezeigte der Gemeinde huldvolle Gewogenheit und Güte, bot Gelegenheit, über die Anliegen des Hauses zu sprechen und versprach, bald wieder zu kommen, und dieser nächste Besuch sollte die hohe Feier der Consecration unseres Kirchleins zum Hauptzwecke haben.

Dieser heiß ersehnte Tag brach endlich an. Am 13. Juli traf S. Excellenz zur Vornahme des hl. Aktes ein und wurde von der Geistlichkeit, vom Landvolke und von unsern Zöglingen aufs feierlichste empfangen. Das Kirchlein prangte in seinem schönsten Schmucke, „gleich der Braut, die den Bräutigam erwartet", sagt das erste Cirkularschreiben. — Die Glocke (96 Pfund schwer) war schon am 4. September v. J. durch den Hochsel. Erzbischof Lothar Anselm „in honorem beati Francisci Salesii" geweiht und Kelch und Patene von Sr. Eminenz dem päpstlichen Nuntius C. A. Morichini am 20. Sept. v. J. consecriert worden.

Abends 7 Uhr brachte S. Excellenz in Begleitung von 8 Priestern die hl. Reliquien in den Chor, wo dieselben auf dem mit Teppich, Blumen und Lichtern geschmückten Tisch die Nacht über bewahrt wurden. S. Exzellenz hielt vor denselben mit der assistierenden Geistlichkeit Mette und Laudes, und unsere Schwestern wohnten hinter den Chorstühlen bei; dann beteten wechselweise je zwei Schwestern die ganze Nacht vor denselben; auch hatte die Klostergemeinde am Vorabende Fasttag.

Tags darauf nahm S. Excellenz den hl. Akt der Consecration
unter Assistenz von 15 Priestern mit hoher Würde vor. Das
Kirchlein wurde geweiht zu Ehren Mariä Heimsuchung, wel-
V, VI ches Geheimnis auf dem Hochaltare dargestellt ist, sowie auch
zu Ehren der hl. Maximus, Jucundus und Vinzentia, deren
Reliquien in dem Choraltare ruhen.

„O welche Wonne erfüllte mein Herz an diesem dreimal glücklichen Tage! Das Kirchlein, errungen unter so vielen Mühen und Sorgen, ist nun die hl. Stätte, wo das anbetungswürdige Opfer dargebracht wird, und ein Meer der Gnaden sich fort und fort ergießen soll.“ So schrieb Mère M. Regis im ersten Cirkulare. Ja wohl mochte unserer ersten Mutter und unsern lieben Schwestern der Vers des Psalmes aus der dankerfüllten Seele strömen: „Der Sperling fand ein Obdach und die Turteltaube ein Nest ... ich, o mein Gott deine Altäre“, und wie mochten ihnen die Worte der Schrift bei der Tempelweihe Salomons vor Augen stehen: „Mein Auge und mein Herz wird hier sein immerdar!“

Wie waren diese Worte zur Wahrheit geworden durch die Ge-
genwart des lebendigen Gottes im allerheiligsten Sakrament
des Altares! Wir glückliche Töchter jenes Ordens, dem der
Herr Sein Herz in besonderer Weise geschenkt hat, auf daß
Herz zum Herzen reden, Herz am Herzen ruhen könne! Der
IX Himmel hatte sich zur Erde herabgeneigt!

Abbildungen — Achtes Kapitel

I Kloster und Dorf Beuerberg, um 1860

II Das Augustiner-Chorherrenstift Beuerberg im 18. Jahrhundert

HEUT vor 25 Jahr
20.

III Einzug der Gründungsschwestern von Dietramszell nach Beuerberg, 1846

IV Mutter Maria Regis Dopfer, die Gründungsoberin von Beuerberg (1803–1867)

Dieser folgte Mère Françoise de Sales v. Buchstætten, welche der Gemeinde durch sechs Jahre vorstand. Im Jahre 1843 fiel die Wahl auf Soeur Marie Regis Dopfer. Der wichtigste Akt während der drei Jahre ihrer Amtsführung war die Einleitung zur:

VII.

Stiftung unseres Klosters zu Beuerberg.

Es verhielt sich damit also: Unter der Regierung König Ludwig I. gewann das religiöse Leben namentlich auch durch Wiederherstellung und Aufblühen vieler Klöster großen Aufschwung. Der Wert einer sorgfältigen, christlichen Erziehung und Bildung der Jugend, dieses Hauptmittels zur Begründung des Glückes der Völker, machte sich wieder geltend, und so kam es, daß viele Pensionnate für weibliche Erziehung entstanden und ihren segensreichen Einfluß ausübten. Unter den gesuchtesten war das Klosterinstitut Dietramszell. Der Geist der Milde, der den heiligen Ordensstifter Franz von Sales charakterisiert und in seinen geistlichen Töchtern fortleben und wirken soll, hatte so viele Aspirantinnen und Zöglinge herbeigezogen, daß die Räume des Hauses nicht mehr genügten, selbe zu beherbergen und daher die Stiftung eines zweiten Salesianerinnenklosters in Oberbayern von vielen Seiten gewünscht wurde, auch als ein Werk erschien, wodurch die Ehre Gottes und das Heil der Seelen in hohem Maße gefördert werden könne. Somit dachte man in Dietramszell an eine neue Stiftung, und bald war ein passender Ort und ein geeignetes Lokal gefunden.

Das verödete Augustiner-Chorherrn-Stift Beuerberg, damals im Besitze des Freiherrn von Maderny, wurde der Mère Marie Regis Dopfer zu dem Zwecke angeboten.

Die Entstehung dieses Stiftes und dessen frühere Schicksale erzählt uns ausführlich der hochwürdige Herr Pfarrer Peter Pfatrisch in seiner Geschichte des Chorherrnstiftes Beuerberg. Wir entnehmen derselben nur einige Stellen, die uns eine gedrängte Übersicht bieten. Die Gründung desselben fällt in das Jahr 1121. Die Chronik nennt Otto, Edlen und Freien von Iring und seine beiden Brüder Eberhard und Konrad, sowie deren Mutter Bertha, als Stifter desselben. Der damals die heilige Kirche Gottes regierende Papst Calixt II. bestätigte das Stift und stellte es laut Konfirmationsbulle unter den Schutz des heiligen Petrus, und diese Bulle, von Sr. Heiligkeit eigenhändig unterzeichnet, trägt das Datum des 30. März 1121. Zwar erwähnt die päpstliche Bestätigungsbulle nur der Regularbrüder und ist somit ein bestimmter Orden, dem die

V Heimsuchung Mariens aus dem Hochaltar der Beuerberger Klosterkirche, 1846

VI Der Chorraum der Klosterkirche von Beuerberg um 1920

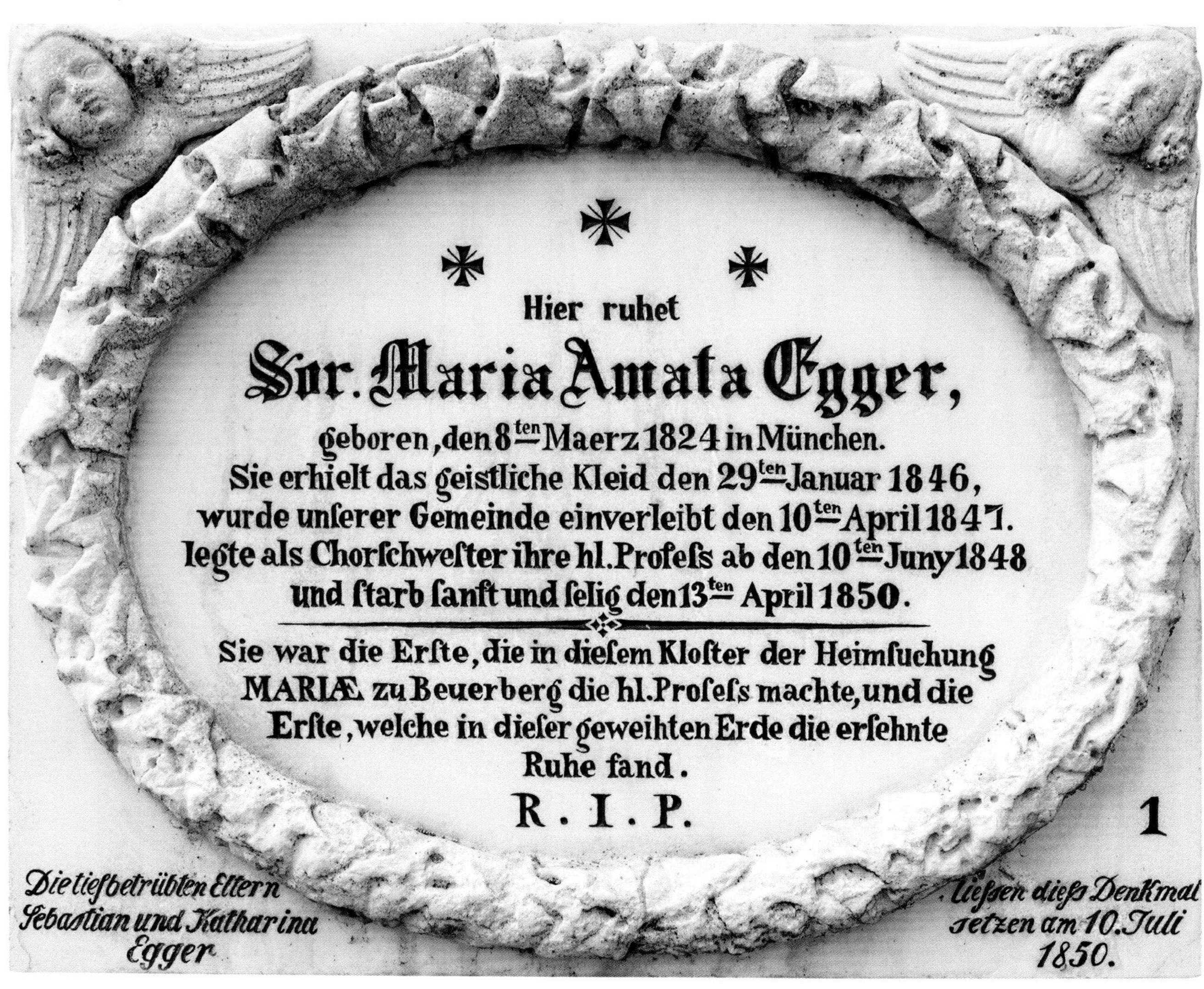

VII Grabstein der Schwester Maria Amata Egger (gest. 1850) auf dem Beuerberger Schwesternfriedhof

VIII Seelengeleit (Die Seelen junger Frauen werden in den Himmel geleitet), 1848

IX Christus in der Glorie über Kloster Beuerberg, 19. Jahrhundert

I

Kloster Beuerberg
Um 1860
Aquarell, ca. 21 × 28 cm
Kloster Beuerberg

Die idealisierte Ansicht mit in Tracht gekleideten Dorfbewohnern zeigt das Kloster, das sich dominierend über den geduckten Bauernhäusern erhebt. Links des Turmes ist die von den Salesianerinnen 1847 angebaute Klosterkirche zu sehen. Rechts steht bereits außerhalb des Klosters die barocke Friedhofskirche.

II

Ansicht des Klosters Beuerberg (Ausschnitt)
Mitte/2. Hälfte des 18. Jahrhunderts
Öl auf Leinwand, 40 × 130 cm
Kloster Beuerberg

Das Gemälde, das wegen seines Formats wohl als Supraporte über einer Tür hing, zeigt das Augustiner-Chorherrenstift nach dem barocken Neubau des Klosters, der sich ab 1729 bis um die Mitte des 18. Jahrhunderts hinzog. Rechts ist außerhalb der Klostermauer die Pfarrkirche St. Maria zu sehen, links die nicht erhaltene Kreuzkapelle mit dem Friedhof der Chorherren.

III

Einzug der Gründungsschwestern von Dietramszell nach Beuerberg 1846
Beuerberg, 1871
Kreidezeichnung und Aquarell auf Papier, 31 × 41 cm
Kloster Beuerberg

Zum 25jährigen Gründungsjubiläum von Kloster Beuerberg malte eine unbekannte Schwester den Umzug von Dietramszell in das neue Kloster als eine segensreiche Übersiedlung, begleitet von einem Engel, der Muttergottes und unter den Augen des Jesuskindes. Die namentlich benennbaren Schwestern schreiten ihrem Rang nach den Weg über die Loisach zum Kloster empor.

IV

Mutter Maria Regis Dopfer
Um 1867
Öl auf Leinwand, 107 × 88 cm
Kloster Beuerberg

Das Porträt der Gründungsmutter von Beuerberg zeigt Maria Regis Dopfer als selbstbewusste Oberin, deren große Tatkraft hier deutlich zum Ausdruck kommt. Die Inschrift weist sie als Gründerin von Beuerberg sowie dem Kloster Moselweiß bei Koblenz aus, wo sie 1867 auch starb. Das Porträt wurde vermutlich nach ihrem Tod nach einer Fotografie angefertigt. Die französische Inschrift macht deutlich, dass unter den Salesianerinnen bis in das 20. Jahrhundert Französisch als Umgangssprache üblich war.

V

Heimsuchung Mariens
Franz Xaver Glink, München, 1846
Öl auf Leinwand, 225 × 150 cm
Kloster Beuerberg

Das Gemälde diente als Altarbild für die 1846 neu gebaute Klosterkirche. Die Eltern und der Großvater der Schwester Maria Amata Egger stifteten das Gemälde als Professgeschenk. Das monumentale Altarbild in seiner klaren, leuchtend bunten Darstellung der Begegnung von Maria und Elisabeth ist ein schönes Beispiel für die spätnazarenische Malweise von Glink, der neben einem großen Oeuvre an religiösen Bildern auch an der Ausstattung von Schloss Hohenschwangau arbeitete.

VI

Der Hochaltar der Klosterkirche von Beuerberg
Aufnahme um 1920
Kloster Beuerberg

Die Aufnahme zeigt den Chorraum der Klosterkirche mit dem damals noch vollständig erhaltenen neugotischen Hochaltar von 1847. Bei der Umgestaltung der Kirche in den 1970er Jahren wurden dem Zeitgeschmack entsprechend alle Altäre entfernt, lediglich die Altarbilder wurden wiederverwendet und ungerahmt an die Wände gehängt.
[Foto: Archiv Kloster Beuerberg]

VII

Grabstein der Schwester Maria Amata Egger
Nach 1850
Kloster Beuerberg

Schwester Maria Amata Egger, deren Familie das große Gemälde der Heimsuchung Mariens für die neue Klosterkirche stiftete, war als Novizin mit den Gründungsschwestern nach Beuerberg gekommen und legte dort 1847 als eine der ersten Schwestern die Profess ab. Bereits 1850 starb Maria Amata und wurde als erste Schwester auf dem Beuerberger Friedhof begraben. Wohl aus diesem Grund ist ihre ungewöhnlich aufwendige Grabinschrift über alle Umgestaltungen der Ruhestätte bis heute erhalten.

VIII

Seelengeleit
Franz Xaver Glink, 1848
Öl auf Leinwand, 160 × 110 cm
Kloster Beuerberg

Die Seelen junger Frauen werden von Engeln in den Himmel geleitet. Rechts befinden sich verehrte Heilige des Heimsuchungsordens: Margareta Maria Alacoque, Augustinus, Ignatius von Loyola und Aloysius von Gonzaga. Im Himmel erscheinen Christus und Maria in Begleitung des Evangelisten Johannes. Bedenkt man den Tod zahlreicher junger Schwestern, die im 19. Jahrhundert schweren Krankheiten zum Opfer fielen, erklärt sich dieses Gemälde als Bild des Trostes, der Hoffnung und der Zuversicht.

IX

Christus in der Glorie über Beuerberg
2. Hälfte des 19. Jahrhunderts
Öl auf Leinwand, 49 × 36 cm
Kloster Beuerberg

Das kleine, sehr fein gemalte Gemälde – vielleicht die Skizze für ein geplantes großformatiges Bild – zeigt das neugegründete Salesianerinnenkloster Beuerberg unter dem Schutz und Segen des himmlischen Heilands und seiner Engel.

Nachwort

Die Chroniken der Salesianerinnen von München bis Beuerberg

Annalen des Klosters
St. Joseph
zu Zangberg.
I. Theil.
München, Indersdorf, Dietramszell.

I

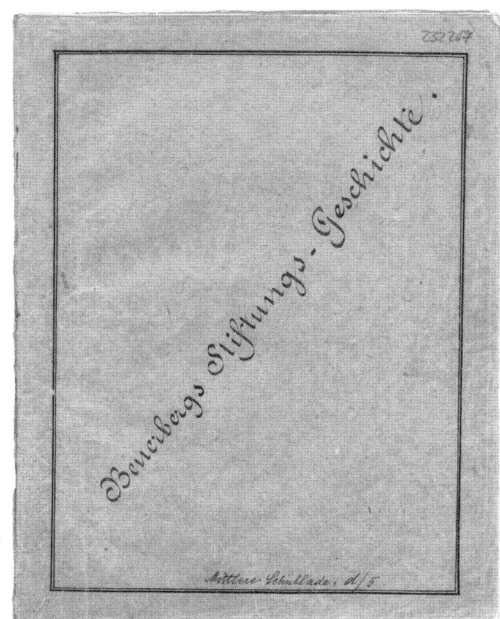
Beuerbergs Stiftungs-Geschichte.

III

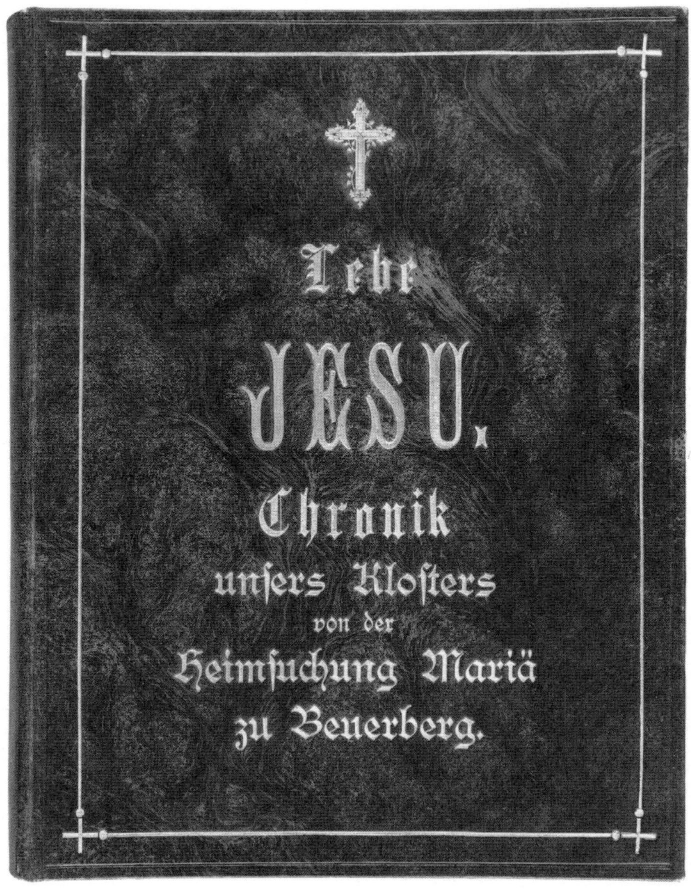
Lebe
JESU,
Chronik
unsers Klosters
von der
Heimsuchung Mariä
zu Beuerberg.

II

Die Geschichte des Heimsuchungsordens in Bayern, die hier in Ausschnitten von der Gründung des ersten Klosters in München 1667 bis zur Kirchenweihe im Kloster Beuerberg 1847 wiedergegeben wird, beruht im Wesentlichen auf zwei archivalischen Quellen. Der überwiegende Teil stammt aus aus dem ersten Band der handschriftlichen, prächtig geschmückten Chronik, den „Annalen des Klosters der Heimsuchung Mariä zu Zangberg", welches die Salesianerinnen des Klosters Zangberg – 1862 von Kloster Dietramszell aus besiedelt – im späten 19. Jahrhundert erstellten. Das hat seinen Grund nicht darin, dass diese „Zangberger Annalen" so prächtig ausgestattet sind, sondern weil sie so ausführlich die Geschichte der Salesianerinnen seit ihrer Reise von Italien nach Bayern, von München über Indersdorf nach Dietramszell und von dort aus in die neuen Klöster in Beuerberg, Zangberg und weiteren Orten schildern – ausführlicher, als dies die Beuerberger Chronikhefte tun.

Am Ende des ersten Bandes der Zangberger Annalen heißt es im Kapitel „Wie unsere Kloster-Chronik enstanden ist", dass das Haus nach einem lang gehegten Wunsch der Mutter Maria Gonzaga Mägelen[1] wie die alten Mönchs- und Nonnenklöster eine mit Bildern und Initialen geschmückte Chronik besitzen sollte. In dieser sollte das aus unterschiedlichen Archivalien und Primärquellen zusammen getragene Wissen um die Geschichte der Ordensgemeinschaft in einer chronologisch fortlaufenden Erzählung vorgestellt werden. 1865, drei Jahre nach dem Umzug nach Zangberg, begann die Arbeit am ersten Band, wurde aber nach dem neunten Kapitel (das die Gründung des Tochterklosters Rovereto 1746 beschreibt) unterbrochen, da vorerst die Geschichte des Klosters Zangberg selbst behandelt, und dann erst die Vorgeschichte fortgesetzt werden sollte. Dass die daran arbeitenden Schwestern gleichzeitig als Lehrerinnen in der Mädchenschule beschäftigt waren, verzögerte den Arbeitsablauf zusätzlich. So dauerte es bis 1900, dass der erste Band vollendet war.

Zur Chronistin – eigentlich Synoptikerin – war Schwester Maria Seraphica von Brentano bestimmt. Als sie begann, die historischen Quellen zu sichten und für ihre Chronik zusammen zu tragen, war sie knapp 25 Jahre alt und, wie sie selbst schreibt, unerfahren, „hatte wenig Quellen oder kannte sie nicht, und nahm in ihrer Unerfahrenheit ... manche vorliegende Notizen ohne weiteres Forschen und Prüfen in ihren Bericht auf".[2] Das hatte zur Folge, dass nach dem sechsten Kapitel einige Ergänzungen und Berichtigungen eingeschoben werden mussten. Dass die Arbeit an diesem Band bis 1898 liegenblieb, hatte den Vorteil, dass die Chronistin inzwischen mehr Kenntnisse auf ihrem Gebiet gewonnen hatte und professioneller weiterschreiben konnte. Dabei war Schwester Maria Seraphica Brentano (1840–1927) die schriftstellerische und editorische Tätigkeit bereits sozusagen in die Wiege gelegt. Geboren 1840 als Claudine Brentano, war sie über ihren Vater Christian die Nichte zweier der bedeutendsten Schriftsteller der deutschen Romantik: Clemens Brentano und Bettina von Arnim. Ihre Mutter Emilie Brentano geb. Genger wurde später bewahrende Erbin und kluge Herausgeberin des schriftstellerischen Nachlasses Clemens Brentanos. Wie die gesamte Brentano-Familie, so war auch dieser Familienzweig in einem gleichermaßen intellektuellen wie zutiefst mystischen katholischen Glauben tief verwurzelt. Dass Claudine und ihre älteren Schwestern in den 1850er Jahren im Pensionat der Salesianerinnen zu Dietramszell erzogen wurden, spricht für den gehobenen Charakter dieses Klosterpensionats. 1859 trat die junge Claudine, die als klein und zierlich und von großer Wissbegier beschrieben wird, nach inneren Gewissenskämpfen unter dem Ordensnamen Maria Seraphica in das Kloster Dietramszell ein. Auch ihre verwitwete Mutter Emilie schloss sich später als Soeur agregée dem Salesianerinnenkloster an. Schwester Maria Seraphicas Chronistenarbeit fand ihren Abschluss in dem grundlegenden Werk zur Geschichte der bayerischen Salesianerinnenklöster, die anonym veröffentlichte „Kurze Geschichte des Ordens von der Heimsuchung Mariä in Bayern", Regensburg 1897 (2. Aufl. 1910).

Mit der Ausschmückung der Zangberger Annalen betraute Mutter Maria Gonzaga die Schwestern Marie Mechtild Marc und Marie Paula Recknagel; auch sie selbst wollte „von Anfang an ihren Pinsel der Sache weihen".[3] Später verstärkte Schwester Rosa Maria Geiger die Gruppe der Künstlerinnen. Doch nach Aussage der Chronistin waren die Malerinnen zwar voll guten Willens, aber ungeübt und – abgesehen von einigen illustrierten Lesebüchern und einem Blatt mit mittelalterlicher Schrift – zunächst ohne Anschauungsmaterial. Im Lauf der Zeit kamen die Schwestern aber in den Besitz einer illustrierten Bibel und einer kleinen Sammlung von Bildern, Ornamenten und Initialen, auf die sie vor allem für den zweiten und dritten Band der Annalen zurückgreifen konnten.

Von der Chronistin in diesem Abschnitt nicht genannt, aber im ausführlichen Inhaltsverzeichnis erwähnt sind noch weitere Malerinnen, nämlich die Schwestern Maria Antonia von Kiliani, M. Al. (Marie Aloysia von Lerchenfeld?), Marie Augustine Fries, Marie Odilie Kronstaller, Marie Antonie Hofinger, Marie Agnes Dreselly, Marie Hedwig v. Savigny, Marie Theresia Dosch, Maria Gertrud von Pereira, außerdem die Baronin Marie von Lerchenfeld-Aham.

Als Schreiberinnen, die die Chronik ins Reine übertrugen oder einzelne Schreiben in Schönschrift einfügten, sind genannt die Schwestern Marie Odilie Kronstaller (Kapitel 10, 11, 13, 14, 16, 21), Maria Franziska Märklstetter (17, 18, 20), Marie Benedikta Endres (12, 15, 19, 22), Maria Aloysia v. Lerchenfeld (23), Marie Seraphica Brentano (1–9, 24), Marie Gabrielle Poiret (25), Theresia Emmanuela Deisenhofer (26), Klara Maria Diez und Maria Ignazia Friesenegger.

Als Quellen für die Annalen standen in erster Linie die im Klosterarchiv verwahrten Dokumente, die Zirkularschreiben des eigenen und der auswärtigen Klöster, Urkunden, Korrespondenzen mit der weltlichen und geistlichen Obrigkeit, außerdem Akten aus dem gräflich Spretischen Archiv Weilbach (zum Leben der Oberin Johanna Carolina Spreti, gest. 1837) zur Verfügung. Dazu kamen noch gedruckte Werke: Ludwig Muggenthaler, *Der Schulorden der Salesianerinnen in Bayern von 1667–1831,* Bamberg 1895; Eberhard Graf von Fugger, *Kloster Dietramszell. Nach Urkunden und Chroniken 1098–1880,* München 1880; J. M. Forster, *Das gottselige München, d.i. Beschreibung und Geschichte der kath. Kirchen und Klöster Münchens in Gegenwart und Vergangenheit,* München 1895; Anton Mayer / Georg Westermayer, *Statistische Beschreibung des Erzbisthums München-Freising,* 3 Bde., 1874–1884; *Der Kalender für katholische Christen,* erschienen in Sulzbach (daher *Sulzbacher Kalender* genannt) seit 1841; das Pastoralblatt für die Erzdiözese München-Freising 1863, sowie einzelne Zeitungsartikel.

Das Vorhaben, im Zeitalter der Industrialisierung die Geschichte der eigenen Ordensgemeinschaft als geradezu mittelalterliche, handgeschriebene und gemalte Chronik zu verfassen, mag den einen bewundernswert erscheinen, anderen vielleicht naiv. Als einzigartiges Quellenwerk zur Geschichte der Salesianerinnen in Bayern, mit Randzeichnungen und Illustrationen, die in ihrer fragilen Schönheit etwas von dem klösterlichen Leben in Arbeit und Zurückgezogenheit spürbar werden lassen, sind die Zangberger Annalen ein bis heute gehüteter Schatz. Dem Wunsch der Chronistin, niedergeschrieben auf der letzten Seite des gewaltigen Werkes, können sich die Herausgeber dieses Bandes nur anschließen.

Dieser Annalenband enthält 46 Bilder und Federzeichnungen, 52 größere Initialen, 28 Vignetten oder Kapitelschlüsse, 4 Planzeichnungen und 931 geschriebene Seiten. Möge jedes Wort und jeder Farbenton sein ein Lob und Preisgesang der allerheiligsten Dreifaltigkeit, ein Ehrenlied der seligsten Jungfrau und unserer hl. Stifter! Die Chronistin bittet um ein Vater unser für ihre arme Seel und ihre lieben Mithelferinnen am Feste des hl. Malers und Evangelisten Lukas 1900.

1 Oberin in Dietramszell 1858–1862, anschließend in Zangberg.

2 Annalen, S. 930.

3 Annalen, S. 929.

Die Beuerberger Chronik und Chronik-Hefte

Auch im Kloster Beuerberg machten sich die Schwestern im späteren 19. Jahrhundert daran, die eigene Geschichte aus den zur Verfügung stehenden Quellen zu sammeln und schriftlich zu fixieren. Die Prunkchronik des Klosters Beuerberg – etwas einfacher als das Zangberger Geschichtswerk – besteht aus zwei großen gebundenen Folianten von je etwa 400 Seiten, die mit klarer Handschrift beschrieben sind. Überschriften sind in Zierschriften gestaltet, einzelne Kapitelanfänge – die Gliederung folgt den Amtszeiten der einzelnen Oberinnen – sind mit bunten Initialen geschmückt. Band 1 erzählt in Kurzfassung zunächst die Geschichte der Salesianerinnen in Bayern ab 1667 und dann ausführlich die Geschichte der Gründung von Beuerberg bis 1872; Band 2 berichtet von den Ereignissen bis ins Jahr 1921. Fast noch interessanter sind jedoch die zwölf Notizhefte mit den Vorarbeiten zu jener Chronik, die sich im Klosterarchiv in braunen Umschlägen erhalten haben. Mit Ausnahme des ersten Heftes, das die Stiftungsgeschichte Beuerbergs seit der Einführung des Ordens der Salesianerinnen in Bayern bis zur Verlegung nach Dietramszell beschreibt, enthalten die einzelnen Bände die Ereignisse während der Amtsführung der jeweiligen Oberin von 1846 bis zum Jahr 1903.

Wie eine auf einem eigenen Blatt festgehaltene „Vorbemerkung“[4] angibt, begann die Niederschrift erst im Jahr 1895, also fast fünfzig Jahre nach der Stiftung von Beuerberg 1846. Als Zweck der Chronik geben die Schwestern drei Punkte an: 1. Die Ehre Gottes, dem sie für seine Gnade und die in der Vergangenheit erwiesenen Wohltaten danken; 2. glauben sie, dass viele Ereignisse auch für die Nachwelt interessant und überliefernswert seien; 3. sollte die wahrheitsgetreue Darstellung der Geschichte mit all ihren Schwierigkeiten zur Erbauung, aber auch zur Mahnung und zum Beispiel dienen nach den Worten Jesu: „Wachet und betet, auf daß ihr nicht in Versuchung fallet.“

Die Quellen, aus denen die nicht genannten Chronistinnen schöpften, waren die mündlichen Mitteilungen der älteren Schwestern, Anmerkungen im Kapitelbuch, Zirkularschreiben des eigenen Klosters und die der anderen Salesianerinnenklöster, Briefe und Urkunden aus dem Klosterarchiv sowie gedruckte Literatur: Eberhard Graf von Fugger, *Kloster Dietramszell. Nach Urkunden und Chroniken 1098–1880,* München 1880; Derselbe, *Geschichte des Klosters Indersdorf von seiner Gründung bis auf unsere Zeit, nach Urkunden und historischen Quellen bearbeitet,* München 1883; Peter Pfatrisch, *Geschichte des regulirten Augustiner-Chorherrn-Stiftes Beuerberg,* München 1876. Von besonderer Bedeutung ist ein Abschnitt im ersten Heft, der die Gründung des Klosters und die Übersiedelung der Gründungsschwestern nach Beuerberg beschreibt und sicherlich auf zeitgenössisches Quellenmaterial zurückgeht. Wie eine Bleistiftanmerkung verrät, wurde dieser Abschnitt jährlich am Gründungsfest – den 20. September – als Tischlesung im Refektorium den Beuerberger Schwestern vorgetragen.

Zwar sind die meisten Hefte säuberlich geschrieben – Überschriften und Namen in Zierschrift –, doch machen die zahlreichen Korrekturen, Überklebungen, Streichungen und Ergänzungen deutlich, dass es sich letztlich doch um Konzepte handelt. Dafür erlaubt diese „Rohfassung" einer Klosterchronik faszinierende Blicke in die Lebensverhältnisse der Schwestern im 19. Jahrhundert und lässt manchmal auch die durchaus subjektive Wahrnehmung der Schreiberinnen durchscheinen, die dann in der „offiziellen" Prunkchronik nicht mehr vorkommt. So werden in den Chronik-Heften noch die geringsten Abweichungen von der Ordensregel während der schwierigen Anfangsjahre nicht nur vermerkt, sondern von den frommen Chronistinnen tadelnd kommentiert; die „Praktiken", welche die Gründungsoberin Maria Regis Dopfer durchführt – wohl strenge Bußübungen –, werden zu „Tugendübungen" zensiert. Und in der Beschreibung der späteren Jahre dieser Oberin, die auch nach ihrer Amtszeit als regelrechte „Schattenoberin" einen zu großen Einfluss auf ihre Nachfolgerinnen hatte und daher schließlich Beuerberg verlassen musste, treten deutlich die persönlichen Verletzungen und Kränkungen der namenlosen Autorin zum Vorschein.

Im siebten Heft wird der Chronistin schließlich bedeutet, „daß sie die Lebensskitzen unserer Schwester kürzer halten soll, es sei denn, daß außerordentliche Begebenheiten zu erzählen wären". Mit dem elften Heft wechselt die Autorin, denn Gott „...schickte der Chronistin körperliche Leiden, welche die gütige, mitleidvolle Würdige Mutter veranlaßten, ihr diese Arbeit abzunehmen, wofür sie sehr dankbar ist." Ihre Nachfolgerin wird in den restlichen Eintragungen wichtige Ereignisse auf knappe Aufzählungen reduzieren. Eine Edition auch dieser späteren Chronikteile wäre daher kaum noch von literarischem Reiz gewesen. Die vorliegende Zusammenstellung schließt deshalb mit der festlichen Einweihung der Beuerberger Klosterkirche 1847 – Ziel und Ende einer langen Reise, welche die Salesianerinnen und ihre über Jahrhunderte gehüteten Besitztümer, ihre Lebensweise und ihren tiefen Glauben durch Höhen und Tiefen, durch Befürworter und Anfeindungen vom barocken Italien bis in das Bayern von heute geführt hat.

4 Dieses Blatt fand sich in Heft 3.

In dieser Publikation gezeigte Abbildungen:

Geschichte der Schwestern von der Heimsuchung Mariens in Bayern

1610	Errichtung des Ordens der Heimsuchung Mariens mit der Gründung des ersten Klosters in Annecy (Frankreich)
1622	Tod des Ordensgründers Franz (François) von Sales
1641	Tod der Ordensgründerin Johanna Franziska (Jeanne Françoise) von Chantal
1667	Kurfürstin Henriette Adelaide (1636–1676) gründet in München das erste Salesianerinnenkloster Bayerns
1675	Bezug des endgültigen Kloster-standortes am Altheimer Eck
1692	Aussendung von Münchner Schwestern zur Gründung des zweiten bayrischen Klosters des Ordens in Amberg
1712	Einführung des Herz-Jesu-Festes in der Münchner Klosterkirche
1733–1739	Neubau des Münchner Klosters und der Klosterkirche St. Anna (Kirchweihe 1735)
1746	Aussendung von Münchner Schwestern zur Gründung eines Klosters in Rovereto (Südtirol)
1756	Profess der Anna Carolina von Spreti (1735–1795)
1759	Wunderheilung der Maria Anna Bernarda von Aretin (1731–1785)
1784	Ausweisung der Salesianerinnen nach Indersdorf und Umwandlung des ehemaligen Münchner Klosters in ein Damenstift
1801	Übernahme der Mädchenschule in Indersdorf durch die Heimsuchungs-schwestern
1802/1803	Säkularisation; Verbot der Aufnahme von Novizinnen
1806	Neubegründung des Pensionates (Mädcheninternat) im Kloster in Indersdorf
1809–1828	Amtszeit der Oberin Johanna Carolina von Spreti (1776–1837) in Indersdorf
1821	erste staatliche Erlaubnis zur Aufnahme neuer Novizinnen
1830	staatliche Erlaubnis zur Ablegung der ewigen Gelübde
1831	Umzug nach Dietramszell
1838	Aussendung von Dietramszeller Schwestern zur Gründung eines Klosters in Pielenhofen
1846	Gründung des Klosters Beuerberg durch Schwestern aus Dietramszell
1847	Weihe der Klosterkirche in Beuerberg

Verzeichnis der Oberinnen der Salesianerinnen von 1667 bis 1847

Das Kloster zu München (1667–1784)

1667–1674	Maria Margareta di Nus
1674–1680	Maria Magdalena Olgiati
1680–1683	Maria Angelika Riccardina
1683–1684	Angela Magdalena Gottofreda — wegen Krankheit resigniert
1684–1690	Maria Angelika Riccardina
1690–1693	Maria Magdalena Olgiati
1693–1711	Maria Angelika Riccardina — mit päpstlicher Erlaubnis bis zu ihrem Tod
1711–1717	Anna Cajetana Schweiger
1717–1723	Theresia Magdalena Steffani
1723–1729	Maria Amata von Sonnaz
1729–1735	Angelika Maximiliana von Pelkhoven
1735–1738	Viktoria Munditia Amon
1738–1741	Angelika Maximiliana von Pelkhoven
1741–1746	Anna Felicia Ossinger von Haybach
1746–1749	Angelika Maximiliana von Pelkhoven
1749–1752	Theresia Margaretha von Barnabej
1752–1755	Angelika Maximiliana von Pelkhoven
1755–1761	Josepha Theodora von Berchem
1761–1767	Franziska Xaveria Grassl
1767–1770	Josepha Aloysia von Ruffin
1770–1775	Anna Rosalia Clerr
1775–1781	Anna Carolina von Spreti
ab 1781	Maria Floriana Lambacher — unter ihr fand im Jahre 1784 die Übersiedelung nach Indersdorf statt.

Das Kloster zu Indersdorf (1784–1831)

bis 1787	Maria Floriana Lambacher
1787–1793	Anna Karolina von Spreti
1793–1799	Maria Floriana Lambacher
1799–1805	Maria Aloysia von Guttenberg
1805–1809	Maria Bernarda Heiß
1809–1828	Johanna Carolina von Spreti
ab 1828	Maria Regis Hagg — unter ihr fand im Jahre 1831 die Übersiedlung der Klostergemeinde nach Dietramszell statt.

Das Kloster zu Dietramszell (1831–1846)

bis 1832	Maria Regis Hagg
1832–1834	Johanna Carolina von Spreti
1834–1837	Maria Floriana Schöllhorn
1837–1843	Franziska Salesia von Buchstetten
1843–1846	Maria Regis Dopfer — sie wurde 1846 erste Oberin des neugegründeten Klosters Beuerberg.

Schwester Maria Seraphica von Brentano (1840–1927). Fotografie um 1900

Impressum

Vivat Jesus! Chronik der Salesianerinnen
in Bayern – die Jahre von 1667 bis 1847

Kataloge und Schriften des Diözesanmuseums
für christliche Kunst des Erzbistums
München und Freising – Band 64
Herausgegeben von Christoph Kürzeder

Konzeption
Christoph Kürzeder
Anna-Laura de la Iglesia y Nikolaus

Chroniktexte
Schwestern von der Heimsuchung Mariens

Einführungstexte
Patrick Charell
Anna-Laura de la Iglesia y Nikolaus
Christoph Kürzeder
Steffen Mensch
Maria Hildebrandt (Nachwort)

Redaktion
Anna-Laura de la Iglesia y Nikolaus

Gestaltung und Satz
Studio Johannes Bissinger

Fotografie (falls nicht anders angegeben)
Walter Bayer

Lithografie
Bayer Media

Druck und Bindung
Kösel GmbH & Co. KG

Unser herzlichster Dank gilt den Schwestern von der Heimsuchung Mariens in Zangberg, Beuerberg und Dietramszell, die uns durch die großzügige Bereitstellung von Objekten und Archivalien – insbesondere dem Prachtwerk der „Zangberger Annalen“ – diese historische Erschließung der bayerischen Geschichte dieses Ordens erst ermöglicht haben.

Diese Publikation erscheint anlässlich der Ausstellungen „Klausur – Vom Leben im Kloster“ (15. Mai bis 16. Oktober 2016) und „Klausur – Sehnsuchtsort Kloster“ (17. April bis 3. Oktober 2017) im Kloster Beuerberg.

ISBN 978-3-930618-06-4
1. Auflage 2018